Heino Kirschke

KUBAGIRLS

*

Berichte aus Kuba

Bibliografische Information der Deutschen Nationalbibliothek:
Die Deutsche Nationalbibliothek verzeichnet diese Publikation
in der Deutschen Nationalbibliografie; detaillierte bibliografische
Daten sind im Internet über www.dnb.dnb.de abrufbar.

© 2018 Paul Höser

Herstellung und Verlag:

BoD – Books on Demand, Norderstedt

ISBN: 9783743152793

Inhalt

Seite 7 .... Einleitung
Seite 15 .... Kubagirls
Seite 50 .... Zoraida
Seite 99 .... Carolina
Seite 126 .... Loreta
Seite 226 .... Thaimi
Seite 255 .... Elba
Seite 271 .... Begegnungen
Seite 294 .... Rückblende

Danksagung

Mein Dank gehört meinen Freunden Bernd Schrader und Anne Rodemann, die beide die mühsame Arbeit des Korrekturlesens auf sich genommen haben.

Gemeinsam ist es uns halbwegs gelungen, die tückischen Klippen der deutschen Rechtschreibung zu umschiffen, mit denen uns der weise Rat alle Jahre wieder aufs Neue beglückt.

Einleitung

Kuba ist das Modell einer revolutionären Umwälzung in Lateinamerika in der zweiten Hälfte des 20. Jahrhunderts, ebenso wie es Mexiko zu Beginn dieses kriegerischen Jahrhunderts gewesen ist.

Dabei gab es gerade auf dem einzigen Kontinent, der von beiden Weltkriegen weitgehend verschont geblieben ist, eine enorme Fülle an Umwälzungen, Revolutionen, Militärputschen und Guerillabewegungen. Aber weder die Ereignisse in Chile von 1970 bis 1973, noch die Revolution der Sandinisten 1979 in Nicaragua oder die verordnete Bolivarische Revolution in dem Venezuela des Hugo Chavez konnten sich im Bewusstsein der Bewohner des Kontinents als wegweisendes Modell für Entwicklungen auch ihrer eigenen Länder einprägen. Sie blieben stets regional und zeitlich begrenzte Veränderungen mit einem verdächtigen Beigeschmack von kurzem Bestand.

Einzig die Revolution in Kuba hatte Auswirkungen, die weit über die regionale Bedeutung eines Umsturzes auf dieser Karibikinsel hinausreichten. Warum war dies so?

Bekannt sind die radikalen und alles erschütternden Veränderungen im sozialen und produktiven Bereich des Landes, welche die kubanischen Revolutionäre nach der Konsolidierung ihrer Macht so etwa ab Ende 1959 durchzusetzen begonnen haben. Die Zerschlagung der großen Latifundien, die Enteignungen ausländischer, in der Hauptsache US-amerikanischer Gesellschaften, die großen Kampagnen zur Alphabetisierung der Landbevölkerung und der Aufbau des ersten medizinischen

Versorgungsnetzes, das die gesamte Insel überzieht. All dies ist hinlänglich bekannt.

Und natürlich auch die Tatsache, dass die kubanische Revolution mit Fidel Castro den engagiertesten, halsstarrigsten und zähsten Revolutionsführer hervorgebracht hat, der je ein Land während der gesamten Aufbauphase in eine ´neue` Gesellschaft überführt hat. Ohne Fidel ist das neue Kuba kaum denkbar.

*

Weitgehend ausgelöscht aus der heutigen geschichtlichen Erinnerung ist der Umstand, dass Kuba in dem Jahrhundert vor seiner Unabhängigkeit von der alten Kolonialmacht Spanien das reaktionärste und rückständigste Land der gesamten westlichen Hemisphäre gewesen ist.

Erst im Jahre 1886 wurde auf Kuba die Sklaverei per Gesetz abgeschafft. Es ist das Jahr in dem Carl Benz in Deutschland mit seinem Benz Patent-Motorwagen das Zeitalter des Automobils eingeläutet hat. Das Jahr, in dem das weltweite Konsumverhalten durch die Rezepte für Maggi und Coca Cola in gleichmacherische Bahnen gelenkt wurde. Hingegen konnte auf Kuba mit 375 Jahren Sklavenhaltung gerade ein weltrekordverdächtiges Jubiläum der eher makabren Art bejubelt werden.

Ähnliches lässt sich für die koloniale Abhängigkeit dieses Landes sagen. Die Stimmen für eine nationale Unabhängigkeit werden nach 1808 in allen Kolonien Lateinamerikas unüberhörbar, weil sich in diesem Jahr die spanische Königsfamilie freiwillig in die Hände Napoleons begibt, um durch Joseph Bonaparte, den Bruder des französischen Kaisers als neuem Monarchen in Madrid ersetzt zu werden. Nun fühlen sich selbst viele ´Peninsulares` (in Spanien geborene Bewohner der Kolonien) nicht mehr an die Gesetze und Richtlinien der Krone gebunden und unterstützten die Bestrebungen der ´Kreolen` (in den Kolonien geborene spanische Nachkommen) nach vollständiger Unabhängigkeit vom Mutterland.

Seit dem Jahre 1810 brodelte es also in allen spanischen Kolonien und der Ruf nach vollständiger Unabhängigkeit vom

Mutterland eilte von Mexiko über Mittelamerika, die Inseln der Karibik und Venezuela über den gesamten südamerikanischen Kontinent.
1810 verliert Spanien das Vizekönigreich Neugranada (Kolumbien, Venezuela, Ecuador, Panama),
1811 das Vizekönigreich Rio de la Plata (Argentinien, Bolivien, Paraguay),
1823 Peru und
1824 das Vizekönigreich Neuspanien (Mexiko).

Doch Kuba gehörte noch für weitere drei Generationen als Kolonie zur spanischen Krone, bis auch auf dieser Insel im Jahre 1898 die Unabhängigkeit ausgerufen wurde. Spanien hatte für seinen Kampf um den Erhalt der letzten Kolonie in Amerika noch einmal über 200 000 Rekruten im Mutterland ausgehoben, um die kubanische Garnison von 50 000 Mann Besatzungstruppen massiv zu verstärken. Aus diesem Kontingent von zwangsrekrutierten jungen Männern aus den armen Schichten des Landes (die wohlhabenden spanischen Familien konnten ihre Söhne von dieser Rekrutierung freikaufen), blieben viele ehemalige Soldaten nach dem verlorenen Krieg in Kuba, um in der neu erstandenen Nation ihr Glück zu versuchen.

Doch bald schon wurde den neuen Bürgern des Landes klar, dass Kuba seinen alten kolonialen Status gegen eine neue Abhängigkeit von den USA eingetauscht hatte, und dass sich im Grunde die kubanische Schicht der 'Annexionisten`, also die Anhänger eines Anschlusses der Insel an die USA durchgesetzt hatten. Denn die Besitzer der großen Latifundien verkauften aus Angst vor möglichen Entwicklungen wie einst auf der Nachbarinsel Hispaniola ihre Ländereien an US-amerikanische Firmen wie die United Fruit Company und ließen sich in den USA nieder. Die Masse der enttäuschten Kämpfer für ein unabhängiges Kuba blieben auf der Insel zurück und mussten ohnmächtig mit ansehen, wie ihre neue Heimat von dem großen Nachbarn ausgeplündert wird. Auf Kuba mussten die alten gesellschaftlichen Strukturen vollständig zerschlagen werden, um dem überfälligen Neubeginn des Landes eine wirkliche Chance zu geben.

Die Kinder der Veteranen des antikolonialen Krieges nehmen den Kampf um die wahre Unabhängigkeit der Insel wieder auf. Ihre bekanntesten Kämpfer sind Frank Pais, Camilo Cienfuegos, Armando Hart, Enrique Oltuski, Alberto Bayo, die Gebrüder Castro, sowie ein Argentinier mit dem Namen Ernesto Rafael Guevara de la Serna, der sich den kubanischen Revolutionären anschließt. Sie wissen, dass sie nicht nur gegen die Diktatur des Fulgencio Batista und die kubanische Oligarchie, sondern gleichfalls gegen den übermächtigen Nachbarn USA und seine gigantischen Multikonzerne ankämpfen müssen, um in ihrem Land radikale und dauerhafte Veränderungen zu erreichen. Sie wollen die soziale Ungerechtigkeit, Korruption und Unwissenheit beseitigen, Schulen und ein System medizinischer Versorgung im ganzen Land organisieren und Kuba von jeglichem äußeren Einfluss unabhängig machen. Sie müssen den Kubanern ihr Selbstwertgefühl zurück geben, Rassenschranken einreißen, die Macht der katholischen Kirche begrenzen, die Gleichberechtigung der Frauen vorantreiben, sexuelle Tabus durchbrechen und die Entwicklung einer neuen intellektuellen Elite des Landes fördern. Ihr oberstes Leitbild ist ein Dichter und Philosoph, der bereits in den ersten Tagen des kubanischen Unabhängigkeitskrieges gefallen ist und ihr unbestrittener Führer heißt Fidel Castro.

´Fidel` wie ihn die Kubaner nennen ist ein ungeheuer zäher und engagierter Revolutionär, dessen grenzenloses Selbstwertgefühl an Größenwahn grenzt. Und sein Programm für das neue Kuba ist radikal. Durch seine Kraft, sein Redetalent und seinen messerscharfen Verstand steht Fidel haushoch über der Masse, auch wenn er oftmals die Nähe und die Auseinandersetzung mit dem einfachen Volk sucht. Er wird nicht geliebt, wie Camilo Cienfuego oder Che Guevara, aber ohne seine Person hätte das kubanische Modell einer radikalen gesellschaftlichen Umwälzung keine Chance auf Dauer gehabt.

In seiner Politik ist Castro Pragmatiker. Er wendet sich der Sowjetunion zu, weil die USA nach der entschädigungslosen Enteignung der United Fruit Company sämtliche wirtschaftlichen Verbindungen mit Kuba kappen und er wird Sozialist, weil er soziale Gerechtigkeit erzwingen will.

Fidel weiß, dass sein Land durch eine Partnerschaft mit Russland nicht reich werden kann und wohl kaum jemals genug Devisen erwirtschaften wird, um die Luxusartikel zu importieren, die in anderen Staaten der Region zunehmend zum Alltag gehören. Also schafft er ein Land der gerechten Armut, einen Sozialstaat der Habenichtse.

Allerdings stehen den Besitzlosen medizinische Versorgung, Schulen und Universitäten kostenlos zur Verfügung. Lebensmittel, Wohnung und Transport sind staatlich subventioniert und werden der Bevölkerung zu symbolischen Preisen angeboten. Das ist oftmals mehr, als die Sozialprogramme der reichen westlichen Länder für den verarmten Teil ihrer Bevölkerung anzubieten haben und unendlich viel mehr, als die Armen in anderen Ländern Lateinamerikas jemals erwarten können.

Die Revolutionäre der Bewegung des 26. Juli haben sich ein Land geschaffen, im welchem die meisten Bewohner der Insel materiell ohne Luxus, jedoch auch ohne elementaren Mangel überleben konnten. Bis eines Tages überraschend die riesige Sowjetunion zusammenbricht und die russischen Öllieferungen ausbleiben. Dies bedeutete nicht nur fehlenden Treibstoff für Fahrzeuge und Maschinen im eigenen Land, sondern auch fehlende Devisen für diese Insel, da Kuba einen großen Teil der russischen Erdöllieferungen an Drittländer weiter verkaufen und sich so seine überlebensnotwendigen Devisen beschaffen konnte.

Nun setzte die Führung des Landes unvermittelt auf die Karte des internationalen Tourismus, um die Devisenverluste auszugleichen. Aber weder die Infrastruktur noch das kubanische Selbstwertgefühl oder die soziale Balance waren wirklich auf dollarbepackte Besucher eingestellt. Tourismus war in dem kubanischen Modell nicht vorgesehen.

*

In den folgenden 17 Jahren verschieben sich jetzt die Prioritäten des kubanischen Alltags. Wichtig werden Beschäftigungen und Personen, die in der Lage sind, amerikanische Dollars an Land zu ziehen. Attraktive Muchachas, illegale Taxifahrer und private Vermieter werden in der Folge zu den wichtigsten Vertretern der kubanischen Zivilgesellschaft - und zwar genau in dieser Reihenfolge.

Im Prinzip reklamiert der kubanische Staat sämtliche Devisen, die Touristen ins Land bringen, exklusiv für sich selbst und stellt den individuellen Erwerb von Devisen unter Strafe. Denn schließlich trägt der Staat ja auch die Kosten für Ausbildung, medizinische Betreuung und die sonstige gigantische Subventionswirtschaft des Landes. Eine klassische Staatsfinanzierung durch Steuererhebung entfällt in diesem Land, denn kubanische Bürger unterliegen bislang keinerlei Steuerabgabe.

Auf der anderen Seite werden dem nationalen Markt immer mehr Produkte entzogen und sind nur noch gegen Devisen zu erhalten. Die Kubaner müssen also irgendwie an Dollars (oder in späteren Zeiten an den konvertiblen Peso CUC) kommen, wenn sie zum Beispiel Benzin, frei verkäufliche Kleidung oder manchmal auch nur die Devisen für ein internationales Telefongespräch benötigen.

Die neuen Bestimmungen und Gesetze, mit denen der Staat die alleinige Verfügung über sämtliche Devisen durchsetzen will, die der Tourismus dem Lande beschert, lassen sich nicht mehr aus der kubanischen Lebensweise und dem Selbstverständnis seiner Bevölkerung herleiten.

Prostitution zum Beispiel wird knüppelhart bestraft, wobei die offiziellen Moralapostel stets auf die vorrevolutionäre Situation in Kuba hinweisen, als ganz Havanna wie ein riesiges Bordell für amerikanische Touristen gewirkt hat. Aber steht in einem Land der sexuellen Freizügigkeit hinter jedem intimen Verhältnis einer Kubanerin mit einem Touristen gleich Prostitution?

Und steht hinter jeder Einladung in die eigene Wohnung gleich ein illegaler Pensionsbetrieb? Kann man in dem Land der hochgelobten Gastfreundschaft nicht mit einem Ausländer in seinem eigenen PKW fahren? Wo sind die Grenzen und vor allem – wie lassen sich die staatlichen Kontrolleure und Aufpasser in die Irre führen? Denn jede vage Möglichkeit irgendwie an Devisen zu gelangen muss in dieser neuen Situation unbedingt ausgenutzt werden.

Jetzt beginnt in Kuba ein Guerillakrieg der ganz neuen Art, den die Protagonisten des ´neuen Menschen` nicht voraussehen konnten. Es ist mehr eine ´Spaßguerilla`, aber mit ernstem Hintergrund, enormer Kreativität und großem Nachahmpotenzial. Sie kreiert neuartige Aktionen von Widerstand und Ungehorsam, denen die staatlichen Organe hilflos gegenüberstehen, weil sie nie gelernt haben, nach eigenem Ermessen und flexibel zu reagieren.

Wenn jetzt ein Besucher der Insel in einen Amischlitten steigt, dann wird er von dem Fahrer nach seinem Namen gefragt und mit Handschlag begrüßt. Darauf rappelt der Kubaner seine eigenen Daten herunter und sagt: ´Also bitte nicht vergessen ich bin José, arbeite als Mechaniker und wohne in Playa. Wenn eine Kontrolle kommt, dann sind wir Freunde und kennen uns bereits seit einem Jahr. Okay?`
Oder wenn wieder einmal die korrumpierten Türsteher von den angesagtesten Läden mit Livemusik ausgetauscht werden und von den durchtrainierten und linientreuen Schwarzen der nationalen Boxstaffel ersetzt werden, die weisungsgemäß keine unbegleiteten heißen sexy-Girls zur Tür hineinlassen, selbst wenn die mit dem Eintrittsgeld wedeln, dann kann es passieren, dass diese Chicas nach Hause flitzen und sich in die verstaubten Klamotten ihrer Uromas zwängen, um sich Eintritt zu verschaffen. Einmal im Salon reißen sich diese Muchachas natürlich sofort ihre Verkleidung herunter und legen erst einmal eine Show in Strips und Straps auf der Tanzfläche hin, auf dass der ganze Saal tobt und den Truppen der ´Sicherheit` keine Chance mehr zum Eingreifen lässt.

An vorderster Front dieses endlosen Scharmützels täglicher Auseinandersetzungen zwischen der Regierung und dem Volk von Kuba stehen die attraktivsten Frauen des Landes. Kuba könnte zur Not hart gegen den Gebrauch der Oldtimer als Privattaxis vorgehen oder auch Privatvermietungen unterbinden. Doch jedes Mal, wenn das Regime in den nächsten Jahren die Präsenz und freie Mobilität der attraktiven Muchachas einschränkt, sind in der Folge die Einnahmen aus dem Tourismus in den Keller gepurzelt. Wie ein roter Faden durchzieht ein wackeliger Eiertanz zwischen neuen staatlichen Repressionen und den Lockerungen eben dieser repressiven Maßnahmen die ´Periodo Especial` und selbst die persönlichen Interventionen des ´Maximo Lider` haben jetzt keinen dauerhaften Bestand mehr.

Vor diesem Hintergrund wollen die in den folgenden Berichten aufgezeichneten Erlebnisse und Episoden bewertet werden.

*　　*　　*

Kubagirls

Eigentlich hatte ich eine Reise nach Kuba überhaupt nicht auf dem Schirm.

In diesem Winter wollte ich nach Angola. ´ El Rubio` lebte jetzt bereits seit über 12 Monaten in diesem riesigen afrikanischen Land und hatte mir eine Einladung geschickt: ´Du kannst jetzt runter kommen, wenn du willst, ich habe hier alles soweit im Griff.`

Und wenn der Blonde schrieb, er hätte alles im Griff, dann konnte man darauf vertrauen, dass er auch in einem vom Bürgerkrieg zerrissenen Land eine Nische gefunden hatte, wo die Gefahr kontrolliert und die Versorgung gesichert war. Und wo es attraktive junge Frauen gab, die schon mal mit Männern aus Europa ihr Nachtlager teilen.

Die Rede ist hier von dem Angola des Jahres 1991, als sich nach der Schlacht von Cuito Cuanavale drei Jahre zuvor so etwas wie eine Patt-Situation im angolanischen Bürgerkrieg abzeichnete. Die intervenierenden Mächte der Russen, Kubaner, Südafrikaner und der US-Amerikaner hatten sich aus dem Lande zurückzogen, und es wurde zum ersten Mal seit dem Ende der portugiesischen Kolonialherrschaft mit einer internen und friedlichen Lösung des Konflikts versucht.

Die spanische Regierung hatte sogleich ihre Chance erkannt, in diesem mit Rohstoffen überreich gesegneten Land eine wichtige Rolle in der Nachkriegs-Aufbauphase zu spielen. Wenn die Russen sich zurückzogen, weil sie gerade zu Hause alle Hände voll zu tun hatten, um ihr zerbröckelndes Imperium noch halbwegs zusammenzuhalten; die Amis und die Südafrikaner Distanz nahmen, weil sie im Bürgerkrieg auf das falsche Pferd gesetzt hatten und somit diskreditiert waren, entstand in Angola unweigerlich ein Machtvakuum, das doch prima von Spanien ausgefüllt werden könnte! Oder etwa nicht?

Die Portugiesen waren eindeutig zu schwach, um in ihrer ehemaligen Kolonie noch einmal wirtschaftlich Fuß fassen zu können, und die Kubaner bekamen Druck von allen Seiten, sich nun endlich vollständig aus Afrika zurückzuziehen. Außerdem wollte Fidel sein Expeditionskorps zurück auf die Insel und unter Kontrolle bekommen, denn ihm war zu Ohren gekommen, dass der führende General in Drogengeschäfte verstrickt sei, und sich zudem unter den kubanischen Soldaten rapide das HIV Virus ausbreite.

Nach der Rückkehr des Korps wurde General Ochoa hingerichtet und für die Aidsis in San Antonio de los Baños, 100 Kilometer südlich von La Habana, ein Quarantäne-KZ errichtet. In einem Staat mit einer Castro Doppelspitze fallen derartige Entscheidungen ohne großen Aufschub nach kurzen, knüppelharten Prozessen und ohne allzu viele hemmende bürokratische Hürden.

Jedenfalls war damit eine Rückkehr der Kubaner auf die politisch/ökonomische Bühne von Angola definitiv ausgeschlossen.

Allerdings hatte Kuba auch massiv und uneigennützig auf dem Ausbildungssektor in Universitäten und Schulen investiert und somit eine neue Elite im Lande geformt, deren intellektuelle Verständigungssprache spanisch ist. Hier wollte die spanische Regierung ansetzen und dem Land weitere kulturelle und fachliche Ausbildung in dieser Sprache anbieten, um so einen Fuß in den wirtschaftlichen Wiederaufbau des Landes zu bekommen. Die damalige Regierung brauchte also einen wendigen Tausendsassa in Angola, der zwischen Kultur und Wirtschaft, zwischen korrupten Regierungsbeamten, stolzen Kubanern und schießwütigen Guerilleros lavieren und zwischen Küste und Inland hin und herpendeln konnte, ohne dabei vom Leben zum Tode befördert zu werden. Einen Experten für Öl, Diamanten und Seltene Erden, der sich auf diplomatischem Boden ebenso sicher bewegen konnte wie bei einer Fahrt durch die Minenfelder der Hochebene und den Malariagebieten des tropischen Dschungels.

Tja, und der beste Mann für solch einen Posten war ohne Zweifel mein alter Kumpel ´El Rubio`.

1991 hatte er sich jedenfalls schon bestens dort eingerichtet und mir die besagte Einladung geschickt, als plötzlich alles anders wurde ...

Jungs, ich will euch nicht mit endlosen Hintergrundgeschichten langweilen, ihr wollt etwas über exotischen Sex lesen, ich weiß. Aber Geduld, kommt noch. Ein wenig muss ich schon diesen Hintergrund durchleuchten, damit auch verständlich wird, wieso ich so plötzlich und völlig unvorbereitet mitten in das unglaubliche Heer von hemmungsarmen Cubagirls der 90er Jahre geraten bin. Außerdem kann es ja wohl niemandem schaden, ein wenig kultivierter herumzulümmeln, weil er eine gewisse Ahnung davon hat, weshalb zu ihm gewisse Frauen ohne den üblichen Eiertanz und ohne zu zögern ins Bett schlüpfen. Oder etwa nicht?

Also weiter:

In Angola kam genau zu dieser Zeit der Bürgerkrieg wieder ins Rollen, weil ein gewisser Jonas Savimbi mit seiner UNITA die Wahlen verloren hatte und nur den Posten des Vizepräsidenten angeboten bekam. Das reichte ihm eindeutig nicht und er zog sich in sein Stammgebiet im Osten zurück, machte Huambo zur neuen Hauptstadt der von ihm besetzten Zone und zog wieder in den Krieg gegen die von der Regierung kontrollierten Küstengebiete. Damit war allerdings auch der schöne Entwicklungsplan von Felipe González Makulatur, und El Rubio wurde abberufen.

Noch bevor der Blonde in Luanda einen Platz im Flieger ergattern konnte (was nicht so ganz einfach war, denn das erneute Aufleben der Kämpfe löste eine panikartige Fluchtwelle im

Lande aus), also praktisch direkt vor seinem Abflug schickte er mir zum Glück ein Telegramm, in dem er seine bevorstehende Rückkehr ankündigte.

Ich saß folglich unmittelbar vor meinem Flug mit seinem Telegramm in der Hand auf einem Koffer voller Tropenkleidung und einem Flugticket nach Luanda in der Tasche. Was tun?

Zunächst bin ich in das alternative Reisebüro in Barcelona gestürmt, in dem sie mir das komplizierte Ticket nach Angola besorgt hatten, und versuchte den Kauf rückgängig zu machen. (Damals war noch nichts mit Onlinebuchung. Man brauchte ein Reisebüro, um einen Flug zu buchen. Und für spezielle Flüge brauchte man auch ganz spezielle Reisebüros).

Also Geld zurück ging nicht. Schon verständlich, es waren ja auch ganz persönliche Gründe, weshalb ich meinen Flug nun nicht mehr antreten wollte. Sie konnten mir im Rücktausch gewisse Prozente an Erlass für einen alternativen Flug einräumen, oder – und das war ihr bestes Angebot – eine Ferienreise mit minimaler Zuzahlung nach Kuba.

Eine halbe Stunde später hatte ich ein Ticket für eine 14-tägige Kubareise in der Tasche. So etwas wie eine halbe Abenteuerreise, 3 Tage in einem Hotel in Habana del Este und danach – mal sehen. Na prima, bis zu diesem Tag hatte ich gar nicht gewusst, dass es überhaupt Individualreisen nach Kuba gab …

Ehrlich gesagt war Kuba bis dahin ein weißer Fleck auf meiner inneren Landkarte. Natürlich kannte ich die Eckdaten – kennt ja jeder. Karibikinsel, Zuckerrohr, Rum und Zigarren, Revolution, Fidel Castro, Che Guevara und eine saftige Krise, die einst beinahe den nächsten Weltkrieg ausgelöst hätte.

Aber meine Güte, das alles war schon ewig lange her und gewissermaßen vor meiner Zeit. Danach war Kuba irgendwie in dem Einheitsbrei sozialistischer Gleichmacherei untergegangen, aus dem höchstens noch so ab und an mal ein gedopter Sportler, eine Flugzeugentführung von Miami nach Havanna oder ein besonders waghalsiger Kubaflüchtling, der sich im Paddelboot oder auf einem Floß nach Florida aufmachte, in den

Schlagzeilen auftauchte.

Jedenfalls in der Wahrnehmung eines Wessis. Aber mit der Flugkarte in der Tasche fragte ich mich natürlich, ob dieser Eindruck nicht eventuell daher rührt, dass jahrzehntelang kaum noch ein unabhängiger westlicher Besucher die Insel beschrieben hat. Dieser Eindruck drängte sich mir jedenfalls auf, als ich schnell noch die Stände auf den Ramblas in Barcelona nach einem Buch über Kuba durchstöberte. Die einzige Ausbeute dieser Suche war ein schmales Büchlein über die Insel, das ganz offensichtlich lange vor der Revolution geschrieben worden ist.

´Streng katholisch`, ´Leute mit höflichen Sitten`, ´gepflegtes und elegantes Äußeres`, ´lange Siesta am Nachmittag`, und so weiter …

Klang nicht so richtig glaubhaft für ein Land, dessen Staatschef sich stets nur in Uniform und Rauschebart präsentierte und der angeblich noch persönlich auf den Zuckerrohrfeldern die Machete schwang. Die Mittagspause wird doch in so einem Land als Erstes abgeschafft. Die höflichen Sitten auch und die Religion sowieso. Aber eventuell hat ja doch eine gewisse Eleganz überlebt, zumindest in der Hauptstadt.

Immerhin war der einzige Kubaner, den ich in den letzten Jahren kennengelernt hatte, ein recht smarter und eleganter junger Mann gewesen. Das habe ich ganz zu erzählen vergessen.

Also: ungefähr zwei Jahre zuvor saß ich bei einem Flug von Barcelona nach Berlin neben einem sympathischen jungen Burschen, der gerade frisch aus Kuba kam. Der durfte damals ausreisen, weil er eine Austauschstudentin geschwängert hatte, die aus der damaligen Deutschen Demokratischen Republik auf die Insel geschickt worden ist. Die muss wohl eine der letzten Austauschstudenten gewesen sein, denn die DDR lag in jenen Jahren ja bereits in den allerletzten Zügen. Auf jeden Fall durfte der smarte Kubaner die Insel verlassen, um in Deutschland seinen Vaterpflichten nachzukommen. Seine Tussi wohnte nun ausgerechnet in Weißwasser, also in Dunkeldeutschlands hinterstem Winkel. Das weiß ich noch genau, denn mein neuer kubanischer Bekannter löcherte mich den ganzen Flug hindurch, wie es dort wohl aussieht.

Mal ehrlich, wer kann denn so eine Frage beantworten? Eishockey ist das einzige, was mir zu dem Nest eingefallen ist. Die hatten in der Dä-Dä-Rä doch so eine merkwürdige Liga, in der nur zwei Vereine den jährlichen Meister ausspielten. Und einer davon war Weißwasser. Folglich wurde dieses Kaff jedes zweite Jahr Meister der Republik im Eishockey, schon aus Gründen der Ausgewogenheit.

Ich wusste das, weil ich ein eingefleischter Eishockeyfan bin, aber was für eine Ahnung hat ein Kubaner schon vom Eishockey? Oder von einem Plattenbau an der deutsch-polnischen Grenze?

Der hatte doch bestimmt einen Hauch von Großer-Weiter-Welt verspürt, als er die Nachwuchsgenossin flachlegte. Und jetzt wartete auf ihn ein Winkelchen in der Drei-Zimmer-Wohnung der Schwiegereltern und ein Aushilfsjob im VEB Farbglaswerk Weißwasser.

Ich glaube, ich habe den damals beruhigt und ihm erklärt, dass in Germanien sowieso bald alles ganz anders wird und er dann sein Bündel überall in Deutschland oder auch woanders in Europa abstellen kann, ob nun mit Anhang oder ohne. Diese Entwicklung hat sich zu jener Zeit ja schon klar abgezeichnet. Als Dank hatte der mich nach Kuba eingeladen, obwohl er selbst voraussichtlich dort die nächsten Jahre nicht wieder auftauchen werde. Aber er schrieb mir die Adressen von allen seinen Familienangehörigen auf. Alle wohnhaft in La Habana, und zu jeder Adresse bekam ich von ihm noch ein spezielles Empfehlungsschreiben.

Dieser Schatz hatte bei meiner schnellen Entscheidung im Reisebüro den Ausschlag für das Kubaticket gegeben, denn damit hatte ich einen klaren Plan für diese Reise: drei Tage Hotel Habana del Este, und danach die Familie meines Kubaners in der Hauptstadt aufsuchen. Die weitere Planung würde sich dank lokaler Unterstützung bestimmt einfach aufstellen lassen. Jetzt brauchte ich mir nur noch schnell ein paar leicht elegante Sommerklamotten und einen Panama-Hut besorgen, und es konnte losgehen.

*

Eine Woche später stand ich in Madrid auf dem Flughafen Barajas. Seltsamerweise startete der Flieger nachts um zehn. Dies bedeutete, dass er – grob geschätzt – gegen Mitternacht in Havanna landen werde, Erdumdrehung, Zeitverschiebung und voraussichtliche Flugzeit über den Daumen gepeilt.
Na egal, die werden schon wissen, warum!
Der Flieger war eine russische Iljuschin Il 62 des Cubanacan (staatliche kubanische Reisegesellschaft). Das ist so eine merkwürdige Maschine, die alle 4 Triebwerke nicht an den Flügeln, sondern hinten am Schwanzende konzentriert hat. Wenn mal jemand von euch mit so einem Gerät fliegen sollte, dann bitte nicht nach hinten setzen. Beim Start überträgt dieser Jet derart laute Resonanzwellen auf die hinteren Sitze, dass einem glatt die Spucke gerinnt. Aber damals gab es bei Flugreisen noch eine Raucherzone, und die war bei der Iljuschin eben ganz hinten im letzten Viertel.

Vielleicht ist es auch besser, überhaupt nicht mit so einem Vogel zu fliegen, denn das Handgepäck wird in Netzen verstaut, wie bei einem alten Reisebus. Das kann unangenehm werden, wenn die Maschine durch Turbulenzen erschüttert wird. Dann müssen die Passagiere rechts und links des Mittelganges volle Deckung nehmen, weil das ganze Gepäck von oben herunter gepurzelt kommt. Sauerstoffmaske von oben, oder Schwimmweste unterm Sitz ist natürlich auch nicht. Aber mein Gott, das habe ich ja auch bisher noch nie gebraucht. Ihr etwa?

Geflogen ist der Apparat ganz ordentlich, und an Bord

herrschte so etwas wie eine erwartungsvolle Aufbruchstimmung. Gerüchte, Tipps, Adressen und sogar Fotos wurden unter den jungen Männern im Flieger reihum gereicht. Also von Passagier zu Passagier, denn die ganze Gesellschaft bestand aus jungen Männern. Die einzigen weiblichen Wesen waren die Stewardessen und gehörten zum Cubanacan. Es war wohl für alle der erste Flug nach Kuba, jedenfalls von uns Qualmern im hinteren Viertel. Und so hatte jeder Reisende eine eigene, sehr individuelle Phantasievorstellung davon, was ihn auf dieser Insel erwarten würde.

Unser Flieger landete in Varadero, und der Großteil der Passagiere stieg aus. Ich wusste ehrlich gesagt gar nicht, wo dieses Varadero überhaupt liegt. Auch nicht, dass der Flug nicht direkt nach Havanna ging, hatte mir ja auch niemand verraten. Also Varadero war das erste Stück Kuba, das ich sah. Oder besser, einen Teil der nassen Landebahn des Flughafens von Varadero, den ich aus einem Fenster des Warteraumes erkennen konnte. Hier war ich mit dem verbliebenen Rest der Havanna-Fahrer vor dem Start zum letzten Teil unserer Flugreise festgenagelt, denn wir konnten nicht auschecken und durften somit den Flughafen nicht verlassen.

Na egal, wenigstens hatte dieser Aufenthaltsraum eine Bar. Über Mitternacht hing ich also mit dem Resttrupp von Fluggästen und ein paar Jungs von dem Cubanacan in ihren blauen Uniformen an dem Tresen in einem mickrigen Wartesaal mit dem Charme eines frisch gebohnerten Klassenzimmers und schlürfe die ersten originalen Mojitos meines Lebens. Wie Mann die korrekt trinkt, führte uns der Häuptling der blauen Truppe vor, der bei den Kubanern das Sagen hatte.

Also: beide Hände auf dem Rücken verschränkt, das Glas nur mit den Zähnen aufgenommen und langsam Kopf und Oberkörper aufrichten, bis der Rum in die Kehle rinnt. Nicht ganz einfach, denn da rutscht dann sogleich noch das gestoßene Eis und das Grünzeug hinterher, falls Mann seine Zunge nicht wendig einzusetzen versteht. Die Kubaner beherrschen natürlich diese Technik perfekt, aber selbst ihr Oberguru war nicht vollständig gegen die Wirkung des Alkohols gefeit, nachdem er uns begriffsstutzigen Guiris zum x-ten Male die vollendete Trinktechnik demonstriert hatte. Auf dem Weg zum Flughafenpissoir mussten wir den rechts und links kumpelhaft unterhaken, damit der nicht über seine eigenen Füße stolperte und eine Bauchlandung hinlegte.

Ich erwähne diese kleine Episode deshalb, weil sich unser Kubaner kurz darauf an der Bar eine Serviette, einen Kamm und einen Kaffee bestellte und gleich wieder wie neu aussah. Danach beruhigte er die etwas verunsicherten Vertreter unseres Zivilistenhaufens, die darauf drängten, nun so langsam dem Ausgang zuzustreben, damit wir ja den Flug nach Havanna nicht verpassten: 'Keine Angst, der Vogel fliegt nicht ohne mich. Ich bin der Pilot!'

Damit löste der einen prima Lacher mit Schulterklopfen aus. 'Der Pilot, ach nee! Guckt euch den an, der kann ja noch nicht einmal kontrolliert saufen. Pilot, ha – ha, und wir sind das Triebwerk und gehen jetzt mal nach hinten zum Schieben!'

So eine Iljuschin hat zwei Einstiege, einen ganz vorne, den die Crew benutzt, und den zweiten für die Fluggäste über die hintere Treppe. Weil mir nun doch etwas mulmig geworden war, schlich ich direkt hinter der Crew die vordere Treppe hoch, bekam in der Dunkelheit gar keiner mit. Die Tür zur Pilotenkabine stand noch sperrangelweit geöffnet, als ich in den Jet schlüpfte und – na, ihr habt es schon erraten – da saß tatsächlich der kubanische Kollege auf dem Pilotensitz. Hackedickeknüppelvoll!

Nichts wie raus hier!

Aber auf der anderen Seite waren in dieser Maschine meine ganzen Klamotten, und dann wartete auf mich ein Hotelzimmer in Havanna und nicht an diesem unbekannten Ort. Va-ra-de-ro, das klingt verdammt nach Wildwest und Rindercorral, also gewissermaßen dampfende Kuhfladen unter Palmen. Und dazwischen vielleicht ein paar Ferienhütten. Das war eigentlich nicht so meine Vorstellung von einem gelungenen Beginn einer dauerhaften Kubafreundschaft. Und so kämpfte ich mich noch unentschlossen durch diese lange Zigarre von Flieger bis zur hinteren Raucherzone, denn zumindest das Handgepäck musste ich retten und außerdem meine ahnungslosen Mitreisenden alarmieren, als der Einstieg bereits wieder geschlossen und die Treppe weggerollt wurde. Nun gut, es sollte halt so sein. Mit ein wenig Glück war ja der Copilot nüchtern.

Geflogen ist unser Trinkkumpan astrein, das muss ich ihm lassen. Und dabei rauschten wir die 120 Kilometer bis Havanna praktisch im nächtlichen Tiefflug über ein Land mit nahezu vollständiger Verdunklung, und dann legte der auch noch eine klasse Punktlandung auf der einzig beleuchteten Piste des Flughafens Jose Marti hin. Da war wohl nichts mit Radar bei so einem nächtlichen Anschleichen. Der Tower hatte ja auch schon seine Lichter ausgeknipst. Alle Heiligen beschwören, ein Auge zukneifen, die restliche Konzentration abrufen, letztes Gebet – und runter!

*

Eine halbe Stunde darauf sind wir durch die Kontrollen und stehen auf dem Parkplatz vor der abgedunkelten Eingangshalle des Flughafens. Vier nagelneue Busse warten dort in einer Reihe auf die letzten Urlaubsgäste dieses Tages, um sie zu den verschiedenen Hotels zu bringen. Jeder Bus hat im Frontfenster ein Pappschild mit einer Nummer angebracht, aber keiner weiß, ob er nun in Bus eins, Bus zwei oder Bus drei einsteigen muss. Vielleicht ja auch in den Bus Nummer vier ganz auf der rechten Seite? Die Organisation ist hier zu dieser nächtlichen Stunde wohl gerade auch ausgefallen.

Wir vergleichen unsere Reservierungen und bilden nun selbsttätig vier verschiedene Haufen nach Hotelzuordnung. Als sich nach einer weiteren halben Stunde nichts und niemand gerührt hat, steigt ein Spanier unseres Hotel-Itabo-Haufens in den Bus vier und verklickert dem Fahrer, dass er jetzt die Itabo Tour fährt und uns einsteigen lassen soll.

Hat hingehauen. Das ist ja das Schöne am sozialistischen Paradies. Jeder nach seinen Bedürfnissen!

Allerdings ist der Bus nicht gleich losgefahren, nachdem wir unserer Gepäck verstaut und erwartungsvoll Platz genommen hatten. Der Fahrer bestand bei mir zunächst noch darauf, dass ich mein Handgepäck ebenfalls im unteren Stauraum deponiere. Verstanden habe ich das zwar nicht, denn im unseren Bus war ja noch mehr als ausreichend Platz, und mein Handgepäck habe ich eben auch gerne zur ´Hand`, daher kommt ja die Bezeichnung. Aber ich war inzwischen zum Protestieren zu müde geworden, und so stieg ich hinter dem Fahrer noch einmal aus dem Fahrzeug, um meine Tasche gleichfalls in den Kofferraum zu schieben. Immerhin hatte ich noch soviel Protestenergie, darauf zu bestehen, dass nun aber die Kofferraumklappe in meinem Beisein abgeschlossen wird.

Es sollte jedoch immer noch nicht losgehen. Denn nun stieg eine junge Dame in den Bus und hielt einen ewig langen Vortrag. Die ´Periodo Especial en Tiempos de Paz`, also dass Kuba zur Zeit gerade eine Reihe spezieller Probleme an der Backe hat, die aus dem Verrat der Sowjetunion und natürlich auch aus der Wirtschaftsblockade der Yankees herrühren … und gerade mal wenig Sprit und häufige Stromausfälle und so … aber es ginge schon wieder bergauf … und so weiter und so fort – wie halt verordnete Ansprachen von Funktionären nun einmal so sind.

Warum die allerdings ihre Predigt auf den Start der nächtlichen Busfahrt um 2 Uhr nachts gelegt haben, wenn sowieso niemand mehr zuhört, habe ich damals nicht verstanden. Außerdem hatten die doch tatsächlich die hässlichste Kubanerin aufgeboten, die diese Insel zu bieten hat.

Pickelgesicht, stechender Blick, hölzerner Gang, schlecht sitzende Uniform und fettige, strähnige Haare – also meine lieben Parteifunktionäre, das war ja wohl ein echter Abtörner. Dabei gibt es in Kuba praktisch kaum ein unattraktives Girl unter 25, wie ich bei etlichen späteren Besuchen beobachten konnte. Es gibt Weiße, Farbige und Schwarze, Schlanke, ganz Schlanke, lecker gerundete Vollschlanke und natürlich die vielen brandgefährlichen Muchachas mit Granatenfigur und Engelsgesicht.

Alle haben sie etwas. Sexy Kurven, charmantes Lächeln und Bewegungen mit tänzerischer Eleganz und Sicherheit. Sämtliche jungen Frauen in diesem Land sind irgendwie zum Anknabbern, zum Zugreifen, und erzeugen bei Männern mit spielerischer Leichtigkeit geile Wünsche und verdrehte Fantasien. Sie sind verführerisch, verlockend und erscheinen gewissermaßen unschuldig sündhaft. Eben bloß nicht diese Nachwuchsgenossin im Bus. Aus welcher Mülltonne die gekrochen war, um vor uns ihren Auftritt hinzulegen, wird wohl auf ewig ein kubanisches Geheimnis bleiben.

Der nächtliche Vortrag dauerte beinahe eine dreiviertel Stunde, also eine gefühlte Ewigkeit für unseren, inzwischen reichlich gestressten und übermüdeten Haufen. Der Fahrer stieg währenddessen ein paar Mal wieder aus und verschwand in der Finsternis, denn der Flughafen wurde nach dem letzten Flug geschlossen und die Lichter gelöscht. Energieeinsparungen, schon klar, das hatten wir ja inzwischen verstanden.

Um drei stehen wir endlich vor dem Hotel Itabo in Habana del Este. Ich springe aus dem Bus und baue mich vor der Klappe des Stauraumes auf, um gleich meine Taschen zu schnappen. Dann an die Hotelbar, last Drink, duschen und ab ins Bett. Aber denkste – meine Taschen sind weg. Beide!

Dabei standen die direkt hinter der Kofferraumtür übereinander.

Ich warte, bis alles geräumt ist, greife mir den Fahrer und stelle den zur Rede. Der meint doch in aller Seelenruhe, meine Taschen werden sich sicherlich schnell wieder auffinden, denn hier in Kuba werde nicht geklaut. Ansonsten wäre ja wohl auch noch anderes Gepäck abhanden gekommen. Wahrscheinlich seien meine Sachen in einem anderen Bus gelandet …

Ich fange langsam an auszuflippen. Vor einer Stunde hat genau dieser Typ doch noch darauf bestanden, dass ich mein Handgepäck ebenfalls hier unten rein bunkern soll, und hat dann in meinem Beisein die Klappe verriegelt. Ich werde laut und fange an zu schimpfen. Daraufhin kramt der eine alte russische Taschenlampe aus der Ablage und klettert damit in den Stauraum. Das Ding hat so einen Bügel, der einen Dynamo auf Touren bringt und damit einen auf- und abschwellenden Lichtstrahl erzeugt. Sieht aus wie eine Mehrzweck – Handgranate der Marke ´Dyadya Stalin`. Also der Fahrer krabbelt da eine Weile in dem leeren Bauch seines Fahrzeugs herum, hält – huuii,huuii,huuiiii – den Dynamo in Schwung und verkündet mir dann, dass er keine Taschen entdecken kann. Folglich müssen die also noch auf dem Flughafen stehen. »Lógico – no?«

»Na gut«, sage ich, »dann fahren wir jetzt nochmal zum Flughafen«.

*

Aber der Chauffeur traut sich nicht, eine derartig gravierende Entscheidung alleine zu treffen und saust in das Hotel, um sich mit der Frankenstein-Tochter zu beraten. Ich hinterher, damit ich die Situation halbwegs im Auge behalten kann. Da sitzen nun in der Eingangsbar meine Reisekollegen mit glänzenden Augen, geduscht und mit frischen Klamotten bei ihren nächtlichen Begrüßungsdrinks – und schon in bester Begleitung. Die ganze Bar ist gefüllt mit appetitlichen Muchachas, die wenig nach Mona Lisa und dezenter Zurückhaltung aussehen. Und da muss ausgerechnet ich in voller Hektik und in durchschwitzten Winterklamotten durch diese malerische Oase der Sinnlichkeit einer hässlichen Ente hinterherhecheln. Dabei hatte ich noch nicht einmal im Hotel eingecheckt und mir einen Schlafplatz gesichert. Aber ich muss das jetzt durchziehen, sonst stehe ich morgen ohne meine Klamotten da!

Wie ich die beiden letzten Endes dazu überreden konnte, mit dem ganzen Bus noch einmal zum Flughafen zu fahren, weiß ich nicht mehr so genau. Immerhin – inmitten einer elementaren Versorgungskrise so ein ganzes Schiff in Bewegung zu setzen, um Sprit für 60 sinnlose Kilometer zu verjuckeln! Irgendeiner musste dann doch bestimmt wieder klammheimlich Diesel organisieren und außerdem noch den Tachometer zurückdrehen ...

Aber vermutlich waren weder meine Überredungskünste noch mein Auftritt entscheidend für die nächtliche Schleichfahrt auf den auto- und menschenleeren Straßen zu dieser kubanischen Geisterstunde. In späteren Jahren, als ich mehr über die knüppelharte Strafjustiz und die noch um einiges härtere Vollzugsrealität dieser Insel wusste, habe ich oft gedacht, dass meine beiden Trickbetrüger einfach unglaublichen Schiss bekommen hatten und der ganzen Geschichte den Wind aus den Segeln nehmen wollten.

Andererseits – warum die dann so einen Stunt abziehen, ist auch wieder unklar!

Ist doch logisch, dass sich ein jeder Tourist in solch einer Situation aufgeregt und nach den Bullen geschrien hätte. Und gemäß kubanischer Rechtsauffassung liegt ja gleich ein schweres Bandenvergehen vor, wenn sich drei ´Delinquentes`, also in diesem Fall der Busfahrer und die Bustante mit noch einem Kumpel verabreden, um einen Touri abzuziehen. Denn ein Dritter war garantiert auch noch dabei. Irgendjemand musste ja schließlich die Taschen abtransportieren. Vielleicht haben sie die auch erst mal in einen anderen Bus umgeladen – was weiß ich? Aber das wären bestimmt für jeden zehn Jahre geworden, wenn die Sache aufflog. Die muss Mann (oder Frau) im kubanischen Knast erst einmal überleben!

Und warum nun ausgerechnet meine beiden Taschen verschwunden waren und sonst gar nichts, habe ich auch nie ergründen können. Vielleicht lag das ja an diesem albernen Panama-Hut ´Colonial`, den ich völlig unpassend zu meinen Winterklamotten trug. Aber schließlich konnte ich das teure Gerät ja nicht in meine Reisetasche stopfen – da wäre doch die schöne traditionelle ´Colonialform` gleich hinüber gewesen! So aber sah ich mit Hut und dem zerknitterten 50er Jahre – Regenmantel vom Berliner Flohmarkt über Rollkragenpullover und

Jeans wohl reichlich albern aus. Vielleicht stellen sich die Inselgenossen ja auch so einen Yankee-Spion vor, wer weiß? Oder einen von der Mafia verdingten Attentäter. Wenn man so die kubanischen Fernsehproduktionen dieses Genres anschaut, könnte das durchaus gut zutreffen.

Jedenfalls hat der Bus vor dem Flughafen nur eine müde Runde gedreht und ist gleich wieder zurückgefahren. Also nicht einmal anhalten und irgend etwas nachfragen oder nachschauen. Der Fahrer meinte, da wäre niemand mehr im Flughafen, alles geschlossen und so. Außerdem hätte er über Funk die Anweisung erhalten, sofort wieder zum Hotel zu kommen.

Gegen 4 Uhr war ich dann endgültig im Hotel zum Einchecken. Ich musste unbedingt erst einmal ein Weilchen schlafen, um wieder einen klaren Kopf zu bekommen. Außerdem konnte ich zu dieser Stunde sowieso nichts mehr unternehmen. Der Fahrer blieb gleich draußen, und von der Rezeption konnte ich aus den Augenwinkeln erkennen, wie der Bus sich gerade wegschlich. Unsere grandiose Reisebegleiterin hatte sich schon vorher verdünnisiert. Aber dafür bekam ich ein Doppelzimmer, also ein zwei-Bett-Zimmer für mich alleine. Und das Versprechen, dass die mich um 8 Uhr zum Frühstücksbuffet wecken. In 4 Stunden also.

*

Nicht so toll, wenn man sich frühmorgens nach einer ewig langen Flugreise nicht einmal die Zähne putzen und die Haare waschen kann. Aber wenigstens konnte ich mich mit der hoteleigenen Kernseife gründlich abduschen. Dann musste ich allerdings wieder in meine verschwitzten Winterklamotten schlüpfen. Ich hatte die Wahl zwischen Unterhemd und Rollkragenpullover. Ich entschied mich für das Hemd, denn inzwischen hatten sich die letzten Regenwolken des Hurrikans verzogen, der sich kurz vor unserer Ankunft über dieser Insel entladen hatte. Dieser erste Urlaubstag versprach, gut heiß zu werden.

Tatsächlich bin ich einer der Ersten im Speisesaal. Und wie ich mir so salopp bekleidet am Buffet eine schöne Portion Rührei mit Früchten auf den Teller lade und mehrere Gläser mit frisch gerührtem Trinkjoghurt auf mein Tablett packe, um für den Tag gerüstet zu sein, kommt ein uniformierter Hotelangestellter und folgt mir verstohlen bis zu meinem Platz an der Frühstückstafel. Hier beugt er sich zu mir und flüstert mir diskret ins Ohr, dass mein Outfit an der Frühstückstafel dieses Hotels wohl nicht ganz passend sei. Ich möge mir doch bitte ein richtiges Hemd überziehen. Der kam mir nun gerade recht!

Ich schicke den zum Teufel, und er trollt sich tatsächlich, kommt jedoch im Nu mit Verstärkung wieder. Sein Begleiter stellt sich als ein Angehöriger der 'Sicherheit' vor, was dies auch immer in Kuba bedeuten mag. Jedenfalls werde ich nun hochoffiziell aufgefordert, meine Schultern zu bedecken oder aus diesem Saal zu verschwinden. Nun hat mich doch glatt das Trauma der letzten Nacht schon beim Frühstück wieder eingeholt, und mir platzen die Nerven. Ich brülle die beiden an, dass die sich ihr Kuba und seine Regeln sonst wo hinstecken können. Letzte Nacht sei ich gleich nach der Ankunft komplett geplündert worden, und jetzt kommen die mir mit Anstandsregeln, weil ich die Klamotten trage, die mir noch übrig geblieben sind ...

Ich habe denen noch Einiges mehr hinterher gebrüllt, als sie sich dann verkrümelt haben. Schon deshalb, weil sich der Saal inzwischen gut mit Gästen gefüllt hatte, und die Geschichte anfing, sich zu einem feinen kleinen Skandal auszuweiten. Inzwischen nutzte ich meine momentane Popularität unter den Urlaubern, um mir von einem Guiri Rasierzeug und Haarshampoo auszuleihen.

Nachdem ich mich schnell ein wenig aufgepeppt hatte, bin ich wieder in den Speisesaal zurück. Irgendwie hatte ich erwartet, hier nun ein hohes Tier der 'Sicherheit' vorzufinden. Aber es tat sich nichts. Letzten Endes hatte ich dann in diesem ganzen Urlaub nie wieder Probleme mit Sicherheit oder sonstigen

Autoritäten, egal was ich später gemacht oder wie ich mich verhalten habe. Heute vermute ich, dass die damals ihr Problem mit einem Touristen aus Deutschland, der beklaut worden ist und dummerweise auch noch fließend spanisch spricht, bis in die höchste Instanz hoch – telefoniert haben, um sich Anweisungen zu holen. ́Wie geht man bloß mit einem aufmüpfigen Gringo um, dem etwas passiert ist, was eigentlich gar nicht sein darf, Compañero? Ein Choleriker, der richtig Wirbel macht, wenn man den zu beruhigen versucht. Wo doch Kuba in dieser schicksalhaften Situation von den ́Vacancionistas` abhängig ist, wie der Chef uns so oft erklärt hat.` Irgendwie in der Art.

Und später in diesem Urlaub wurde mir dann so langsam klar, dass ich in gewissem Sinne während dieser zwei Wochen der freieste Mensch auf Kuba war. Einer, der die größten Verrücktheiten veranstalten konnte, ohne mit Konsequenzen rechnen zu müssen. Vielleicht außer Fidel selbst und noch seinem Brüderchen. Aber die beiden Lider waren letztlich den eingefahrenen Normen eines Auftretens in der kubanischen Öffentlichkeit, ihrer selbstgestrickten Moral und ihren eigenen Mythen verpflichtet. Ich war niemandem und zu nichts verpflichtet. Ich hatte Narrenfreiheit.

Doch zunächst war ich noch weit entfernt von einem Hochgefühl schrankenloser Freiheit, sondern eher davon gestresst, meine missliche Situation irgendwie zu regeln. An der Rezeption des Hotels konnte ich keine vernünftige Auskunft bekommen, an wen ich mich in dieser verfahrenen Situation denn nun wenden könnte.

́Das wissen wir nicht, Señor.`

́Das ist doch noch nie vorgekommen, Señor.`

́Aber nein, Señor. Wir sind nur für Vorkommnisse innerhalb des Hotel zuständig, Señor.`

Doch ich habe Glück, denn gerade als mich diese fruchtlosen Bemühungen in die nächste Krise treiben und ich bereits wieder laut werde, rauscht unser Bus-Fantasma durch die Eingangshalle.

Also vielleicht ist ´Glück` nicht so ganz der treffende Ausdruck, aber jetzt hatte ich wenigstens jemanden, den ich festnageln konnte. Ich stelle mich ihr in den Weg und bearbeite dann Señorita Frankenstein solange, bis die sich bereit erklärt, mit mir in ein Taxi zu steigen und die nächste Polizeistation aufzusuchen. Natürlich zickt die Dame erst einmal gewaltig herum, aber letzten Endes kann sie mir einen abermaligen Hilfsdienst schlecht verweigern, denn diese kubanische Parteinudel war ja schließlich auch unsere offizielle Reisebegleiterin. Hatte sie ja bei ihrem nächtlichen Vortrag oft genug erwähnt.

Wir lassen uns also von dem einzigen Taxi vor dem Hotel zu einer Station der ´Policia` in Habana del Este chauffieren. Dort hört sich ein Uniformierter mit unbewegter Miene die Geschichte meines Missgeschickes an, ohne allerdings irgendwelche Aufzeichnungen zu machen.

Das wäre eine Angelegenheit der Flughafenpolizei, meint er am Ende, ich müsse mich an diese Einheit wenden.

Jetzt aber streikt meine Begleiterin, sie müsse zurück ins Hotel. Dringende Verpflichtungen gegenüber der restlichen Reisegruppe, ihr Protokoll auf dem Laufenden halten und solche Sachen.

Egal, ich habe ja nun ein klares Ziel, und brauche die auch gar nicht mehr. Ich eile zum Taxi voraus und gebe dem Fahrer den Flughafen in Havanna als neues Ziel an. Soll das schöne Kind doch sehen, wie es zum Hotel zurückkommt. Vielleicht hatte sie ja inzwischen auch den Job geschmissen und sich direkt zu ihrer Mülltonne auf den Weg gemacht. Ich jedenfalls habe diese Sumpfblüte nie wieder zu Gesicht bekommen.

Unterwegs fällt mir ein, dass es von Vorteil wäre, wenn ich mir ein paar Klamotten besorgen könnte. Ich lief immer noch mit Winterschuhen, Jeans und Unterhemd herum und trug meinen Schlabbermantel über den Schultern. In diesem Mantel steckten meine Papiere, der Ausweis, Kreditkarte und Flugschein sowie eine dicke Rolle von kleinen Dollarnoten, die ich mir auf Anraten des Reisebüros noch in Spanien besorgt hatte. Diese Sachen konnte ich in meiner momentanen Verfassung unmöglich im Hotel lassen. Nicht einmal im Hotelsafe, falls so etwas überhaupt mit zum Service gehörte, denn mit meinem Glauben in die Ehrlichkeit der Inselbewohner stand es in diesem Moment nicht gerade zum Besten. Im meinem Hotelzimmer befand sich nur noch der Panama-Hut und ein verschwitzter Rollkragenpullover. Diese Sachen konnte ich verschmerzen, und irgend etwas muss ein möglicher Einbrecher ja mitnehmen können. Sonst pinkelt der mir wohl möglich aus lauter Frustration aufs Bett oder scheißt in den Schrank!

Ich frage den Fahrer, ob er weiß, wo ich mir schnell ein paar Klamotten besorgen kann. 'Ja', meint der, 'im Hotel Habana Libre gibt es eine Boutique, wo ein Vacancionista (offizielle kubanische Bezeichnung für ausländische Urlauber) für Dollars Kleidung und Badeutensilien kaufen kann.` Also erst einmal ins Habana Libre.

Das ehemalige Hilton Hotel in der Calle M ist sicher nicht das schönste, aber ohne Zweifel das größte Hotel von Havanna. Es ist außerdem in dem höchsten Gebäude dieser Stadt untergebracht und von daher ohne Schwierigkeit zu finden. Im seinem Erdgeschoss befinden sich außer einer bombastischen Rezeption mit einer Telefonzentrale für internationale Gespräche verschiedene Bars und Restaurants im klassisch-kubanischen Stil und eben auch ein abgeteilter Laden, wo die Urlauber Kleidung und Strandutensilien für amerikanische Dollar erwerben können.

In einem weiten Bereich der Eingangszone sind komfortable Sitzgruppen zwischen frischen Blumen, grüner Dekoration und in Naturstein gefassten Wasserflächen aufgestellt, in denen die geschätzten Gäste manchmal von Liveauftritten lokaler Künstler unterhalten werden.

Dieser Ort hat sich gewissermaßen noch eine Resteleganz aus den alten Zeiten bewahrt. Mit Einschränkungen natürlich, denn der ganze Bau riecht penetrant und durchdringend nach demselben Reinigungsmittel, das mir bereits auf den Flughäfen von Havanna und Varadero die Nase verschleimt hatte. Aber die Riechorgane von Guerillaführern der Bewegung des 26. Juli, die in der ersten nachrevolutionären Zeit das Hilton zum provisorischen Regierungssitz umfunktioniert hatten, waren nach Jahren im Gebirge der Sierra Maestra wohl einigermaßen unempfindlich geworden.

Kein Wunder bei der ewigen Zigarrenqualmerei.

In der – gut, ich will es einmal Boutique nennen – finde ich allerdings wenig brauchbare Ersatzkleidung. Hosen gab es nur aus kubanischer Produktion, glaube ich, die hatten einen Unterstoff aus Taft. Dieser Unterstoff ist sparsam nur bis über das Knie und so merkwürdig eng geschnitten, dass ein Träger dieser Hosen sich beim Ankleiden rechtzeitig entscheiden muss, ob er seine Intimitäten für den Rest des Tages auf der linken oder auf der rechten Seite zu tragen gedenkt. Ein Splitting oder ein späterer Wechsel ist kaum möglich, jedenfalls solange Mann nicht die ganze Hose erst einmal wieder bis in die Kniekehlen rutschen lässt – muss also nicht unbedingt sein.

Männerschuhe gab es nur aus Leinen, ebenso wie Allwetterjacken, die jedoch keinen so schlechten Eindruck machten, und vor allem eine Menge Taschen hatten. Ich habe gleich eine erworben, denn nun musste ich nicht mehr mit meinem Vintage-Mantel rumlaufen. Aber vor allem hatte ich zwei Hemden erstanden. Schön auffällige Dinger, irgendwo so zwischen Samoa- und Hawaii-Style angesiedelt.

Vermutlich stammten die jedoch eher aus Hongkong oder von den Fidschi-Inseln, denn Hawaiihemden fallen doch bestimmt unter das US Embargo. Aber egal, jetzt war ich zumindest für einen seriösen Auftritt bei der Flughafenbullerei gerüstet.

Eine halbe Stunde später stehe ich vor dem Aeropuerto Internacional José Marti. Das Taxi hatte ich entlassen, denn ich hatte mit einem längeren Aufenthalt gerechnet und wollte nicht noch einmal Standzeit dazugerechnet bekommen. Die Dollartaxis in Kuba langen ganz schön hin. Aus diesem Grunde sucht sich der informierte Tourist viel lieber ein (illegales) Privattaxi. Die lauern an jeder Ecke der Stadt, man muss nur die geparkten Amischlitten im Auge haben. Aber an meinem ersten Tag in Kuba hatte ich natürlich noch null Ahnung, und mir fehlte jegliches

Insiderwissen. Außerdem hatte ich in dem Flughafengebäude bereits den Laden einer Autovermietung entdeckt. Soviel an Luxus wollte ich mir in meiner Situation schon zugestehen.

Bei den Bullen ging es wieder einmal ganz fix. Die hörten mir zwar zu und machten sich sogar ein paar Notizen, aber irgendwann kam auch von denen wieder das saublöde Statement, dass in Kuba nicht geklaut wird. Und ich bekam wieder kein Protokoll. Diesmal mit der ganz windigen Begründung, dass es zu spät sei. Die Meldung hätte innerhalb der ersten 12 Stunden nach dem ´vermeintlichen Diebstahl` erfolgen müssen. Das muss denen der Maximo Lider so eingebläut haben:

´Wenn die Vacancionistas in unser Land kommen, müssen wir bei denen unbedingt den Eindruck hinterlassen, dass in Kuba kein Tourist bestohlen wird. Ansonsten erreichen wir nicht unsere Planziele bei den dringend benötigten Deviseneinnahmen aus diesem Sektor. Außerdem darf dem Klassenfeind hier kein moralischer Angriffspunkt gegen unser sozialistisches System gegeben werden. Wie dieser Eindruck erreicht wird, Compañeros, überlasse ich den Exekutivorganen, die in direkten Kontakt mit den Vacancionistas stehen werden. Also euch, den hier vertretenen Repräsentanten unserer Nation. In dieser entscheidenden historischen Phase seid ihr die Stimme Kubas!` So in etwa.

*

Noch auf dem Flughafen ziehe ich eine erste Bilanz. Meine Klamotten kann ich vergessen, soviel steht mal fest. Pass, Flugticket, Bargeld und Kreditkarte habe ich gewohnheitsgemäß auf Reisen immer am Körper, also da ist kein Verlust. Aber dummerweise lag mein Adressbuch im Handgepäck. Damit sind meine Anlaufstellen in Havanna und all die schönen Referenzschreiben meines Weißwasser-Kubaners auch futsch. Was soll ich dann eigentlich noch auf dieser Insel?

Ich sollte jetzt umgehend eine Filiale meines Reisebüros aufsuchen, um einen früheren Rückflug zu organisieren und vielleicht von denen ein Protokoll für die Versicherung zu erhalten. Diese Filiale sitzt auch im Habana Libre und wird von Spaniern betrieben. Soviel zumindest hatten mir die Flughafenbullen gesteckt.

Einen Mietwagen konnte ich tatsächlich mit der Kreditkarte mieten, auch wenn Kuba natürlich keinen Onlinekontakt mit europäischen Banken hat. Aber die hatten so ein ′Ritsch–Ratsch-Gerät`, bei dem die Daten der Visakarte auf einen Papierstreifen übertragen werden. Dieses Papier wird an einen Mietvertrag mit Ausgabedatum angeheftet, und ich musste nur noch unterschreiben. Na prima, jetzt hatte ich also einen Nissan und konnte den ganzen schleichenden Amischlitten eine Nase machen.

Bei der Abgabe sollte dann nur noch dieses Datum eingetragen werden – und fertig. Die gaben mir sogar noch eine grobe Skizze von Havanna mit, denn es gab in dieser Stadt keine Autokarte zu kaufen. Wozu auch?

Die paar Autobesitzer kennen sich ja in ihrer Stadt aus. Und vor allem kommen die sowieso nur bis zur nächsten Straßenecke mit der monatlichen Benzinration, die sie für kubanische Pesos kaufen dürfen. (Der Grund hierfür lag in dem enormen Verlust, den der Staat durch die große Subvention bei einem Verkauf von Benzin gegen kubanische Pesos gemacht hat. Ein Liter Benzin kostete damals etwas weniger als 2 Pesos. Mehr geht schlecht bei einem Monatsverdienst von 150 bis 200 Pesos. Also umgerechnet 10 US Cent erhielt der Staat bei dem Verkauf eines Liters. Da hat Kuba wohl gut draufgelegt. Folglich haben sie die Ausgabemenge begrenzt. 1991 konnte ein kubanischer Autobesitzer noch 15 Liter im Vierteljahr tanken. 5 Liter im Monat! Damit hat sich doch so ein amerikanischer Straßenkreuzer einmal kurz geschüttelt, ist maximal zwei Straßenecken gerollt, um dann mit lautem Knall und einer gewaltigen Fehlzündung den restlichen Sprit in einer grandiosen blauschwarzen Wolke in den kubanischen Himmel zu rülpsen. In späteren Jahren gab es dann überhaupt kein Benzin mehr für die einheimischen Pesos.)

Die junge Spanierin der Filiale des Reisebüros im Habana Libre quittiert meine Erzählung mit einem müden Lächeln. Da war ich wohl nicht der Erste in solch einer Situation. Viel machen kann sie nicht. Sie verspricht, mich für den Rückflug in einer Woche auf eine Warteliste zu setzten. Vielleicht springt ja jemand ab oder verlängert eine Woche. Versprechen kann sie nichts. Eine halbwegs akzeptable Einkaufsmöglichkeit für meinen momentanen Bedarf kennt sie auch nicht. Sie und ihre Kollegen lassen sich alles aus Spanien mitbringen. Aber ich solle doch mal in die nationalen Läden schauen. Im Prinzip könnte ich dort durchaus einkaufen, allerdings nur diejenigen Artikel, für die keine Libreta (Libreta de Abastecimiento – Bezugsbüchlein) benötigt wird.

Zum Schluss wechselt sie mir noch 10 US Dollar in 200 kubanische Pesos. Das ist immerhin mehr als ein normales Monatsgehalt für einen Eingeborenen. Aber richtig Hoffnung, diese Pesos irgendwo einsetzen zu können, habe ich kaum. Deshalb entscheide ich mich nun doch für die leichten Leinenschuhe und die elegante Tafthose aus der Boutique nebenan. Man kann ja nie wissen.

Zur Not könnte ich jetzt auch gut als Kubaner durchgehen.

Am späten Nachmittag fahre ich zurück in mein Hotel. Auf der Suche nach kubanischen Einkaufsläden verlasse ich mehrmals die größeren Straßen, die auf meiner Skizze eingetragen sind, und verfranze mich in kleineren Gassen. Aber hier in Havanna ist das kein wirkliches Problem, weil nur wenige Fahrzeuge auf den Straßen unterwegs sind. Vorausgesetzt natürlich, das eigene Auto hat genügend Sprit und man findet rechtzeitig eine Tanke zum Nachfüllen. Allerdings hätte ich mir die Suche auch ersparen können. Haarbürste, Kamm, Shampoo, Rasiercreme oder auch Unterwäsche werden in diesen speziellen Zeiten wohl als kostbare Luxusartikel gehandelt, und sind nur noch unter der Hand und mit Vitamin B zu ergattern.

In einem giftgrün angestrichenen Laden zeigt der Verkäufer auf den typischen Kleidersack einer Sammlung des roten Kreuzes, der in einer Ecke an den Tresen gelehnt ist. Für einen Dollar könnte ich darin herumwühlen und mir drei Teile aussuchen. Na prima, vielleicht finde ich ja meine T-Shirts oder Jeans wieder, die ich im letzten Sommer der Aktion ´Erdbebenhilfe für Nicaragua` gespendet habe!

Nun habe ich etwas Muße, mir mein Hotel etwas genauer zu betrachten. Das Itabo ist gar nicht einmal so übel, viel attraktiver als die hoch aufragenden Bettenburgen an der Costa Brava in Spanien. In diesem Hotel sind die Gäste in Quartieren untergebracht, die gewissermaßen wie Reihenbungalows um einen riesigen Pool platziert sind. Zwei Bars liegen gleichfalls zum Pool hin offen und laden zum Umtrunk oder einem Snack in Badehose ein. Zur Meeresseite führt ein Fußweg über Sandwege und eine kleine Brücke direkt an den Strand. In diesem Strandabschnitt liegt sozusagen der Trennfluss zwischen gepflegten Touristenstränden mit den leichten Dünen im Hintergrund und dem flachen Bereich der kubanischen Urlaubssiedlung Guanabo. (heutzutage heißt die Itabo-Anlage ´Blau Arenal Club`)

Zu dieser späten Stunde ist das Areal des Schwimmbades gut belegt, und bei mir kommt zum ersten Mal ein leichter Hauch von Urlaubsfeeling auf. In den Pool springen geht aber dummerweise nicht, ohne meine schöne neue Tafthose oder die letzte Unterwäsche zu riskieren. Also gehe ich durch den hinteren Eingang der Anlage zum Strand. Den hatte ich bisher ja auch noch nicht zu Gesicht bekommen.

In der Dämmerung ist der Strand fast menschenleer. Nur eine ältere Urlauberin stakst wie ein Storch weit draußen mit hoch gerafftem Sommerkleid über die auslaufenden Wellen in dem flachen Wasser des Küstenbereichs herum.

Da springt ein junger Bursche auf, der in den Dünen zu meiner Linken gelegen hat, sprintet zu dem Liegeplatz der ´Vacancionista`, greift sich die abgestellte Badetasche und flüchtet durch das Rinnsal des Flüsschens weiter den Strand entlang Richtung Guanabo. Auf seinen Fersen hat er jedoch einen uniformierten Polizisten, der sich ebenfalls in den Dünen versteckt und den Verdächtigen beobachtet haben musste. Der rennt ein paar Schritte, bleibt sodann an dem Ort der Untat stehen, zieht seinen Revolver und ballert hinter dem Dieb hinterher. Der Bösewicht stürzt auf den Boden.

Ich schmeiße mich vor Schreck auch in den Sand, obwohl ich nicht direkt in der Schussrichtung stehe, aber wer weiß das denn schon so genau? Als ich hochblicke, springt der Taschenklauer gerade wieder auf und rennt um sein Leben. Den Beutel lässt er jedoch im Sande liegen.

Der Bulle schießt nun nicht weiter hinter dem Flüchtenden hinterher. Vielleicht hat er ja sein ganzes Magazin geleert und sein Reservemagazin vergessen. Oder er denkt, dass nun gut sei, weil die Diebesbeute ja sichergestellt ist. Auf jeden Fall hatte er überhaupt nichts hinter dem Dieb hergerufen, keine Aufforderung zu irgendetwas oder eine letzte Warnung.

´Halt stehenbleiben, oder ich schieße` zum Beispiel, oder ´dies ist die letzte Warnung, danach wird gezielt geschossen` wie man das von den amerikanischen Filmen so kennt. Andererseits bekommen kubanische Polizeianwärter wohl selten US amerikanische Filme zu sehen – auch wahr!

Das erstarrte Urlaubsmuttchen steht noch an derselben Stelle im flachen Wasser und hat ihre Arme gen Himmel gestreckt, als der Polizist bereits die Tasche geholt hat und sie jetzt zu sich an den Strand winkt. Er schüttet den Inhalt der Badetasche in den Sand und hält ihr die einzelnen Utensilien unter die Nase, um sie zu fragen, ob etwas abhanden gekommen ist. Auf ihr Kopfschütteln verabschiedet sich der Ordnungshüter mit diesem charmanten Lächeln, wie es nur kubanische Beamte verschenken können: »Como ustedes pueden ver, no ha pasado nada! Solamente un poco de arena en la bolsa y su dobladillo del vestido un poco muchado. Siguen ustedes disfrutando de sus vacanciones!«

(Wie sie sehen, ist überhaupt nichts passiert. Nur etwas Sand in dem Beutel, und ihr Rocksaum ist ein wenig feucht geworden. Genießen sie weiterhin ihren Urlaub!)

*

Nun dann, ich für meinen Teil habe erst einmal genug vom Strand und ziehe mich wieder in das Hotel zurück. Bekommt man ja nicht alle Tage zu sehen, dass ein Mann um ein Haar wegen einer Badetasche, ein Paar gebrauchter Sandalen und eines Handtuchs in das Reich des Hades befördert wurde. Wenn die Kubaner nicht so furchtbar an allem und jedem sparen müssten, und dieser Nachwuchsbulle eine vernünftige Schießausbildung erhalten hätte, dann – ja, dann wäre der junge Mann jetzt vermutlich bereits mit seinen Vorfahren vereint! Und während ich noch einen Schreck-lass-nach-Drink an der Poolbar zu mir nehme, bemerke ich, dass überall Lampions und bunte Birnen aufgehängt sind und ein Drei-Mann-Orchester auf einer kleinen Bühne einen flotten Rhythmus anschlägt. Hier läuft heute Nacht ganz offensichtlich ein Begrüßungsfest. Die können damit doch nur uns Neuankömmlinge gemeint haben!

Ich bestelle mir aber nur einen kleinen Snack, und suche danach meine Schlafstelle im Bungalow auf. Viel gegessen hatte ich ja nun nicht die letzten Tage und noch weniger geschlafen. Aber mit dem Schlaf haut das nicht so richtig hin, ich bin viel zu aufgewühlt nach dem Film des heutigen Tages. Nach zwei, drei Stunden zwischen Dämmerschlaf und Herumgewühle gebe ich es auf, stelle mich unter die Dusche und ziehe mich an. Jeans, Hawaiihemd und Stoffschuhe – die große Qual der Wahl hatte ich ja nun nicht mehr. Schnell noch ein paar Dollar aus der Geldrolle pulen, den Rest im Zimmer verstecken, ein paarmal mit den Fingern durchs nasse Haar streichen, und ich bin bereit für jede Art von Begrüßung.

*

Nach einer halben Stunde an der Bar habe ich bereits Begleitung. Und zwar doppelt. Rechts und links von mir sitzt jeweils so eine schwarze Granate mit blitzenden Augen, leuchtend weißen Zähnen und jede Menge dunkel schimmernder nackter Haut. Der erste erfreuliche Anblick in diesen Tagen! Ich bestelle den beiden Schönheiten einen Drink. Und weil die offensichtlich mein kubanisches Samoa-Hemd so überwältigend finden, rücken sie nun näher an mich heran und streicheln mein Hemd von vorne und von hinten. Am Ende streicheln die sogar meine Jeanshose, obwohl ich die doch gar nicht in Kuba gekauft habe. Aber vielleicht können sie das bei dem schummrigen Licht nicht so genau erkennen.

Die beiden sind Schwestern, behaupten sie jedenfalls. Ich kann das nicht so einfach nachprüfen, da fehlt mir die vergleichende Erfahrung. Aber beide verströmen den selben animierenden Hautgeruch mit dieser leichten Note parfümierter Untermalung, der von willensschwachen europäischen Männern wie mir unwillkürlich mit jedem Atemzug aufgenommen wird und als warmer Strom in die Lenden zieht. Und dabei Fingerspitzen elektrisiert, Fußzehen zum Kribbeln bringt, und sich als angenehme Lähmung in den Zonen der Vernunft bemerkbar macht.

Natürlich kann ich meinen beiden Schönen in meiner wachsenden Hochstimmung nicht den kleinen Gefallen abschlagen, um den sie mich jetzt bitten. Zumal für mich dieser Gefallen äußerst harmlos klingt. Also ich soll eine Freundin von denen auf das Hotelgelände lotsen, denn die Wachen lassen die nicht ohne Begleitung herein. Aber klar doch, ihr Objekte meiner Begierden – kein Problem!

Eine der beiden Chicas begleitet mich auf den Weg zum Strand, tuschelt an der Umzäunung des Geländes mit einem schwarzen Girl hinter dem Zaun und zeigt mir ihre Freundin. Die da ist es! Ich soll mich also an dem Wachhäuschen vorbei nach draußen begeben und mit ihrer Bekannten wieder hereinkommen.

Natürlich auch so eine Granate. Der Wachposten fragt mich nach meiner Zimmernummer, lässt sich den Ausweis der Muchacha zeigen, notiert das Ganze und lässt uns herein. Echt easy die Sache.

Ich ernte eine intime Umarmung, den obligatorischen flüchtigen Wangenkuss und einen verstohlen zugesteckten Zettel mit ihrem Namen und einer Festnetznummer. Danach stürzt sich das Girl in das Getümmel.

»Das können wir auch gerne noch ein paarmal wiederholen«, sage ich zu meinen beiden Süßen, »ich hätte kein Problem damit.«

Insgesamt drei Mal wiederhole ich an diesem Abend die Tour. Bei dem zweiten Girl macht mich der Posten darauf aufmerksam, dass die Muchachas nicht mit auf die Zimmer kommen dürfen und irgendwann nach dem Ende des Festes wieder aus dem Hotelbereich verschwunden sein müssen. Wenn also neben dem Namen einer Chica meine Zimmernummer notiert ist, dann sei ich für die Einhaltung der Regeln in diesem Fall verantwortlich. Entendido?

´Si claro, entendido! No hay problema, amigo.`

Bei dem dritten Girl sagt er gar nichts mehr und lässt sich nicht einmal mehr den Ausweis der Muchacha zeigen. Seinen verschleierten Blick habe ich in meiner Euphorie als machohafte Anerkennung gedeutet, aber es war doch wohl eher ein Ausdruck des Missvergnügens und der Erinnerung an die vergangenen Zeiten ohne Dollartouristen in Kuba, als die lokalen Superbienen auch noch in seiner Reichweite waren. Jetzt kann er sich während einer langen Nachtwache wieder einmal in seinem engen Kabuff allein befriedigen, wenn die Nähe zum Geschehen und die lustvollen Erinnerungen zu mächtig werden.

*

Langsam wird es nun aber Zeit, dass ich meinen eigenen Hormonhaushalt wieder in die Reihe bekomme, bevor mich der übermäßige Alkoholgenuss aus dem Rennen wirft. Ich erkläre meinen beiden Göttinnen, dass ich mich in mein Zimmer zurückziehen möchte, es aber sehr begrüßen würde, wenn mir eine der reizenden Schwestern Gesellschaft leisten würde. Natürlich können mich auch beide begleiten, schließlich habe ich ja ein Doppelzimmer in diesem Etablissement.

Tuschel, tuschel – dann entscheiden sie sich dafür, welche von beiden mich begleiten wird. Ich hätte um ein winziges bisschen lieber die andere der beiden Schwestern erwählt, lasse es mir jedoch nicht anmerken, denn irgendwie spielen derartige Feinheiten in der gegebenen Situation keine allzu große Rolle.

Eine steht also auf und macht sich mit mir auf den Weg, während die andere mich noch kurz am Arm festhält und mir zuflüstert: »Ich komme später noch nach. Dann machen wir einen Porno!«

Einen Porno? Wie geht denn ein kubanischer Porno? Also ich konnte mir nichts darunter vorstellen, und glaube auch nicht daran, dass auch dieses schöne Kind noch in meinem Zimmer auftauchen wird. Leider ...

Denn somit treffe ich keine weiteren Vorbereitungen und mache mich gleich über die Schwester her. Ich pelle sie aus ihrer spärlichen Bekleidung, feuere mein prächtiges Hawaiihemd in eine Ecke und lasse meine Hosen fallen. Bei dem Versuch, mich von Jeans und Unterhose zu befreien, komme ich ins Stolpern und stürze auf das Bett. Gut möglich auch, dass eine gewisse Trunkenheit mein Gleichgewicht beeinträchtigt hat, aber letztlich spielt das alles keine Rolle. Das Girl legt sich zu mir, ich strample mich von den Hosen frei und dringe ohne Vorspiel oder einleitende Zärtlichkeiten gleich in sie ein. Aber vermutlich hat diese Muchacha auch gar keine Einleitung, romantische Worte, zärtliche Berührungen oder tiefe Blicke erwartet, denn sie war gleich so etwas von bereit ... Das konnte ich selbst mit meinen benebelten Sinnen noch registrieren. Vielleicht ist sie ja immer bereit, wer weiß?

Nach dem ersten wilden Match haben wir dann zu einem gepflegten Aufeinander gefunden und starten nach einer kleinen Pause in eine zweite Runde. Dieses Mal setzt sich die Chica auf mich und demonstriert mir gekonnt, weshalb gewisse Frauen in Kuba Jinetera (Reiterin) genannt werden. Doch gerade als wir den passenden Rhythmus gefunden hatten, ertönt ein Klopfsignal am Eingang. Die Muchacha hält einen Moment inne, sagt: »Das ist meine Schwester«, steigt ab und öffnet die Tür. Dann nimmt sie, ohne ein Wort zu verlieren, ihren Ritt wieder auf. Ihr Schwesterlein schmeißt sich angezogen auf das zweite Bett, das ich Kleingläubiger ja nun leider nicht mit meinem Bett zu einem großen Liegeplatz zusammengeschoben hatte. Dieses Zimmer ist nämlich kein ´Doppelzimmer` im allgemein gebräuchlichen Sinn, sondern ein profanes ´Zwei-Personen-Zimmer`. Bett – Nachtkommode/ Bett – Nachtkommode. Verdammich, ich hätte das vorher umstellen müssen!

So aber liegt sie angekleidet und in voller Kampfbemalung auf dem Nebenbett und äugt zu uns herüber. Ich fühle mich wie im geteilten Himmel und habe noch nicht einmal die bessere Seite erwischt. Wenn so etwas ein kubanischer Porno ist, dann kann mir der gestohlen bleiben!

Und so langsam wird mir auch klar, dass ich nun unbedingt die ganze Nacht durchhalten muss. Ich sollte es mir besser nicht erlauben, irgendwann auszuruhen und einzuschlafen, wenn ich nicht auch noch meine Notausrüstung riskieren will. Immerhin habe ich auch meine Dollarreserven hier im Zimmer gebunkert.

Um es kurz zu machen: das schöne Kind konnte ich in dieser Nacht nicht mehr zu einem Dreier oder wenigstens zu einer Familien-internen Rotation überreden. Weder mit engelsgleichen Worten, noch mit lustvollem Gestöhne, noch mit plastischen Demonstrationen davon, was sie erwarten könnte. Ja, und die ganze Nacht weitermachen ging dann doch nicht. Irgendwann war mein Akku leer und ich bin in Tiefschlaf gefallen. Allerdings waren meine beiden schönen Schwestern schon vorher hinüber.

So ein Porno ist schon eine echt anstrengende Geschichte, und das gilt ganz offensichtlich auch für den passiven Teil. Oder aber die vorhergegangene Nacht war schon heavy für meine Holden gewesen, kann auch sein. Jedenfalls war ich in aller Frühe auch der erste, der unter der Dusche stand. Zumindest soweit hatte ich bis dahin alles unter Kontrolle.

Irgendwie konnten wir schlecht zu dritt im Frühstückssalon auftauchen. Aber ich hatte ja nun ein Auto, und natürlich kannten die beiden ein geeignetes Café hier in der Gegend. Mag ja sein, dass Kuba von einer Krise in die nächste torkelt, aber Kaffee gibt es immer auf dieser Insel. Wie soll man auch sonst den scharfen Nachgeschmack dieser ewigen Zigarrenqualmerei auflösen und runter spülen?

Und wie wir so in bester Harmonie ein Käffchen auf einer Terrasse mit Meeresblick genießen, kommt mir die dumme Idee, meine neue Connection zur Lösung eines anderen Problems auszunutzen. Ich erzähle den Schwestern in dieser erfrischenden Morgenstunde die Geschichte meines Kofferverlustes. Ob die nicht irgend einen Ort kennen, wo ein Ausländer gegen Dollar Unterwäsche, Waschzeug oder Badeutensilien erwerben kann. Und was soll ich sagen – natürlich kennen sie so einen Laden. Und dazu noch ganz in der Nähe!

Meine beiden Schönen bestehen darauf, dass wir sofort aufbrechen. Sie sind ganz begeistert davon, dass sie mir aus der Patsche helfen können, und wollen mir auch unbedingt bei einer Auswahl und den Käufen selbst beistehen, damit ich nicht über den Löffel gezogen werde. Denn das könne in diesem Land in den staatlichen Läden schon mal schnell passieren.

In der Tat ist der Einkaufsladen gleich um die Ecke und um diese Zeit noch völlig ohne Kunden. Er sieht aus wie ein kleiner Supermarkt, ziemlich winzig, aber durchaus modern mit seiner Rundum-Verglasung. Der wird wohl auch im Zuge des Aufbaus einer touristischen Infrastruktur in den letzten Jahren entstanden sein. Vor dem Eingang steht ein uniformierter Bewaffneter, wie übrigens auch vor dem Habana Libre und eigentlich allen Gebäuden, die vornehmlich den Touristen vorbehalten sind. Ein Normalkubaner kommt da nicht so ohne Weiteres rein. Es sei denn in Begleitung (und auf Verantwortung) des Dollarbesitzers.

Der Wächter wimmelt also zunächst einmal meine Nachtschwalben ab, während ich noch den Wagen parke. Darauf übernehme ich die volle Verantwortung und lotse die beiden mit durch den Eingang.

Ich greife mir einen Einkaufskorb, drehe mich zu den Girls um und will mit denen losschieben, als ich feststelle, dass meine Helferinnen nicht mehr da sind.

Na, die sind mir ja eine schöne Hilfe! Aber egal, kann ich natürlich auch alleine. Ich finde tatsächlich ein Regal mit Shampoo und Rasierkram, das ist doch schon mal was. Außerdem einen Stand mit Badehosen. Ich greife mir gleich eine Handvoll, denn ich kann keine Unterwäsche entdecken. Kann man ja immer gebrauchen. Dann noch ein so-la-la-Hemd und als Höhepunkt entdecke ich eine Bundhose aus purem hellem Leinen. So eine richtige Fischerhose, luftig, stoß- und reißfest. Leider kann ich die nicht anprobieren, denn der Laden hat keine Kabine. Dafür aber Rundumeinsicht von der Straße her, und ein letzter Rest von Scham war mir zu diesem Zeitpunkt schon noch verblieben. Jedoch – per Augenmaß und Gefühl sollte die Hose passen.

Ich begebe mich zur Kasse und bezahle meine Einkäufe. Und gerade als ich zur Tür hinausgehen will, da kommen die Damen der Nacht mit einem randvollen Einkaufswagen angerast. Die hatten es doch tatsächlich geschafft, während meiner gesamten Suche in diesem kleinen Laden unsichtbar zu bleiben und dennoch den Wagen mit irgendwelchem Kram zu füllen. Die müssen sich stets auf der Rückseite von den Regalen versteckt haben, die ich gerade in Augenschein genommen habe. Und dabei den Wagen vollgeladen.

Wie die jetzt so angekachelt kommen, wächst bei mir der Verdacht, dass ich irgendwie für die Rechnung aufkommen soll. Bitte, nicht schon wieder mit mir! Doch als ich flugs den Laden verlassen will, hält mich der Türsteher auf. Der hatte den ganzen Film mitbekommen und erklärt mir nun, dass ich schließlich für die Situation haften müsse, da ich für die ´Auténticas Cubanas` beim Eintritt die Verantwortung übernommen hätte.

Ich also wieder rein und verlange von dem aufgeregten Typen an der Kasse, dass er den Geschäftsführer holen solle. Von meinen beiden Nachtschwalben, die irgendwie bedröppelt an der Kasse stehen, verlange ich, dass sie den ganzen Mist einfach wieder in die Regale packen. Das Allermeiste ist auf den ersten Blick sowieso sinnloses Zeug, aber möglicherweise sehe ich das auch falsch. Vielleicht hat in Kuba ja jeder neue Artikel einen guten Tauschwert, egal was es ist.

Kurz darauf kommt der Leiter des Ladens angerauscht und will mir weismachen, dass die Sachen nicht zurückgelegt werden können, da die Muchachas sie angefasst haben. Das ist ja nun ein absolutes Spitzenargument, besonders, weil die allermeisten Artikel noch in Plastikfolien stecken.

Aber ich bin es jetzt leid und erkläre dem, dass ich den Kram sowieso nicht bezahlen kann, weil ich nur noch 30 Dollar bei mir habe. Gut, meint der Jefe, dann für 30 Dollar und gibt dem Kassierer Order, Ware bis zu diesem Preis aus dem Einkaufswagen abzurechnen und den Rest einfach drin zu lassen. Als wir wieder auf der Straße stehen, haben die Girls also ihren erbeuteten Mist in den Armen, und ich bin um 30 Dollar ärmer.

Ich fahre wieder zum Café zurück und sage: »Lasst uns mit meinem Restgeld noch einen Kaffee trinken. Ich denke, wir sollten jetzt mal einiges klarstellen!«

*

Nachdem ich meinen Dampf abgelassen hatte, konnte ich den beiden Schönen eigentlich gar nicht mehr so richtig böse sein. Das war von denen ja nicht geplant, die waren einfach in einen regelrechten Kaufrausch gefallen, als ich sie da mit reingelotst hatte. Der Fehler lag eher bei mir selbst, ich hätte niemals eine Kubanerin mit in so einen Dollarladen nehmen dürfen. Die sind doch gewissermaßen alle auf Turkey, seitdem es in Kuba diese Dollarläden gibt, in die sie selbst aber nie hineindürfen. Und dann bauen die diesen Laden hier auch noch mit Rundumverglasung, an der sich die konsumgeilen Muchachas vis-à-vis mit den Objekten ihrer Begierde die Nase plattdrücken dürfen.

Meine Bettgenossin, in der ich einen guten Teil dieser Nacht verbracht habe, sagt sichtlich geknickt zu ihrer Schwester: »Das hätten wir vielleicht nicht tun sollen«, womit sie natürlich den Kern der Sache getroffen hat. Und die andere überfällt mich hier auf der Terrasse des Cafés derartig heftig, dass beinahe der Klappstuhl in die Brüche geht, und flüstert mir in das Ohr, dass sie in der letzten Nacht nur deshalb nicht in mein Bett geschlüpft sei, weil sie ihrer Schwester nicht wehtun wolle. Gut möglich. Jedenfalls sind beide Nachtschwärmer irgendwie geknickt, als ich ihnen erkläre, dass hiermit unsere vielversprechende Freundschaft nun leider definitiv beendet sei.

Kann natürlich alles Show sein, auch möglich, doch ich bin echt in Versuchung, die ganze Geschichte einfach zu vergessen. Aber dann gebe ich mir einen Ruck und sage mir, dass ich offiziell immer noch stinksauer bin. Außerdem erinnere ich mich gerade noch rechtzeitig daran, dass ich seit meiner gestrigen Schleuseraktion ja die Telefonnummern von zwei anderen Chicas in meiner hinteren Hosentasche stecken habe, die nun auch nicht gerade wie Aschenputtel aussehen.

Ich fahre meine Damen also zu ihrer Wohnung in Cojimar, nahe des Stadions der panamerikanischen Spiele kurz vor La Habana. Zumindest können sie so ihre Beute ohne Zeugen oder allzu viele unangenehme Nachfragen nach Hause bringen.

Auf der Rückfahrt sehe ich in Höhe des Club Atlántico noch so einen Chirinquito und verdrücke einen weiteren Snack. Ich weiß, dass ich in letzter Zeit zu viel Mist in mich einschiebe, aber im Großen gesehen ist das in diesem Urlaub wohl eher ein marginales Problem. Auch sehe ich nach all den durcheierten Nächten mit eingefallenem Gesicht und dicken Augenringen sicherlich wie ein halber Zombie aus, aber vielleicht könnte ich jetzt ja eine gründliche Regenerationsphase starten.

Mein Zimmer finde ich unberührt vor, was mich ein wenig erstaunt, denn ich hatte am Vortag die Putzkolonnen durch die Gänge sausen gesehen. Doch so hängen noch die erregenden Gerüche der Nacht und ein leichter Hauch von Parfüm in meinem Zimmer. Gar nicht so verkehrt zum lustvollen Abspannen.

Ich haue mich auf mein Bett und versuche, ein wenig Schlaf nachzuholen. Aber nach kurzer Zeit muss ich aufstehen und unter die Dusche, weil mir die aufgestaute Hitze den Schweiß aus allen Poren treibt. Mit laufender Klimaanlage zu schlafen geht auch nicht, denn das Ding lässt sich nicht regulieren und verwandelt mein Zimmer in einen Eisschrank. Und bei offenem Fenster ziehen mir die Abgase der hoteleigenen Stromgeneratoren ins Zimmer. Was soll´s, man soll ja auch nicht am hell lichten Tage schlafen.

Also greife ich mir eine von meinen neuen Badehosen und springe in den Pool. Hier spricht mich prompt ein junger Deutscher an und fragt, ob er mir einen Drink spendieren kann. Die Einladung ist jedoch nicht ganz uneigennützig.

»Du sprichst doch spanisch, habe ich mitbekommen.«

»Ja, warum?«

»Ich dachte, du könntest mir vielleicht etwas dolmetschen.«

»Warum nicht. Wann soll das denn geschehen?«

»Na, jetzt!«

»Und wo?«

»Gleich hier am Strand.«

Zoraida

Mein neuer Bekannter erklärt mir, dass direkt hinter dem Hotel eine Kubanerin in den Dünen wartet, die mit ihm reden will. Sie möchte jedoch nicht das Hotelgelände betreten, denn Frauen, die in touristischen Einrichtungen verkehren, werden registriert und haben einen gewissen Ruf hierzulande.

Er selbst war schon öfter in Kuba und hat hier auch eine ´Novia fija`. So etwas wie eine Verlobte.

Allerdings wohnt er bei Besuchen zunächst lieber im Hotel, anstatt gleich in der beengten Wohnung ihrer Familie zu logieren.

So kann er auch weiterhin auf die Pirsch gehen und muss nicht den monogamen Besuchertrottel spielen. Am Ende seines Urlaubs bleibt er dann gerne ein paar Tage bei der Familie seiner Muchacha. Doch diesmal hat die mitbekommen, dass er bereits wieder in Kuba ist, und droht mit einem Ende der Beziehung. Also, da draußen auf der Düne sitzt nun die Freundin seiner Novia und will vermitteln. Aber natürlich spricht die kein Deutsch, und er mit seinem bisschen Spanisch

So ein Mist! Man sollte sich doch nie in delikate Geschichten einmischen, und schon gar nicht bei solch einer albernen Komödie! Aber ich habe bereits zugesagt und trabe nun hinter ihm her an den Strand.

*

Alle Kubaner sprechen furchtbar schnell und verschlucken dabei oftmals die Endsilben. Sie reden wie gehetzt, so als hätten sie Angst, der Gesprächspartner würde gleich gehen, und sie müssen doch unbedingt noch sooooo viel loswerden. Böse Zungen behaupten sogar, dass bei den Kubanern ihr abgehackter Redefluss und ihre rasante Sprechweise überhaupt die einzige Tätigkeit ist, die sie schnell bewerkstelligen können.

Wie dem auch sei, dieser Schnellsprech ist eine bei allen Kubanern vorhandene nationale Eigenschaft. Aber die schwarze Mademoiselle, die auf der Düne wartete, schlägt alle Rekorde.

Ich verstehe zunächst einmal Bahnhof, nachdem ich mich vorgestellt und gefragt habe, was denn überhaupt los sei. Wie ein Schulmeister lasse ich sie ihre Sätze immer wieder von vorne beginnen, jedes Mal mit der oberschulmeisterlichen Belehrung, sie möge doch bitteschön langsam und deutlich reden. Ich muss ihr ja schließlich nicht gefallen, sondern nur mein einmal gegebenes Versprechen erfüllen. Aber wenn diese Muchacha sauer wird und das Gespräch abbricht, wäre mir das auch Recht gewesen. Ich denke, ich provoziere wohl extra ein wenig, damit sie das Handtuch schmeißt und abhaut.

Außerdem liegt mir ihr Typ nicht. Sie ist zwar recht attraktiv, schlank, sportlich, großgewachsen und mit einem interessanten Gesicht. Aber ihr fehlt jede Koketterie und alle die kleinen Gesten, Blicke oder Berührungen, die meine nächtlichen Bekanntschaften so ausgezeichnet haben. Und die bei einem Mann ein erwartungsvolles nervöses Flattern in der Magengegend wachsen lassen. Diese Chica ist ebenso distanziert und in ihre Sache verrannt wie einst Jeanne d´Arc, als sie bei ihrer Mission ′Tommy go home` die Engländer bei Orléans in die Loire gescheucht hat.

Und ebenso wie ehedem Johanna spricht auch dieses Girl mit der überzeugenden Kraft hundert göttlicher Zungen, selbst wenn sie Banalitäten verkündet. Sie redet nun etwas eindringlicher und langsamer, so wie man mit einem Kind redet, wenn man nicht sicher ist, ob es auch alles genau begriffen hat. Ich übersetze, und der Kollege quält sich Antworten heraus, die ich in dem gleichen schulmeisterhaften Ton ins Spanische zurückübersetze. So geht das eine gute Weile.

Dabei ist das ganze Gerede sinnlos. Die Situation ist doch absolut klar. Die Novia will ihren ausländischen Lover exklusiv für sich oder gar nicht, und der wiederum will den Verlockungen dieser Insel nicht entsagen, wo er nahezu jeden Tag eine neue Bettgefährtin finden kann. Wir sitzen also an diesem prächtigen Sonnentag in einer traumhaften Dünenlandschaft, über uns blauer Himmel, vor uns das sanft hinplätschernde Meer, lassen uns eine angenehme Brise um die Nasen wehen – und reden verbissen um einen heißen Brei herum, der eigentlich schon längst erkaltet ist.

Als Erster entzieht sich mein Zufallsbekannter dem Geschehen. Dabei war doch im Grunde er der Verursacher dieser absurden Situation. Er steht auf, schaut auf die Uhr, bemerkt, dass er einen Termin habe und stiefelt los. Ich rufe ihm noch hinterher:

»Was ist das denn bloß für ein Termin, verdammt?« »Jetzt haben die da an der Bar die nächste halbe Stunde ´Happy Hour`. Alles halber Preis, verpasse ich nie. Aber erzähl das bitte nicht weiter.«

Gott ist mit den Süchtigen! Ich stehe jetzt schön belämmert da, mitten in einem bescheuerten Beziehungsstreit, und der einzige Beteiligte muss Mojitos saufen gehen, weil die Uhr ´Happy Hour` schlägt. Doch nun geschieht etwas Überraschendes. Die Muchacha legt mir ihre Hand auf die Schulter und fängt an zu lachen. Wie sie sich so vom gepressten Grinsen und Glucksen in ein unbändiges Gelächter steigert, verändert sich ihr Ausdruck und ihre ganze Körperhaltung, bis sie sich derart schüttelt, dass sie überhaupt nicht mehr aufhören kann. Und dieses Lachen steckt mich gleichermaßen an, so dass wir beide uns schließlich im Sand wälzen und alle Verwicklungen der letzten Stunden von uns abschütteln.

»Übrigens, ich heiße Zoraida,« bemerkt sie, als wir uns wieder eingekriegt haben »gefällt es dir in Kuba?«

»Nicht besonders. Ich versuche gerade, eure Insel so schnell wie möglich wieder zu verlassen.«

»Unser Land ist für einen Gringo nicht einfach zu verstehen,« räumt sie ein, »zumindest nicht für einen Ausländer, der mehr als nur Strand und Party will. Es ist auch oft für uns selbst nicht einfach zu verstehen. Aber Kuba hat auch schöne und ganz besondere Seiten.«

»Mag sein. Aber die sind mir bislang nicht über den Weg gelaufen. Ich habe hier nur Arschkarten gezogen.«

Ich erzähle ihr die Geschichte dieser Reise, die ganze Palette von Beschiss und Absurditäten.

Einzig die Geschehnisse der letzten Nacht lasse ich aus. Zoraida ist sichtlich beeindruckt, und sie macht sofort den Vorschlag, ob sie mir ein wenig das ´andere` Kuba zeigen soll.

»Aber klar doch, gerne! Was sitzen wir dann hier noch herum? Ich habe ein Auto.«

*

Bevor man über die Via Monumental an den Tunnel kommt, der unter der Bahia hindurch direkt in die Altstadt von Havanna führt, liegt rechts das malerische Castillo del Morro. Diese gewaltige Anlage galt in früheren Zeiten praktisch als uneinnehmbar, bis 1762 die englische Flotte nach langer Belagerung die Festung mit Hunderten von Schiffskanonen in ein Trümmerfeld verwandelt und danach erobert hat. Heutzutage ist das wiederaufgebaute Castillo ein Museum und ein beliebter Treffpunkt für kubanische Pärchen, die hier auf den komfortablen Rücksitzen von parkenden Amischlitten heiße Partys veranstalten.

Zoraida führt mich jedoch in das kleinere Castillo de la Punta auf der anderen Seite der Bahia, denn dieser düstere Ort ist übervoll von Geschichten aus den schwärzesten Tagen spanischer Kolonialherrschaft. Hier zeigt sie mir einen fensterlosen Raum, der mit seinem gewaltigen Eisengitter am Eingang den

Eindruck eines gigantischen Raubtierkäfigs macht. Dem Eingang gegenüber ist direkt an der Außenwand eine zweite Gittertür in den Boden eingelassen, unter der das Wassers des Atlantik brodelt. Dieser finstere Raum hängt wie ein Balkon aus der eigentlichen Festung bis über das Meer hinaus und diente den Sklaventransporten vergangener Jahrhunderte als Quarantänestation ihrer schwarzen Fracht. Die in dieser Station Gestorbenen oder während der Quarantäne Erkrankten wurden einfach durch das Bodengitter den Haien zum Fraß vorgeworfen.

Meine schwarze Begleiterin, eine junge Zahnärztin des modernen Kuba, ist wie gelähmt an diesem Ort. Sie braucht mir nicht zu erklären, dass hier die Erinnerung an ihre Vorfahren präsent ist, die nach einer Überquerung des Atlantik in den randvoll gefüllten Käfigen der Sklavenschiffe noch mindestens einen Monat lang mit über zweihundert weiteren Unglücklichen in diesem Verlies eingepfercht waren und verzweifelt versuchten, irgendwie am Leben zu bleiben.

Auf einem Hof des Castillos liegt der Richtplatz, auf dem 1851 Narciso López, der Schöpfer der aktuellen kubanischen Flagge mit der Garrotte hingerichtet worden ist. Das Expeditionskorps dieses Abenteurers aus Venezuela, welches Kuba aus der Kolonialabhängigkeit von Spanien befreien wollte, bestand in wesentlichen Teilen aus deutschen und ungarischen Teilnehmern. Die sind nach dem schnellen Scheitern der Invasion dann weniger spektakulär und geschichtsträchtig auf dem gleichen Hof erschossen worden. Allerdings hatte López keineswegs vor, alle Menschen auf Kuba in die Freiheit zu führen. Seine Flagge stand für eine Beibehaltung der Sklaverei und für einen Anschluss der Insel an die USA. Warum sich nach den späteren Umstürzen und Revolutionen in diesem Lande ausgerechnet diese Flagge der Sklavenhalter durchgesetzt hat, ist eines der vielen Mysterien von Kuba.

Gewissermaßen als Kontrastprogramm suchen wir das Revolutionsmuseum und das Memorial Granma in der Agramonte auf, wo wir mit den Reliquien von Che Guevara und Camilo Cienfuegos familiär werden und Fidel wegen der ausgestellten Ehrentafel mit den unerträglich glorifizierenden Beschreibungen seines stümperhaften Angriffs auf die Moncada Kaserne eine lange Nase machen. Wir spazieren zum prächtigen Plaza de la Catedral und trinken einen Schluck in der bekannten Bogedita del Medio um die Ecke, wo Hemingway unzählige Cocktails ausprobiert und seinen berühmten Daiquiri kreiert hat. Zoraida zeigt mir den Plaza Vieja, wo diejenigen Sklaven, die Überfahrt und Quarantäne überlebt haben, am Ende versteigert wurden, um ihr restliches Leben auf den Plantagen im Zuckerrohrfeld oder im Bett des Plantagenbesitzers zu verbringen.

Havanna ist übervoll mit in Stein gehauener Geschichte, die vor meinen Augen wieder lebendig wird, weil meine Begleiterin zu jedem Platz, zu jedem Gebäude und jeder Statue eine Anekdote erzählen kann, die in dieser Form in keinem Geschichtsbuch überliefert wird. Sie erzählt mir, dass sich der Name der Hauptstadt von einem Massaker an den Arawak herleitet, als die spanischen Conquistadores an genau dieser Stelle mit List und Tücke die größte Befestigung der Indios bezwangen und sämtliche Eingeborenen niedergemetzelt haben. In einer übervollen kleinen Bar erstehen wir für zwei amerikanische Dollar zwei panierte Hühnerschnitzel, die einen eigenartigen Geschmack haben, der seltsam trocken und blutleer anmutet. Ich erfahre, dass diese Hühner bei geheimnisvollen religiösen Ritualen getötet wurden, um die Kraft des Blutes wirken zu lassen. Aber in einem Land wie Kuba kann ein ausgebluteter Tierkadaver nicht weggeworfen werden. Diese versteckte Bar ist ein Treffpunkt derjenigen, die irgendwo einen Dollar aufreißen konnten, um ihren Hunger zu stillen, und gleichermaßen ein Ort, der von der spirituellen und religiösen Sehnsucht der Bewohner des Landes Zeugnis ablegt.

So vermischen sich mystische Zeremonien mit profanen Bedürfnissen des Überlebens, Stein mit gelebter Geschichte, und die Erzählungen im vertrauten Kreis stellen viele offizielle Wahrheiten in Frage. Ich erfahre in den nächsten Wochen und bei meinen folgenden Besuchen auf der Insel die wahrscheinlichen Gründe des erzwungenen Rückzugs von Che Guevara aus der Politik Kubas, den wahren Hintergrund der Affäre um die Hinrichtung des General Ochoa und die Gewissheit der Existenz eines Psycho-Gefängnisses nach dem Vorbild der berüchtigten Moskauer Lubjanka in Havanna, dessen Mauern ich selbst erblickt habe.

Wahrheiten, die den Erzähler ebenso wie mich selbst schmerzen, aber die gleichwohl berichtet werden müssen, damit wir nie vergessen, was für ein schmutziges Spiel die große Politik doch immer wieder ist. Mir werden unzählige Interna berichtet, denn die Menschen hier reden selbst mit einem Ausländer offen und frei über diese Dinge, wenn sie Vertrauen gefasst haben. In der Regel sind die Kubaner, mit denen ich mich unterhalten habe, gut informierte Patrioten, die stolz auf ihr Land und die Errungenschaften der Revolution sind und sich überhaupt nicht vorstellen können, in den USA oder einem anderen Land außer ihrem eigenen leben zu können. Aber für sie ist Geschichte greifbar und veränderbar, denn sie empfinden ihre persönlichen Geschicke auf eine sehr unmittelbare Art untrennbar mit der großen Geschichte des Landes verbunden. Aus diesem Grunde reden die Kubaner offen und kritisch über ihr Land, denn Missstände oder Fehlentscheidungen des Regimes erscheinen ihnen wie individuelle Krankheiten und persönliche Fehler, über die sie sich selbstverständlich mit ihren Nachbarn und Freunden austauschen müssen. Und keine politische Zensur, keine Denunziation und keine Androhung von Strafe kann sie daran hindern.

Zoraida hatte Recht. Es gibt jenes ´andere Kuba`, das sie mir zeigen wollte. An diesem zweiten Tag meines Aufenthaltes bekomme ich erstmals eine Ahnung davon.

Wir ziehen inzwischen Hand in Hand durch die Straßen, ohne dass es irgendwie zwischen uns ´gefunkt` hätte, wie es gemeinhin so heißt. Ich hatte ihre Hand genommen, um sie von der Straße zu ziehen, als einer dieser total überladenen Ikarus-Busse angekachelt kam, die durch die Bank von abgedrehten Hasardeuren gesteuert werden. Und einmal an der Hand gefasst war es einfach angenehmer, so lebendig und pulsierend verbunden weiter zu ziehen, als sich wieder in zwei getrennte Einzelindividuen zu verwandeln.

Auf der Rückfahrt stellte sich jedoch das Problem, wo wir in dieser Nacht bleiben könnten. Denn wie selbstverständlich wollten wir uns nun auch körperlich vereinigen – ob nun Funke oder nicht – damit unsere Bekanntschaft nicht auf das Niveau vor jenem befreienden Ausbruch von reinigender Heiterkeit auf der Düne zurückfallen konnte. Dies war uns beiden so klar und selbstverständlich, dass wir überhaupt nicht erst darüber reden mussten.

Ich hatte noch diese Nacht Logis in meinem Hotel, aber dorthin wollte sie aus den erwähnten Gründen nicht mitkommen. Zu ihr nach Hause ging auch nicht, denn sie wohnte noch in der überfüllten Wohnung ihrer Familie. Und während ich auf die Via Monumental nach Cojimar einbiege, auf der ich heute morgen erst die beiden Damen der Nacht abgesetzt habe, erblicke ich ein spärliches Wäldchen aus ein paar verlorenen Bäumen und steuere spontan darauf zu. So ein Nissan ist echt beengt, verglichen mit den aufgeblähten Amikutschen der 50er Jahre, aber es gibt in diesem Moment leider keine Alternative zu den rückwärtigen Sitzen dieses Autos. Hat ja auch zu Schulzeiten ausgereicht. Doch als wir uns noch mit grotesken Verrenkungen verzweifelt bemühen, wenigstens erst einmal unsere störende Kleidung loszuwerden, kommt doch wahrhaftig schon die Staatsmacht angerollt.

Ich greife mir schnell meine Jeans und springe mit gezückten Papieren aus dem Wagen, um zu vermeiden, dass Zoraida hier quasi vor ihrer Haustür kontrolliert und registriert wird. Der Bulle auf der Beifahrerseite nimmt meine Papiere und spricht in sein Funktelefon. Doch der Fahrer steigt aus und will vermutlich die weibliche Person in meinem Wagen kontrollieren, deren Anwesenheit er zweifellos hinter den beschlagenen Scheiben erkennen kann. Diesen beiden Ordnungshütern ist natürlich sowieso klar, was wir da gerade in dem Auto veranstaltet haben.

Zum Glück greift bei dem Lada der Policia die Handbremse nicht und ihr Auto kommt auf der leichten Steigung dieses Weges rückwärts ins Rollen. Der Fahrer stemmt sich jetzt gegen die geöffnete Tür und herrscht seinen Beifahrer an, er möge langsam zu Potte kommen. Doch der hat bereits eine Rückantwort erhalten und hält mir meine Papiere wieder hin.

»Ist in Ordnung, sie können ihre Fahrt fortsetzen«, worunter ich verstehe, dass wir hier einfach verschwinden sollen – und Schwamm drüber.

Ich fahre Zoraida zu ihrer Wohnung und verabrede mich mit ihr für den nächsten Tag frühmorgens auf unserer Düne. Morgen ist meine Belegung in diesem Hotel abgelaufen, und ich bitte sie, mir bei der Suche nach einer passenden Unterkunft zu helfen.

*

Am nächsten Morgen erwache ich in aller Frühe mit der plötzlichen Eingebung, dass die Frau bereits in den Dünen auf mich wartet. Ich springe unter die Dusche, rasiere mich kurz und schlüpfe in meine Klamotten. Das Hotel liegt noch weitgehend im Schlaf, nur das Küchenpersonal ist bereits mit den Vorbereitungen des Frühstücksbuffets beschäftigt.

Zoraida sitzt tatsächlich dort auf unserer Düne, fummelt in ihren Haaren und liest in einem Buch.

Nach unserer Begrüßung greife ich ihre Hand und führe sie an dem unbesetzten Wärterhäuschen vorbei auf das Hotelgelände. »Jetzt ist der geeignete Moment« erkläre ich ihr, »das ganze Hotel schläft noch« und schiebe sie weiter, bevor sie zu viel Zeit zum Überlegen hat.

Auf dem Gang zu meinem Zimmer steht ein uniformierter Wachposten, aber auf den kann ich in diesem Moment keine Rücksicht nehmen. »Kontrolliere schön«, habe ich dem gesagt, glaube ich, oder irgend einen anderen dummen Spruch. Sollen die mich doch rausschmeißen, heute um zehn muss ich sowieso verschwunden sein.

Ich ziehe Zoraida mit in mein Zimmer, verschließe die Tür und beginne, sie auszuziehen. Sie wehrt mich nicht ab, hilft aber auch nicht bei ihrer Entblätterung. Sie wartet einfach mit nervösen Blicken in Richtung auf die Tür das Ergebnis meiner Bemühungen ab und legt sich danach auf das Bett. Mich selbst jedoch überkommt unvermutet eine Gelassenheit, die in dieser Situation kaum angebracht ist, aber ich kann nun klar erkennen, was ich gestern Nacht bei unser unvollendeten Autonummer nur erahnen konnte: Zoraida hat einen unglaublich geformten und ganz offensichtlich vollständig austrainierten Körper. Eine Vereinigung mit dieser Frau ist schon ein gewisses Risiko wert. Ich schlüpfe aus meinen Klamotten, streichele ein wenig ihren prachtvollen schwarzen Body und dringe ganz behutsam in sie ein. Dann jedoch beeile ich mich zu einem schnellen Ende zu kommen, denn ich kann erkennen, dass meine Partnerin immer nervöser wird und mit unsteten Blicken die Zimmertür beobachtet.

*

Sehr viel später wurde mir klar, dass dieser gequälte Fick in einem Hotel den Beginn meiner Seelenverwandtschaft mit der Insel und seinen Bewohnern markierte. Denn irgendwie bin ich mir in dieser delikaten Situation absolut sicher gewesen, dass uns niemand stören würde, selbst wenn ein solches Verhalten von einer höheren Instanz angeordnet gewesen ist. Es existiert bei den Bewohnern dieses Landes eine eigene moralische Einordnung, die über jedem Befehl und jeder verordneten Moral steht. Und einen sexuellen Akt, der auf freiwilliger Basis zustande gekommen ist, zu stören oder gar zu verhindern, kann keinem Kubaner wirklich gefallen. Denn Sexualität wird in diesem System ab einem gewissen Alter gefördert und gefordert.

Schon in der Schule erfahren die Kinder des Landes, dass eine Unterdrückung, ein nicht-ausleben ihrer Sexualität gesundheitliche Schäden hervorruft. Wie kann die gleiche Obrigkeit, die ihnen solche Weisheiten schon im Kindesalter verkündet, nun erklären, dass Sex mit einem Ausländer etwas sei, das aus Staatsräson heraus besser vermieden werden sollte. Wo doch der Staat selbst die Ausländer ins Land geholt hat, um an die Dollars dieser Leute zu kommen. Doch bald schon machen bestimmte Teile der kubanischen Bevölkerung die überraschende Erfahrung, dass ein Großteil dieser Fremden seine Dollars viel lieber in private Hände legen würde, als in die Verwalter der übertreuerten staatlichen Angebote für Touristen. Attraktive junge Frauen (und manchmal auch Männer) werden von den Besuchern angesprochen, die aufgepeppten Amischlitten werden von ihnen bestaunt und als Taxis gemietet, und viele Besucher der Insel suchen private Unterkünfte, um mit ihren neuen Bekanntschaften die Nächte verbringen zu können. Ich für meinen Teil habe bei meinen späteren Besuchen auf Kuba aus genau diesen Gründen nie mehr ein Touristentaxi bestellt oder in einem Hotel gewohnt, wenn ich es irgendwie vermeiden konnte. Und als die CDR Komitees angewiesen wurden, auf private Vermietungen in ihrem Viertel zu achten, waren es am Ende die Wohnungen der Komitee-Vorstände selbst, in denen Zimmer zur Vermietung freigemacht wurden.

(CDR – Comités de Defensa de la Revolución)

An jenem Morgen jedoch ging ich Hand in Hand mit Zoraida zur Rezeption, um dort offiziell meinen Schlüssel abzugeben. Sie war nun nicht mehr gefährdet, irgendwo registriert zu werden und entspannte sich zunehmend. Und ich glaube, sie war an diesem Morgen auch ein wenig stolz darauf, die Geschichte nun so mit mir durchgezogen zu haben.

Im übrigen waren die Angestellten an der Rezeption jetzt überraschend freundlich und zuvorkommend. Mir wurde eine Verlängerung meines Aufenthalts zu einem Vorzugspreis angeboten und als ich mit Blick auf meine Begleiterin nachfragte, was denn eigentlich der Uniformierte vor meiner Tür zu bedeuten hatte, erklärte mir der Rezeptionist ganz offen, dass Order gekommen wäre, meine persönlichen Sachen zu schützen und meiner Person besondere Aufmerksamkeit zu schenken.

Das war es also! Deshalb hatten auch die Bullen so nachlässig reagiert. Hinter meinem Namen ist bei irgendeinem zentralen Register eine Information angehängt, die besagt, dass diese Person bevorzugt zu behandeln ist. Die wollten garantiert den Skandal meiner Ausplünderung am Ankunftstage flach halten. Zumindest für mich war das die einzig logische Erklärung.

Nach dieser Erkenntnis war ich in Versuchung, das Angebot des Hotels anzunehmen. Ich flüsterte meiner schwarzen Perle zu, dass sie hier sicherlich überhaupt nicht mehr kontrolliert werde. Doch Zoraida offenbarte mir jetzt, bereits ein günstiges Apartment in der Nähe des Habana Libre für mich gefunden zu haben.

*

Ein eigenes Apartment in La Habana ist ein Volltreffer für einen Besucher des Landes. Und dann noch in der Calle O, zwei Querstraßen hinter dem Habana Libre und drei Querstraßen vom Malecon, im Stadtteil Vedado. Das Hotel Capri und das prächtige National sind nur wenige Straßen entfernt zu Fuß zu erreichen, ebenso wie der Coppelia Park und das Yara Kino. Die Nähe dieser Orte ist wichtig für einen Ausländer, denn in den Hotelbars kann er einen Drink zu sich nehmen oder eine Kleinigkeit essen, und im Coppelia oder im Kino seine absurd günstig getauschten kubanischen Peso verprassen.

Heutzutage konzentrieren sich die meisten der originellen Bars und Restaurants für Touristen in der restaurierten historischen Altstadt, jedoch im Jahre 1991 war ´La Habana Vieja` noch eine zerfallende Ruinenstadt, in der ein Besucher nicht unbedingt wohnen wollte.

Mein Apartment liegt im 4. Stock und ist winzig, mit Miniküche und einer primitiven Dusche direkt neben der Toilette. Aber es hat eine liebevoll zusammengestellte Wohn/Schlafzimmer Kombination, mit einem riesigen Spiegel an der Seitenwand, der im Liegen einen perfekten Blick auf das ganze Lager bietet. Alles vom Sperrmüll, oder meinetwegen von einer Tauschbörse für Wohnungseinrichtungen mit Sperrmüllqualität, aber es kommt eben darauf an, wie eine Einrichtung zusammengestellt ist. Diese Wohnung hier erinnert eindeutig an ein Liebesnest.

Dazu gehört tatsächlich auch ein Wandtelefon neben dem Bett, mit dem kostenlose Gespräche innerhalb von Kuba geführt und Gespräche aus dem Ausland empfangen werden können. Eine Auslandsnummer selbst anzurufen war mit diesem Apparat natürlich nicht möglich, denn kein Kubaner hätte jemals die Rechnung bezahlen können.

Der uralte Fahrstuhl hat seine Aussetzer, denn er hält nicht mehr zielgenau auf dem gewünschten Etagenniveau. Er stoppt zu früh oder zu spät, und wenn er tatsächlich einmal genau auf der richtigen Höhe anhält, dann ist das mehr dem Zufall als seiner reichlich ausgeleierten Technik zu verdanken. Eine Handbreit Abweichung ist noch in Ordnung, denn dann lässt sich die Tür des ´Ascensors` noch öffnen. Wenn die Abweichung größer ausfällt, wird ein weiterer Anlauf nötig. Natürlich hat dieses Haus auch eine Treppe, die sich schneckenförmig um den Fahrstuhlschacht windet. Allerdings ist ein Gang über die Treppe der reinste Hindernisparcours, denn die meisten Bewohner des Hauses haben ein Teil ihrer Habe aus den engen Wohnungen auf die Treppe ausgelagert.

Aber ich bezahle nur 15 Dollar am Tag für diese Bleibe und bin nun so etwas wie ein Residente dieser Stadt.

*

Zoraida geht mit mir einkaufen, denn die vorhandenen Lebensmittelbestände bestehen nur aus Dosen und ein wenig weißem Reis. Nach der Rückkehr greift sie sich einen Besen, um hier klar Schiff zu machen. Ich will sie eigentlich auf das einladende Lager ziehen, doch sie wehrt mich ab.

»Hör bitte erst einmal zu«, sagt sie, »ich muss dir etwas erklären. Das Einzige, was wir hier in Kuba fürchten ist SIDA (Aids). Wenn bei einem Kubaner aus La Habana Sida festgestellt wird, kommt er in das geschlossene Sanatorium von San Antonio de los Baños. Und das für den Rest seines Leben. Hier wird die gesamte Bevölkerung regelmäßig kontrolliert. Alle 3 Monate werden Bluttests vorgenommen. Bei den Chicas, die wegen häufiger Frequentierung der Touristeneinrichtung vorgemerkt sind, werden die Kontrollen oftmals auch in kürzeren Zeiträumen angeordnet. Wir müssen Präservative besorgen oder beide einen Test machen lassen. Ganz wie du willst.«

»Das verstehe ich. Aber ein Bluttest dauert zu lange. Bis das Ergebnis vorliegt, bin ich schon wieder in Europa. Also wo kriegen wir Gummis her?«

»Präservative bekommen wir in allen möglichen Läden, das ist kein Problem. Aber hier auf Kuba dauert ein Test nicht lange. Wenn wir heute hingehen, haben wir morgen das Ergebnis.«

»Na, dann nichts wie hin!«

Wir springen in den Nissan und fahren die Avenida 23 am Habana Libre vorbei über die Avenida de los Presidentes bis zur Calle D. Dort biegen wir rechts ab und landen nach ein paar Querstraßen bei einem Centro Salud. Hier geht alles unglaublich schnell. Zoraida erklärt kurz unser Anliegen und bei uns beiden wird Blut abgenommen. Keine Wartezeit, keine Bezahlung – überhaupt nichts. Ich muss nicht einmal den Pass vorzeigen, die haben nur meinen Vornamen irgendwo notiert. Morgen früh können wir das Ergebnis abholen.

Draußen vor dem Eingang stehen zwei Ärzte und unterhalten sich. Als so ein Lümmel in Schuluniform vorbeischlendert, ruft der eine Arzt dem zu. »He José, du solltest doch mal zur Untersuchung kommen. Wie wäre es denn mit jetzt gleich?«

Aber Josélito hat gerade etwas Besseres zu tun: »Nee, keine Lust. Ich komme morgen oder übermorgen mal vorbei!«

Das sind ja paradiesische Zustände. Hier gibt es wohl mehr Ärzte als Patienten! Nach einer Dreiviertelstunde sind wir zurück im Apartment. Wir hätten die ganze Aktion auch locker zu Fuß erledigen können.

»Wieso hast du eigentlich so einen trainierten Körper, Zora?«

»Gefällt dir das? Ich bin Mitglied der kubanischen Fechtmannschaft. Schon seit 4 Jahren. Wir werden da ganz schön rangenommen.«

»Na, dann würde ich vorschlagen, dass du heute Nacht lieber nach Hause fährst, sonst kann ich für nichts garantieren!«

»Ich fahre vielleicht mit dem letzten Bus. Denkst du, ich lasse dich den ersten Abend mit einer eigenen Wohnung in La Habana allein? Estas loco! Bei all den Muchachas auf dem Malecón! Wir können ins Capri, da spielt heute Abend NG La Banda.«

Wir feiern meine neue Wohnung mit einem ´typisch kubanischen Essen` in einem der Restaurants des Habana Libre. Richtig gut ist dieser ganze Asadokram nicht, aber ich sollte das wohl aus einem anderen Blickwinkel betrachten. Zoraida ist ganz begeistert, denn sie war noch nie in einem derartigen Restaurant gewesen. Und die Kulisse, das Ambiente, die Bedienung und so, das alles ist in der Tat erstklassig. Ich kann der Frau ansehen, dass sie sich in diesem Moment wünscht, ihre eleganteste Garderobe angelegt zu haben.

Am späten Nachmittag fahre ich sie deshalb in ihre Wohnung nach Cojimar, damit sie sich für den Abend fein machen kann. Sie erscheint mit einem etwas merkwürdigen Kleid, mit aufgeplusterten Schulterteilen und einem Rüschen-Ausschnitt. Muss wohl so um die Jahrhundertwende modern gewesen sein. Dazu farblich auf das Kleid abgestimmte Stiefelschuhe. Zum

Glück bringt sie auch ihre Normalklamotten wieder mit.

Ich gebe mir einen Ruck und ziehe in der Wohnung meine Tafthose an. Stoffschuhe, Hawaiihemd und die elegante Tafti. Jetzt noch ein paar Zigarillos kaufen, ein wenig Habana Club in die Haare träufeln, und dann sollte das doch passen. Meinen schönen Panama-Hut hatte ich ja leider im Hotel liegen lassen.

*

Natürlich ist Zoraida in dieser Nacht nicht mehr nach Hause gefahren. Wir sind leicht ramponiert von der Veranstaltung im Capri in der Wohnung angekommen, und mussten erst einmal unsere klassische Garderobe loswerden. Vielleicht hätten wir besser einen Laden suchen sollen, in dem Bolero getanzt wird.

NG La Banda - ′la Banda que manda` war echt große Klasse. Daran lag es nicht, dass der Abend etwas widersprüchlich verlief. Eine richtige Show-Band, zeitweise 10 Musiker auf der Bühne, die Hälfte davon mit Blasinstrumenten. GoGo Girls und der Hauptsänger heizten im Wechselgesang mit dem Rest der Band dem Publikum mit rassigen Salsa-Rhythmen ein. Die drei Frontmänner trugen ganz offensichtlich auch so merkwürdige Tafthosen wie ich, wodurch sie mir natürlich auf Anhieb ungemein sympathisch waren.

Aber dieser Festsaal war mit Tischen voll gestellt und hatte überhaupt keine Tanzfläche. Das ist ungewöhnlich für Kuba, später habe ich nie wieder einen ′Sala de Fiesta` ohne Tanzfläche gesehen.

Allerdings war der Saal im Capri ziemlich klein, und die meisten Gäste waren damals sowieso biertrinkende Ausländer, wenn ich mich recht erinnere.

Meine Chica war jedoch urkubanisch, und ich sah selbst ja schließlich auch beinahe wie ein Kubaner aus. Zumindest habe ich so gerochen!

Und Zoraida musste natürlich irgendwann anfangen zu tanzen.

Jede Kubanerin hat Rhythmus im Blut und kann tanzen, alle Frauen im Lande, ohne Ausnahme, außer eventuell die außerirdische Reisebegleiterin – und selbst bei der bin ich mir nicht sicher, ob sie nicht doch wenigstens tanzen kann. Aber mit der will natürlich niemand auf einer Tanzfläche gesehen werden – auch wieder wahr.

Jedenfalls haben wir ein paar von den leeren Tischen in der hintersten Ecke beiseite geschoben und losgelegt. Ich selbst kann mich für einen Nordeuropäer auch einigermaßen bewegen, wenn ich genügend Alkohol intus habe. Natürlich könnte ich mich niemals mit einem Kubaner messen, aber mit meiner eleganten Tafti konnte ich prima den Staksschritt des Sängers auf der Bühne imitieren: Mit einem Zigarillo statt des Mikros in der einen Hand und mit der anderen von Zeit zu Zeit in den Schritt gefasst. Hat der Sänger auch gemacht. In späteren Jahren ist dieser Griff ja durch Michael Jackson berühmt geworden, aber wir beide, der Sänger und ich, hatten noch den Originalgriff drauf, der eigentlich gar keine animierende, sondern eher eine befreiende Funktion hatte. Denn bei einem solchen Beinkleid müssen von Zeit zu Zeit die Intim-Teile gelockert werden, wenn sie sich mal wieder zwischen Taft und Hosenstoff verklemmt haben.

Zoraida hat bald die Umgebung, ihr seriöses Outfit, die Beschränkungen ihres von der Großmutter geerbten Festkleides, ihre schmerzende Füße in den Knopfstiefeln und ganz sicher auch mich vergessen und fetzt richtig los.

Doch nach einigen Songs steht plötzlich die ´Sicherheit` in unserer Ecke und will uns ausbremsen. So etwas soll hier verboten sein? In Kuba, Tanzen in einem Saal mit Livemusik nicht erwünscht – das muss man sich erst einmal reinziehen!

Ein Bursche fasst Zoraida an der Schulter und will die swingenden Bewegungen stoppen. Dabei reißt bei ihrer nächsten Drehung mit einem lauten Ratsch das traditionelle Schulterteil ab. Während ich noch überlege, wie ich am besten meinen Namensbonus in der folgenden Auseinandersetzung einsetzen kann, steht sie einen Augenblick versteinert und legt dann los.

Bei unserem ersten Treffen auf der Düne habe ich gedacht, schneller als diese Muchacha kann man gar nicht mehr sprechen. Jetzt werde ich eines Besseren belehrt. Was folgt ist eine Tirade, die sich anhört wie ein Maschinengewehr mit eingebautem Laut – Leise Rhythmus, das allein von seinem akustischen Vernichtungspotential her Freund und Feind in einem gewissen Umfeld zu regungslosen Statuen erstarren lässt.

Zoraidas Schimpfradius reicht locker bis auf die Bühne hinauf zu den Musikern, die jetzt zu spielen aufhören. Der Bandleader interveniert und bittet sie auf die Bühne, um dort bei einer Runde mit der Band und den GoGos ihre überschüssigen Energien abzutanzen. Nach einigem Hin und Her stiefelt sie tatsächlich los und lässt sich auf die Bühne ziehen, während sich die Jungs von der Sicherheit klammheimlich davonschleichen. Ich selbst werde jetzt gleichfalls aufgefordert, auf die Bühne zu steigen, aber ich weigere mich und bleibe beim Publikum sitzen. Das Ganze wird mir nun doch zu kubanisch.

Die Band legt einen Rhythmus vor, und die GoGo Girls nehmen meine schwarze Perle in ihre Mitte. Doch Zoraida ist mit ein paar schnellen Tanzschritten am Mikrophon angelangt und lässt eine erneute Schimpftirade los. Dieses Mal mit der verstärkenden Gewalt moderner technischer Unterstützung.

In ihren Atempausen versuchen die Blasmusiker mit vereinten Kräften diese furiose Chica zu übertönen, danach gewinnt wieder ihre Stimme die Oberhand. Ich bin aufgesprungen und klatsche begeistert Beifall, kann aber nur einen Teil des geschockten Publikum mitreißen. Doch eventuell wurde ja in dieser Nacht auf einer unbedeutenden kleinen Bühne in Havanna der Grundstein für die kubanische Rap Musik gelegt.

Nach diesem grandiosen Auftritt haben wir es vorgezogen, den Saal zu verlassen. Es heißt ja auch, man soll gehen, wenn es am Schönsten ist. Doch als wir draußen vor der Tür stehen und tief Luft holen, ist Zoraida plötzlich noch einmal in die

Eingangshalle gestürmt und hat den Angestellten dieses Etablissements den Rest gegeben. Sie kommt sichtlich geschafft von dem finalen Schlagabtausch zurück. Aber um ihren Mund spielt dieses feine leichte Lächeln, das ich noch zur Genüge kennenlernen sollte. Zum Glück hatten wir es nicht allzu weit bis zu meiner neuen Wohnung.

*

Am nächsten Morgen holen wir uns unsere Testergebnisse ab.

»Alles in Ordnung«, meint der turnusmäßige Arzt, »kein Befund.«

Als ich ihn bitte, mir irgendetwas Schriftliches mitzugeben, bedauert er mit einem etwas verlegenem Lächeln: »Es tut mir leid, wir haben zur Zeit kein Papier hier in diesem Zentrum. Aber wenn ihr einen Schreibblock mitbringt, will ich gerne die Ergebnisse bestätigen.«

Ich hätte schon gerne eine schriftliche Bestätigung. Weiß ich denn, ob ich so einen Wisch hier in Kuba nicht noch einmal brauchen werde? Meiner leicht misstrauischen Begleiterin erkläre ich, dass mir so ein Papier in Spanien viel Geld ersparen könnte. Geld, das ich lieber hier mit ihr zusammen ausgeben würde.

Das ist ein Argument, dem sich keine Kubanerin entziehen kann. Wir suchen also die Läden der Umgebung nach Papier ab, aber ohne Erfolg. Präservative aus China haben die fast alle, aber mit Schreibpapier ist Essig. Am Ende erstehe ich eine spitze Tüte aus grau-braunem Packpapier, die ich für den Preis der klebrigen Süßigkeiten erhalte, die in solchen Tüten verkauft werden. Der Arzt schreibt mir handschriftlich einen Befund auf diesen Fetzen Papier, den natürlich niemand lesen kann. Jedoch mit dem Stempel des Centro de Salut versehen, wird meine Tüte zu einem eindrucksvollen amtlichen Dokument.

»Ihr könnt ohne Gefahr loslegen,« meint der sympathische

Arzt zum Abschluss, der nicht einmal ein Trinkgeld annehmen will.

Natürlich hatten wir auch die letzte Nacht miteinander geschlafen, aber das ist dann doch eher ein kurzer Durchhaltefick in Erwartung der amtlichen Bescheinigung geworden. Aber jetzt konnten wir die Sache in Ruhe angehen und unsere Grenzen ausloten, bevor Zoraida nach diesem Wochenende wieder an ihre Arbeit musste. Darauf hatten wir ja nun sozusagen Brief & Siegel, sowie eine Aufforderung von autorisierter Stelle.

*

Die meisten kubanischen Machos sind trotz ihrer physischen Attraktivität und ihres angeborenen Charmes als Liebhaber eine ziemlich müde Nummer. Das liegt an dem Kopulierverhalten der Bewohner dieser Insel, denn die Männer müssen sich normalerweise nicht sonderlich bemühen, ein Girl für die Nacht aufzureißen. Und sie messen ihre machohafte Potenz an der Anzahl ihrer Abenteuer und weniger an dem Grad von Befriedigung oder Zufriedenheit, mit der sie ihre gebumsten Compañeras zurücklassen. Ja, sie wissen nicht einmal, dass sie beim Sex oftmals nur den allein befriedigten Ego-Part abgeben, weil ihre Partnerinnen es ihnen kaum jemals unter die Nase reiben. Denn die Kubanerinnen selbst - und hier schließt sich der Kreis - die ansonsten selten auf den Mund gefallen sind und keinem Konflikt ausweichen, beschweren sich nicht, weil sie nie orgiastische Explosionen erfahren haben, und somit ihr mehr oder minder seichtes Wohlgefühl bei einer sexuellen Vereinigung schon für das Höchste aller Gefühle halten.

Auch als die Muchachas immer häufiger anfingen, lieber mit den (oftmals viel älteren) Touristen anzubändeln und ihre einheimischen Lover hintenan zu stellen, hat dies die kubanischen Machos zunächst nicht besonders beunruhigt. ´Die gehen ja bloß wegen den Dollars mit den Gringos` war ihre feste Überzeugung, ´in Wahrheit lieben sie nur uns!`

Das mag schon stimmen, denn natürlich ist der Zugriff auf Konsumgüter, die nun einmal nur für Devisen erhältlich sind, für die Muchachas und ihre Angehörigen ein wichtiges Argument. Aber mit der Zeit erleben immer mehr junge Chicas in den Nächten mit einem Ausländer eine überraschende Intensität ihrer sexuellen Gefühle, die manchmal sogar in einem Höhepunkt gipfelt, der ihren gesamten Körper in lustvollen Wellen durchläuft, und an ihren sensibelsten Stellen ein erregendes Beben auslöst. Diese Muchachas haben das erste Mal den Orgasmus entdeckt, von dem ihre Biologielehrer in der Schule immer gesprochen haben. Und von dem sie eigentlich angenommen hatten, dass sie ihn bereits seit dem Beginn ihrer erwachten Sexualität bei jedem intimen Beisammensein erlebt haben. Da hatte die Chefaufklärerin Krause-Fuchs Kubas ahnungslose Lehrer/Schüler wohl nicht ausreichend im Detail informiert. Oder die hatte selber keine Ahnung, kann ja auch sein.

Die entzückten Chicas jedenfalls erzählen ihr Erlebnis in der Regel direkt am ′Morgen danach` ihren Schwestern, ihren Freundinnen und manchmal auch ihren Müttern, weil sie diese neuentdeckte Intensität unbedingt mit anderen weiblichen Personen teilen müssen. Denn auch diese Frauen sind in den meisten Fällen ihr ganzes Leben lang offensichtlich einem Irrglauben aufgesessen.

Für einen bemühten Mann aus Europa ist es im Übrigen nicht allzu schwer, seine kubanische Partnerin zu einem orgiastischen Höhepunkt zu führen. Natürlich geht so etwas nicht bei einem simplen One-Night-Stand. Er muss seine Gefährtin schon in einer dauernden sexuellen Spannung halten und sie über ihre bisherigen Erfahrungen hinausführen. Dazu muss er eine gewisse Sensibilität aufbringen, um ein Gefühl für die Bedürfnisse und Wünsche seiner Gefährtin aufbringen. Dies ist in der Regel jedoch nicht allzu schwierig, denn eine Kubanerin redet sehr viel offener und freier mit einem Mann über diese Dinge, wenn sie danach gefragt wird, als zum Beispiel ihre Emmabelesene Schwester in Deutschland.

Falls es einem Ausländer gelingt, seine kubanische Geliebte

über die hemmende Schwelle von Gewohnheit und Begrenzung zu ziehen, dann kann er eine überraschende und ungeahnte Erfahrung in einer von sexueller Lust dominierten Beziehung machen, denn er hat jetzt eine Begleiterin, wie er sie nie zuvor erlebt hat.

Und wenn er wieder abreist, hinterlässt er auf dieser Insel eine Frau, die ihm zwar nicht treu bleiben wird, jedoch für den kubanischen Durchschnittsmacho von nun an kaum mehr zu erreichen ist.

*

An jenem Freitag jedoch wusste ich natürlich noch nichts von den überraschenden Möglichkeiten einer intensiven erotischen Beziehung mit einer kubanischen Frau. Außerdem hatte Zoraida wenig von dem morbiden Charme und den unausgesprochenen Versprechungen einer erfahrenen Jinetera, die sich in vielen wechselnden Verhältnissen mit Besuchern ihrer Insel in der Kunst der Liebe geübt hat. Sie war mit ihren 21 Jahren nie zuvor mit einem Ausländer zusammen gewesen. Und dann hatte ich ja gerade am vorhergehenden Abend eine Kostprobe von der explosiven Urgewalt dieser schwarzen Wildkatze erhalten. Nach der Sanftheit und devoten Geduld einer Kurtisane sah das nun nicht gerade aus.

Aber wir hatten jetzt drei Tage und zwei Nächte für uns. Ich für meinen Teil brauchte nicht viel mehr als den Anblick ihres unverhüllten Bodys, den betörenden Geruch ihrer Haut und den erregenden Ausblick auf unsere vereinigten Körper durch den raffiniert angebrachten Spiegel über dem Bett, um an diesem Wochenende mehrmals in einen Zustand anhaltender Erregung und Geilheit zu fallen. Vielleicht noch ab und an einen Schluck Habana Club, der erstaunlicherweise wie ein Aphrodisiakum wirkt.

Doch so einfach ließ sich Zoraida nicht in das Reich der Sinne hinüberziehen. Sie las eben lieber zahnmedizinische Abhandlungen als das Tantra Buch des Kamasutra und hätte wohl auch eine Eintrittskarte zu einem aufklärerischen Pornofilm ohne zu zögern gegen eine elektrische Zahnbürste eingetauscht, falls solche dekadenten Produkten des kapitalistischen Systems in Kuba vorhanden gewesen wären. Aber immerhin war auch sie zunächst von dem Ergebnis unseres medizinischen Checks angetan, und wir verbrachten den Großteil der Nacht zum Sonnabend ineinander. Allerdings stets in der gewohnten Missionarsstellung, zu mehr Dekadenz reichte der Ehrgeiz meiner Muchacha nicht in unserer ersten durchgefeierten Nacht.

Früh am Morgen schnappte sie schon wieder den Besen, um die am Vortag unterbrochene Reinigungsaktion zu Ende zu führen. Ich wachte gerade noch rechtzeitig auf, bevor sie einen Feudel ergreifen und zu wischen anfangen konnte. Vermutlich war mir der vertraute Geruch des Reinigungsmittels in die Nase gestiegen und hatte mich schlagartig aus meinen schönsten Träumen gerissen. Ich entwende ihr den Feudel und schütte den Eimer mit dem lustfeindlichen Reinigungsmittel der Marke ´Allesvernichter` ins Klo. Dann verspreche ich ihr, eine erträglicheres Produkt zu besorgen.

Meine Versuche, sie wieder auf das Lager zu ziehen und dort weiter zu machen, wo wir irgendwann in der Nacht aufgehört haben, wehrt sie jedoch ab. Für Zoraida muss nun so etwas wie ein´Tagewerk` beginnen.

Wir machen uns nach Habana del Este auf den Weg, denn das Itabo-Hotel war der einzige mir bekannte Ort in Kuba, der nicht nach diesem Ackerbauvernichtungsmittel gerochen hat. Vermutlich haben die im Itabo ihr Reinigungszeug direkt aus Spanien bezogen. Außerdem war mir der Barkeeper an der Pool-Bar noch einen Gefallen schuldig, denn ich hatte dem mal eine Flasche Habana Club besorgt, mit der er dann durch den unregistrierten Verkauf von etlichen Mojitos ein privates Extrabusiness an seiner Bar aufziehen konnte. Der sollte mir gefälligst im Gegenzug eine Flasche des hoteleigenen Reinigungsmittels besorgen.

In dem Bewusstsein, demnächst die exklusiven Bewohner eines keimfreien und dennoch wohlriechenden Apartments in Habana zu sein, verbringen wir den Tag am Strand und handeln mit dem Kellner eines Touristenrestaurants eine Unter-Der-Hand-Fischmahlzeit aus. Für einen ganzen Hummer nehmen die hier normalerweise gute 35 Dollar. Aber wenn wir ein paar Stunden warten, dann können sie einen frischen Hummer für 5 Dollar besorgen. Unter der Hand, wie gesagt, wir müssten nur mindestens eine Kleinigkeit nach der offiziellen Karte bestellen, um bei unserer Anwesenheit in diesem Laden einen statistisch erfassbaren Verweilgrund zu hinterlassen. Ein Salat oder zur Not auch ein gemischtes Eis würde hierfür schon reichen.

Während wir so den freien Tag genießen, erzählt mir Zoraida von ihrem Bruder, der seit nahezu 3 Jahren im Valle Grande im Knast sitzt. Er war mit 5 amerikanischen Dollar erwischt worden, die ihm seine norwegische Verlobte zugesteckt hatte, um ein wenig Essen einzukaufen.

Der Besitz von amerikanischen Dollar war damals für einen Kubaner verboten. Später wurde das Verbot wieder aufgehoben und danach noch einmal in Kraft gesetzt, bevor die Notenbank auf die geniale Idee gekommen ist, mit dem CUC (Peso convertible) eine kubanische Parallelwährung zu kreieren, die dem rechtlichen Eiertanz zwischen Verbot und Aufhebung des Verbotes, sowie einer Aufhebung der Aufhebung des ursprünglichen Verbotes ein Ende machte.

Ich schlage ihr vor, dass wir ihn besuchen fahren. Das Valle Grande liegt auf der gegenüberliegenden Seite von Havanna ein wenig außerhalb auf der Nationalstraße 101, aber schließlich habe ich ja ein Auto. Doch Zoraida meint, so kurz vor seiner Entlassung werden keine Besuche mehr genehmigt, und mich als Ausländer lassen die da sowieso nicht mit hinein. Eine Besuchserlaubnis werde ja schließlich nicht zur Aufheiterung des Gefangenen gewährt, sondern ist dafür vorgesehen, dass die Angehörigen dem Inhaftierten etwas Essen und ab und zu auch mal Wäsche oder ein Bettlaken bringen können. Das sei nun nicht mehr vonnöten, denn er hat nur noch ein paar Tage, dann hat er seine komplette Strafe abgesessen. In Kuba wird einem Knacki kein einziger Tag geschenkt.

Das mit dem Besuch ist offensichtlich eine unrealistische Schnapsidee, sehe ich sofort ein. Bis heute weiß ich selber nicht, warum mir dieser Vorschlag so einfach herausgerutscht ist. Ein kubanisches Gefängnis zu besichtigen ist so ziemlich das Letzte, was mir in diesem Urlaub noch gefehlt hat.

Zoraida ist merkwürdig betroffen von meiner Anteilnahme und sieht unsere Beziehung jetzt wohl in einem anderen Licht. Ich komme mir ein wenig schäbig vor, denn so sehr hat mich das Schicksal ihres Bruders nun auch nicht getroffen, und versuche vom Thema abzulenken. Ich frage sie nach der Show im berühmten Tropicana aus, die wir uns für diesen Abend ins Programm geschrieben haben.

Aber mein einmal geäußertes Angebot hat eine neue Wärme in ihre Stimme gezaubert. Vermutlich kommt es nicht allzu oft vor, dass ein Gringo vorschlägt, einen Eierdieb im kubanischen Knast zu besuchen, wenn er nicht gerade ein Mitarbeiter von Amnesty International ist. Sie nimmt mich in den Arm und schlägt mir vor, direkt in die Wohnung zurückzukehren und den geplanten Besuch der Kabarett Show auf später zu verschieben.

*

Es ist das erste Mal, dass diese Muchacha mich entkleidet und auf das Lager führt. Dann übernimmt Zoraida sogar die Initiative bei unserem Liebesspiel. Sie macht an meinem Gerät herum und rubbelt wie Aladin an seiner Wunderlampe, um die benötigte Steifheit und Größe zu erzeugen. Wirklich animierend ist das nicht, aber ich habe ja noch den Spiegel, um meine Phantasien auf die Reise zu schicken. Aus dieser Rückenperspektive bieten sich womöglich noch interessantere Einblicke. Als das Blut anfängt in mein Geschlecht zu strömen, schiebe ich mit einem Ruck meinen Körper ein Stück nach hinten, um meine voyeuristische Perspektive zu verbessern, wobei es Zoraida ihren Stützarm wegreißt und sie mit ihren Titten auf meinen Karl-Wilhelm fällt. So hat sie sich ihre Animation vielleicht nicht gerade vorgestellt. Doch einmal in dieser Position, bewegt sie nun ihren Oberkörper in einer fließenden Wellenbewegung vor und zurück mit einer härter werdenden Kanone zwischen ihren Brüsten. Nicht schlecht für den ersten Versuch, das ist doch immerhin schon mal ein Anfang.

Sie dominiert auch den nachfolgenden Akt und bewegt sich langsam auf mir, bis ihre Oberschenkel zu zittern anfangen und ihre Bewegungen immer kürzer und hektischer werden. Ich angele mir schnell noch ein Kissen und schiebe es mir unter mein Gesäß, bevor ich durch ihre ruckartigen Stöße ungewollt aus meiner warmen Umhüllung flutsche und unsere Verbindung unterbreche. Dann umklammere ich ihr verkrampftes Hinterteil, ziehe mit meiner anderen Hand ihren Oberkörper fest auf mich und verschließe mit einem gepressten Kuss ihre Lippen, damit sie nicht dauernd im Rhythmus einer Dampflokomotive ´Te gusta? Te gusta? Te gusta? Te gusta?` keuchen kann.

Na klar gefällt es mir, wenn sie dermaßen ab geht, sehr sogar, aber diese Frage muss nun ja nicht tausend mal wiederholt werden. Sonst zwingt mich ihr Gestammel womöglich dazu, wie ein Automat mit ´Si! Si! Si! Si!`zu antworten. Dabei will ich doch in Ruhe ihre aufkommende Ekstase genießen.

Plötzlich durchdringt mich ein scharfer Schmerz. Die Frau hat mich doch tatsächlich in die Lippen gebissen und vergräbt jetzt ihr Gesicht in meiner Schulter. Ich wälze sie von mir und betrachte im Spiegel meine Oberlippe, die gerade schön anschwillt und aus der ein dünnes Rinnsal quillt. Verdammt, wie kann denn bloß ein liebevolles Zuschnappen eine derartige Wunde erzeugen?

Zoraida liegt immer noch mit einem verklärten Ausdruck und geschlossenen Augen auf dem Rücken, und hat wohl überhaupt nichts mitbekommen. Jetzt erkenne ich zum ersten Mal, dass ihr bei einem Schneidezahn eine winzige Ecke fehlt. Das hatte ich vorher nie bemerkt. Diese Frau ist also Zahnärztin und bricht sich aus ihren prächtigen Hauern einen Zacken heraus. Vermutlich hat sie irgendwann einmal versucht, ein Vorhängeschloss mit den Zähnen zu knacken!

Doch nun erinnere ich mich auch wieder, noch kurz vor dem schmerzhaften Biss an der Innenseite meiner Schenkel die Tropfen einer Feuchtigkeit gespürt zu haben, die definitiv nicht aus meinem Körper gequollen sind. Ich störe sie also nicht, denn diese Muchacha hat sich ihre Erholung nun wirklich verdient.

*

Am Montag steht Zoraida bereits in aller Frühe auf, um ihren Bus nach Cojimar zu erwischen. Ich erwache erst, nachdem die Tür mit einem Knall zuschlägt, und höre gerade noch das Gepolter, als sie sich über das Gerümpel auf der Treppe nach unten arbeitet. Mit dem Fahrstuhl war es wohl mal wieder nichts. Auf dem Tisch in der Küche steht eine Mehltüte, auf der sie mir mit einem Bleistift eine kurze Nachricht hinterlassen hat: ´Bin morgen früh zurück.`

Davon hatte sie mir nichts erzählt. Ich wusste schon, dass sie sich an diesem Tag wieder an ihrem Arbeitsplatz sehen lassen musste, aber dass die zahnärztlichen Stationen dieser kubanischen Gesundheitszentren auch nachts einen Notdienst aufrechterhalten, war mir neu. Aber vielleicht hatte sie in der kommenden Nacht ja auch eine andere Verpflichtung. Trotzdem war das Ganze merkwürdig. Zoraida hatte sich seit dem Vortag irgendwie verändert, und dies nicht nur im angenehmen Sinne. Zwar hatten wir jetzt einen spitzenmäßig fordernden, aggressiven Sex miteinander, und das bei jeder passenden Gelegenheit, aber gemeinsam Ausgehen ist schwieriger geworden. Sie geht sofort auf die Palme, wenn ich einem anderen Girl einen Blick, ein Lächeln oder auch nur einen Handgruß zuwerfe. Ganz offensichtlich ist sie von null auf hundert seit genau diesem Wochenende ziemlich eifersüchtig geworden.

Doch in Havanna ist es praktisch unmöglich, all die koketten Zeichen und Signale der vielen umherstreifenden Muchachas zu ignorieren. Will Mann ja auch gar nicht. Und die Chicas stören sich nicht die Bohne daran, wenn ein Mann Hand in Hand mit seiner Novia um die Häuser streift, und ziehen wenig beeindruckt von offensichtlichen Bindungen ihre Show ab. Da braucht die Frau dann eine gewisse Souveränität. Doch jetzt haut das nicht mehr so hin ...

Am Sonntagabend hatten wir uns eine Kabarett-Show im Hotel National reingezogen. Die ist zwar nicht so groß und bekannt wie die Show im Tropicana, aber durchaus auch eine beeindruckende Galavorführung mit viel Bewegung und einer großen Anzahl von traumhaften Tänzerinnen auf der Bühne. Als jedoch auch noch Animierdamen leicht bekleidet und hüftwackelnd zwischen den Tischen hin und her streifen, die Atmosphäre erhitzen und Handküsse verteilten, hat es Zoraida gepackt. Sie nimmt die Sektflasche, die hier auf jeden Tisch gestellt wird, aus dem glitzernden Stellkübel und schüttet das restliche Eiswasser einer von diesen Girls in das Dekolleté. Danach ignoriert sie den Aufschrei des geschockten Glamourgirls, setzt sich in Zeitlupentempo wieder hin und beschenkt mich mit einem Lauren Bacall Auftritt, inklusive des verschleierten Augenaufschlages: »Cariño, puedes pedir a esta señora un nuevo cubo de champagne? Parece, que este ya no sirve!«

(Liebling, kannst du bitte einen neuen Champagnerkübel bei der Dame bestellen? Es scheint so, als wäre dieser hier nicht mehr zu gebrauchen!)

Damit war der Abend natürlich wieder einmal gelaufen. Ich hinterließ bei dem herbeigeeilten Funktionär des Hauses 10 Dollar für das Girl. Dabei hatten wir wohl noch Dusel, dass wir dem Laden nicht das ganze Kostüm ersetzen mussten. Aber vielleicht hat ja der Bursche den Schein auch eingesackt, und den Schaden offiziell als Unfall verbucht.

In Wahrheit musste sich Zoraida vor keinem von diesen Girls verstecken. Ich hatte ihr noch am Sonnabend neue Klamotten gekauft, mit denen sie bei ihrer grandiosen Figur einen absolut souveränen und sexy Eindruck ausstrahlte, denn mit ihrem beschädigten Erbstück aus den Tagen des kubanischen Unabhängigkeitskrieges konnte sie ja nun nicht mehr ausgehen.

Doch mit Logik hatte ihre ganze Reaktion wohl nicht allzu viel zu tun. Und mit Einsicht leider auch nicht. Von wegen ´es tut mir leid` oder so. Sie bedauerte nur, dass sie die Flasche noch vorher aus dem Kübel genommen hatte, weil wir die in der Hektik unseres Aufbruchs dann doch einfach stehen gelassen hatten.

*

Ich bin also nun einen Tag und eine Nacht lang gewissermaßen ´Strohwitwer`. Okay, dann kann ich den Tag ja ruhig angehen lassen. Ich schlafe bis Mittag, schlüpfe in meine neue Leinenhose und mache mich auf den Weg an den Strand. In Habana del Este genehmige ich mir an einer Strandbar eine Pizza, um erst einmal eine kleine Grundlage für den Tag zu bekommen. Diese kubanischen Pizzas sind nichts Berauschendes, aber auch nicht schlechter als eine Pizza, die von einem Döner-Experten gebacken wird. Für gestandene Gourmets ist Kuba sowieso nicht das richtige Reiseziel. Dieses Land hält für einen Besucher andere Überraschungen bereit.

Wie ein Touri (der ich ja auch bin) schlendere ich den Strand entlang, bis zu den bekannten Dünen des Strandes vor dem Itabo. An vielen versteckten Plätzen in den Dünen sitzen Chicas alleine oder zu zweit und warten darauf, von Touristen angesprochen zu werden. Ich sammele jede Menge Adressen und Verabredungen, die ich natürlich nicht einzuhalten gedenke. Oder vielleicht doch?

Ich habe in meinem Leben bislang noch nie monogam gelebt und will nun eigentlich nicht gerade in Kuba damit anfangen. Andererseits wäre es vielleicht eine gute Idee, all diese Zettel aus meiner Hosentasche zu entfernen, bevor Zoraida wieder aufkreuzt. Aber dazu habe ich ja noch ein wenig Zeit.

Gegen Abend lande ich vor dem Hotel Club Atlantico. Hier soll es so etwas wie eine Minidiskothek geben, die bereits frühzeitig am Abend öffnet. Das hatte mir eine der Strandmiezen gesteckt. Und auf der Terrasse vor der Disko sitzen an einem Tisch doch tatsächlich schon meine bekannten Nachtschwalben! Sie sind heute zu dritt hier aufgelaufen und haben bereits Begleitung.

Ich will mich einfach mit starrem Geradeausblick an ihrem Tisch vorbei mogeln, als die Girls ein lautes Hallo anstimmen und für mich einen weiteren Stuhl an ihren Tisch stellen. Nun gut, ich mische mich also unter diese fröhliche Gesellschaft. Das heißt, nur die weibliche Hälfte ist fröhlich und quatscht lustig durcheinander. Ihre Begleiter sitzen etwas verkrampft mit zusammengepressten Lippen auf ihren Stühlen und sagen kein Wort. Einer von ihnen hält krampfhaft den Arm der dritten Muchacha umklammert, als wenn er verhindern will, dass ihm dieses Vöglein davonfliegt. So etwas kann ja auf dieser Insel in der Tat mal schnell passieren.

Meine Pornospezialistin präsentiert mir diese dritte Muchacha als ihre ältere Schwester und stellt die drei Begleiter vor. Also noch eine Schwester! Ich kann bei denen irgendwie keinen Altersunterschied feststellen, aber gut, dann sind es eben drei aus dem gleichen Hause. Zwei der jungen Männer in ihrer Begleitung sind Deutsche, und der Dritte ist ein Österreicher. Kaum ein Wort spanisch, oder sagen wir mal, sie sind mit dem Wortschatz eines durchschnittlichen Besuchers am Ballermann auf Mallorca ausgestattet. Und sie haben auch ungefähr das gleiche Alter wie die Ballermänner. Wahrscheinlich gucken die wegen ihres kommunikativen Defizits so verbissen aus der Wäsche. Ich biete den Jungs an, eine Weile zu dolmetschen, falls ein Bedarf besteht, aber sie äußern sich nicht einmal zu meinem großzügigen Angebot. Die stehen irgendwie echt unter Druck.

Drinnen könnten die sich an der Bar herumdrücken, ein paar Drinks bestellen und den Chicas beim Tanzen zusehen. Oder an ihren Muchachas herumzufummeln und deren Ärsche betasten.

Eventuell sich sogar selbst auf die Tanzfläche wagen. Aber hier draußen auf der Terrasse ist Reden angesagt. Mehr ist nicht, außer ab und zu an einer Bierflasche saugen. Ja, und jetzt trauen sie sich wegen meiner Anwesenheit wohl nicht mal mehr untereinander zu quatschen. Ich könnte das ja eventuell den Muchachas übersetzen und sie würden nicht einmal etwas davon mitbekommen.

Doch ich kann jetzt noch nicht verschwinden, denn die große Schwester erklärt mir gerade, dass ich zur Zeit ihre Wohnung gemietet habe. Und auf was ich da achten soll und so. Ich hatte natürlich gar nichts davon gewusst, aber andererseits lag für Zoraida auch kein Grund vor, mir im Detail zu erzählen, von wem sie diese Wohnung gemietet hat. Die beiden Familien kennen sich natürlich auch – logisch, sie wohnen ja auch im gleichen Stadtteil und in derselben Straße. Bei diesem Gespräch werden mir so langsam einige Zusammenhänge klar.

Diese kubanischen Nachtschwärmerinnen haben jedoch nicht die gleichen Hemmungen wie ihre germanischen Bewunderer. Die Ältere fragt mich gerade, ob ihr Typ wohl hässlich sei, sie könne das nicht so genau einschätzen. Sie meint den Österreicher, der immer noch ihren Arm umklammert. Ich sage nee, die sehen doch alle drei ganz normal aus. Ihr Typ hat vielleicht etwas hervorstehende Augen, das verzerrt ein wenig den Gesamteindruck. Komische Sache, hatte ja auch Schwarzenegger in diesem Zukunftsfilm, als die Atmosphäre dünn wurde. Richtige Glupschaugen, das muss an der dünnen Bergluft liegen. Aber ansonsten ist alles im grünen Bereich.

Meine One-Night Bettgenossin wiederholt zum so und so vielten Male, dass sie unbedingt privat mit mir reden muss. Sie wird jedoch von einer ihrer Schwestern durch einen Tritt unter dem Tisch zum Schweigen gebracht und trollt sich beleidigt mit einem der Jünglinge im Schlepptau. Doch die beiden verbliebenen Muchachas laufen nun zu echter Hochform auf.

»Que feo eres, cariño«, schmachtet die Ältere mit einem vor Liebe triefenden Blick ihren Österreicher an, »mas feo que un burro!« (wie hässlich du bist, Liebling, hässlicher als ein Esel).

Und der bedauernswerte Alpenbewohner kann diesen eindeutigen Liebesbeweis nicht unbeantwortet stehen lassen und gibt einen Schuss ins Blaue ab: »Yo tambien! Yo tambien!« (ich auch, ich auch). Diese Redewendung benutzt er vermutlich öfter. Vielleicht hat er ja in seinen Bergen einen Crashkurs in Spanisch absolviert, und sich neben den eigentlichen Sätzen auch immer gleich das Echo mit eingeprägt.

Natürlich kann das süße Pornoluder jetzt nicht nachstehen und streichelt mit einer obszönen Geste über das Geschlecht des erstarrten Jünglings an ihrer Seite. »Parece que tu cola no despierta nunca, cariño mio« (es sieht so aus, als wenn dein Schwanz niemals erwachen wird, mein Liebling), und verfällt hier im Sitzen auf dem wackeligen Plastikstuhl in laszive Bewegungen lustvoller Aktivitäten, die nun wohl leider im Programm gestrichen sind.

Mir wird das Ganze nun doch zu heavy und ich verabschiede mich. Nicht etwa, dass mich die herben Scherze dieser Muchachas gestört hätten. Oder nicht die Ehre zu würdigen gewusst hätte, dass die eine ganze Show exklusiv für meine Person abziehen. Aber woher zum Teufel nehmen sie die Gewissheit, dass ich den Kollegen kein Wort davon übersetzen werde?

Irgendwie werde ich hier ungefragt zum schweigenden Komplizen degradiert.

Eigentlich hätte ich den Jungs dringend anraten müssen, lieber die Finger von diesem Dynamit zu lassen. Oder zumindest zunächst einmal etwas Spanisch zu lernen, damit sie solchen Situationen in Zukunft auch gewachsen sind. Aber ich sehe schon, dass die mir überhaupt nicht zuhören würden. Zumal der österreichische Franzl mit den Basedow-Augen vermutlich nicht das erste Mal in Kuba zu Besuch ist, da er die ältere der Schwestern offensichtlich als seine kubanische Verlobte betrachtet. Also sage ich gar nichts und ziehe meiner Wege.

*

In der Disco ist noch nicht viel los an diesem Montagabend. Der Saal ist recht klein mit einem länglichen Tresen, einer kleineren Tanzfläche und verschiedenen Kuschelecken zum Sitzen. Eigentlich ist das gar keine richtige Disco, sondern eher eine rustikale Tanzbar mit lauter Musik und bunter Beleuchtung.

Aber die paar Besucher hier drin genügen bereits, um eine gewisse Atmosphäre zu erzeugen, denn die meisten sind hoch gestylte Chicas, die dauernd durcheinander huschen. Die auffälligste Muchacha ist mal wieder so eine schwarze Granate mit einer Figur wie Halle Berry in ihren besten Jahren. Sie hat eine Pagenfrisur und merkwürdig grüne Augen, die bei diesem Licht beinahe ebenso intensiv wie ihre Zähne strahlen. Dazu trägt die einen elastischen weißen Fummel aus Latex, der sich wie eine zweite Haut über ihre Kurven spannt und hochhackige weiße Schnürstiefel. Bei allen Göttern, wo hat eine 17- oder 18-jährige kubanische Chica bloß solche Klamotten her? Und wer hat ihr dieses Styling verpasst? Ich weiß ja, was die schwarzen Girls so alles mit ihren Haaren anstellen, um sie glänzend und glatt zu bekommen. Und grüne Augen – das können nur farbige Kontaktlinsen sein. Geht alles, ich weiß – aber hier in Kuba? Und dann diese Latex-Haut! Ich kann es kaum fassen, so ein Geschoss dürfte eigentlich gar nicht frei rumlaufen. In einer europäischen Großstadt würde die doch mit Sicherheit einen Verkehrskollaps verursachen, wenn sie in dieser Aufmachung eine Straße überquert.

Ich greife sie mir, als sie sich am Tresen vorbei drückt und schlage ihr einen Ortswechsel vor. Sie flüstert mir zu: »Tengo compromisso. Espere un momento.« (Ich habe eine Verpflichtung. Warte einen Moment.)

Dann zieht sie weiter. Jetzt sehe ich sie in einer der Sitzecken verschwinden und kann den Touri im weißen Hemd erkennen, bei dem sie sich auf den Schoß setzt. Der sieht mit seinem kurzärmligen Hemd und der gebügelten Hose wie ein typischer spanischer Geschäftsmann aus. Charme, Champagner und Peseten.

Ein paar Minuten später streift sie auf ihrer nächsten Runde wieder am Tresen vorbei und dreht direkt vor mir eine kleine tänzerische Pirouette, wobei ihre Latex verpackten Brüste sich einen Moment in meinem geöffneten Hawaiihemd verfangen und sie mir einen Zettel zusteckt. Mit einem geflüsterten: »llamame mañana.« (ruf mich morgen an) will sie wieder verschwinden, aber ich halte sie kurz fest: »tiene que ser hoy!« (es muss heute sein), sage ich noch schnell, bevor sie wieder abschiebt. Und dann warte ich ab, was nun geschehen wird.

Dieses ganze Spiel ist natürlich nicht gerade fair Zoraida gegenüber. Aber ich sage mir, dass es sich gewissermaßen um einen Fall von höherer Gewalt handelt. Einem derartigen Naturereignis gegenüber ist der menschliche Wille klein und machtlos. Meiner jedenfalls. Ob ich das auch meiner Muchacha so verständlich machen könnte, ist natürlich eine andere Frage.

Doch die plötzlichen Skrupel lösen sich sogleich in Rauch auf, als die grünäugige Sexbombe wieder angetanzt kommt. Dieses Mal steuert sie langsam auf mich zu und schwenkt ihre Hüften dermaßen sinnlich, dass sich glatt mein Panama-Hut ausbeulen würde, wenn ich den dabei gehabt hätte. Meine Fresse, sie ist in der Tat die leibhaftige Sünde! Die würde auch eine perfekte Figur neben so einem amerikanischen Fernsehprediger abgeben und seine Einschaltquoten in ungeahnte Höhen treiben.

´Vergewaltiger dieser Welt, lasset meine Worte in euch ruhen und schaut auf dieses unschuldige Geschöpf Gottes! Ich weiß sehr wohl, was in euch allen jetzt vorgeht, denn auch an mich sind Satans Versuchungen herangetreten. Doch wenn die Worte der Herren euch die Kraft gegeben haben, auch jetzt noch gelassen zu bleiben, dann könnt auch ihr errettet werden! Und nun lasst uns in Demut unseren Blick und unsere Glieder senken und dem Herrn danken. Halleluja!`

Mich selbst jedoch hat die Versuchung noch gut im Griff und ich verspüre einen Stich der Enttäuschung, als sie mir nun ihre Freundin vorstellt. Denn damit war es gewissermaßen amtlich, dass zumindest in dieser Nacht die ganz heiße Nummer ausfällt. Zum Trost dreht sie noch eine letzte Pirouette mit vollem Körperkontakt, bevor sie wieder zu ihrem Spanier wackelt. Sie lässt mich in einer Wolke von erregenden Gerüchen und mit der Erkenntnis zurück, dass diese Wahnsinnsbraut nicht einmal ein Höschen unter ihrer Latex-Haut an hat. Einfach gar nichts. Allerdings trägt diese intime Erkenntnis nun auch nicht gerade dazu bei, meinen augenblicklichen Frust zu dämpfen.

*

Ich wende mich an ihre Freundin, die immer noch neben mir am Tresen ausharrt, und erkläre ihr, dass ich erst einmal ein Restaurant aufsuchen werde, um eine Kleinigkeit zu mir zu nehmen. »Gut,« sagt die und nimmt meine Hand, »gehen wir.«

Habe ich die nun eingeladen, oder hat sie sich selber eingeladen? Vor der Tür betrachte ich diese Muchacha genauer. Sie ist eine Mulata, eher weiß als dunkel und ungefähr in dem gleichen Alter wie ihre Freundin, obwohl man so etwas als Europäer nie genau einschätzen kann. Schlank, wohlgeformt und mit einem strahlenden Gesicht. Ihre attraktiven Gesichtszüge und ausdrucksvollen Augen sind von einer lockigen Haarpracht eingerahmt, die bis zu ihren Hüften reicht.

Aber ich war immer noch auf schwarz gepolt und nahm die ganz besondere Anziehung dieser Muchacha nur flüchtig wahr. Heutzutage ist mir natürlich bewusst, welcher groben Fehleinschätzung ich damals auf Grund meiner Unerfahrenheit zum Opfer gefallen bin. Damit dem geschätzten jungen Leser, der vielleicht gerade mit gepackten Koffern und einem Flugticket in der Hand schnell noch diesen Bericht durchliest, um für sein erstes Kubaabenteuer gerüstet zu sein, nicht der gleiche Irrtum widerfährt, werde ich an dieser Stelle etwas vorgreifen:

Diese ´Cafe con Leche`-Chicas sind häufig noch viel attraktiver als ihre schwarzen Schwestern, nur wirkt ihre Anziehung eher sanft, gewissermaßen mehr nach innen. Ihnen fehlt diese aggressive und dominierende sexuelle Ausstrahlung der schwarzen Muchachas. Aber dafür haben sie eine unglaubliche Einstellung zu Zärtlichkeit und Sexualität. Sie verschenken ihren Körper ohne irgend eine Scham oder Zurückhaltung, wenn sie sich erst einmal für einen Mann entschieden haben, und sie blühen geradezu auf, wenn ihr Partner restlos befriedigt und zufrieden ist.

Also Jungs, wenn ihr nach Kuba kommt, um deftige Abenteuer zu erleben, dann sucht euch eine attraktive Schwarze, die mit den Hüften wackelt, wenn sie an euch vorbei stolziert. Hier findet ihr unter Garantie ein Erlebnis, das euch bereichert, verwirrt (und gerupft) wieder nach Hause zurück kehren lässt, und das ihr noch euren Enkelkindern erzählen könnt.

Doch wenn ihr nach Kuba fahrt, um ein Girl von der Insel mit nach Hause zu nehmen, dann solltet ihr spanisch sprechen lernen, einen Tantra-Kurs absolvieren, euch alle Stellungen des Kamasutra einprägen und in Kuba eine Mulata suchen.

Ihr werdet es niemals bereuen.

*

Ich fuhr mit dem Girl in die Stadt zum Habana Libre. So auf die Schnelle fiel mir nichts Besseres ein. Eventuell spekulierte ich auch unbewusst darauf, dass meine Wohnung gleich um die Ecke war, obwohl ich der Muchacha während der Fahrt vorgeschlagen hatte, nach dem Essen mal in den Palacio de la Salsa im Riviera zu schauen. Ich kannte diesen Laden bislang noch nicht, hatte jedoch gehört, das dort mehrmals in der Woche Livebands auftreten.

Einer von den stets bestens informierten Kellnern klärte uns jedoch auf, dass wir an einem Montag in La Habana wohl kaum Live Musik erwarten können. Also blieb nur noch das Apartment.

Aber es lief nicht zwischen uns. Die Schuld lag eindeutig bei mir (wenn man in solchen Fällen von ´Schuld` reden kann). Ich war immer noch auf schwarz programmiert, auf Anmache, Widerspruch, fliegende Fetzen, blutige Lippen und aggressiven Sex. Diese Chica war anders. Sie war auf eine subtile Art schön und von einer sanften Weichheit, die unter die Haut geht und eher ein wehmütiges Ziehen in der Brust erzeugt, statt einen harten Knüppel zwischen den Beinen. Bei mir jedenfalls.

Ich wurde nicht geil, aber dennoch fühlte ich mich in einem dichten Kokon aus Wärme und Zärtlichkeit gefangen, aus dem es auch kaum ein Ausbrechen gab. Das Verhängnisvolle war, dass diese junge Muchacha es verstand, jede Gefühlslage und Stimmung sofort zu erkennen und darauf zu reagieren. Da gab es gar kein Anecken, keinen Widerspruch, keine Spitze, an der ich mich in dieser Nacht stoßen konnte. Und deshalb war es so schwer, mich aus ihrer sanften Umarmung zu befreien.

Doch es musste sein, denn irgendwann in der Frühe würde Zoraida hier auftauchen. Und ich mochte lieber gar nicht daran denken, was geschehen würde, wenn sie uns beide hier in zärtlicher Umarmung schlafend vorfinden würde. Dann wäre wohl Schluss mit lustig. Und ich glaube nicht, dass ich in solch einer Situation noch in der Lage gewesen wäre, die magischen Sätze hervorzubringen, die im Film immer in einer vergleichbaren Situation hektisch hervorgesprudelt werden und am Ende die Situation noch drehen können: ´Aber nein, Cariña, das siehst du völlig falsch. Es ist nicht so, wie es aussieht. Wir haben überhaupt nicht gefickt, diese Muchacha kann dir das bestätigen. Es war heute Nacht nur ein wenig kalt, und deshalb ...`

*

Schon zu Schulzeiten konnte ich mich darauf konzentrieren, nach Bedarf zu einer bestimmten Stunde wach zu werden, wenn ich mir diese Stunde am Abend zuvor genügend eingeprägt hatte. Hat eigentlich immer hingehauen. Ich weiß nicht, ob dies eine spezielle Fähigkeit von mir ist oder ob das jeder kann, der sich ein zeitgerechtes Aufwachen fest genug vornimmt. Ist ja auch egal.

Hier in Kuba war ich mir jedoch keineswegs sicher, ob die alten Reflexe noch hinhauten. Hitze, Zeitverschiebung, ein zu viel an Alkohol und die warme Anziehungskraft dieser Mulata machte den Erfolg eines solchen Versuches eher unsicher. Aber ich hatte nur eine schlichte traditionelle Armbanduhr, die über keinerlei Klingel- oder sonstige Zusatzfunktionen verfügte. Die dreht nur ewig zwei Zeiger im Kreise herum, und das ist es dann.

Also was soll ich hier lange drumherum reden – ich habe es einfach riskiert. Ich bat die Chica, mir zur Entspannung eine kleine Rückenmassage zu verpassen, während ich in dieser Zeit meine ´innere Uhr` aktivieren und mich auf meine Aufwachzeit konzentrieren konnte. 8 Uhr sollte reichen, denn Zoraida konnte schwerlich vor 9 Uhr hier auftauchen, da sie ja mit einem Guagua (Stadtbus) kommen musste, die sich nicht so sehr nach festen Fahrplänen, sondern nach dem Grad ihrer Belegung und Überbelegung richten. Diese Busse sind dann voll, wenn sich im Inneren alle auf die Füße treten und außen an Türen und Trittbrettern eine Traube von Fahrgästen klebt, deren letzte Glieder mit einem Bein und einem Arm in der Luft hängen. Sind die aber einmal rappelvoll, dann lassen sie die weiteren Fahrgäste einfach an den Haltestellen stehen.

Die Mulata massiert mich tatsächlich auf eine ungemein sanfte und angenehme Art, indem sie zunächst den Ventilator ausstellt, sich dann eine Weile mit ihrem ganzen Körper auf mich legt und sich in der Folge leicht auf ihre Knie und Ellenbogen stützt und mit Titten und Bauch meinen ganzen Rücken bestreicht. Dann erst gebraucht sie ihre Hände zur eigentlichen Massage, wobei sie unseren vermischten Schweiß auf dem Rücken verteilt, wo er wie ein Massageöl wirkt. Erzähl mir noch einmal jemand etwas von einer Thai-Massage!

Überhaupt ist es kaum zu glauben, dass dieses schöne Kind mich jetzt unter ihren Händen knetet. Ich will ja Kuba in keiner

Weise mit Europa vergleichen, und schon gar nicht die europäischen Frauen irgendwie in eine Reihe mit den kubanischen Muchachas stellen. Aber in diesem konkreten Fall muss ich dann doch einmal eine Ausnahme machen. Also Jungs, schließt doch bitte kurz die Augen und stellt euch vor, ihr hättet so einen attraktiven Feger in einer Disko aufgerissen, zum Essen eingeladen, und es danach tatsächlich geschafft, die zu einem gepflegten Beischlaf in eurer sturmfreien Bude zu überreden. Tja, und dann bekommt ihr keinen hoch, verlangt aber eine Massage zum sanfteren Einschlafen. Na, was meint ihr wohl – wie würde eure Eroberung in solch einer Situation reagieren? Na? Na? Naaa? ... und ja, genau das denke ich mir auch!

Aber diese Mulata ist einfach unglaublich! Ich wache tatsächlich zur vorgesehenen Stunde mit einem süßlichen Ziehen in den Lenden und einer gewaltigen Morgenlatte auf. Vielleicht bin ich ja auch von dem schmerzhaften Druck in diesem enormen Ständer erwacht. Jedenfalls drehe ich die schlafende Muchacha zu mir herum - und sie streckt mir noch im Aufwachen ihre Arme entgegen und ist sofort zur Liebe bereit.

Natürlich kommt jetzt mein fein ausgedachter Zeitplan durcheinander und ich muss die Frau drängen, dass wir nach einer kurzen Dusche sogleich ohne Kaffee oder Frühstück aufbrechen. Und selbstverständlich steht der Fahrstuhl mal wieder auf halb acht vor meiner Etage. Wenn so etwas beim Hochfahren passiert, dann kann man ja noch einmal nach unten fahren und einen neuen Anlauf unternehmen. Aber wenn der vor der Etage auf Tilt steht, dann geht gar nichts mehr. Von oben kann man das Ding ja nur rufen, aber nicht von außen her noch einmal runter schicken.

Also Hindernislauf.

Diese gerade gevögelte Chica steigt also in ihren feinen Ausgehklamotten 4 Etagen über Gerümpel und Gerät die Treppen hinunter und amüsierte sich köstlich über den Hindernisparcours. Es ist unglaublich, dabei hatte sie nicht einmal einen Morgenkaffee getrunken oder ein wenig gefrühstückt.

Sobald wir in dem Nissan sitzen, werde ich ruhiger, und kann mir jetzt Zeit lassen. Sie wohnt in der Villa Panamericana, gleich neben Cojimar, aber ich fahre daran vorbei bis an die Touristenzone von Playas del Este, weil ich dort eher eine Bar mit einem Angebot zum Frühstücken erwarte. Natürlich landen wir wieder in dem bekannte Kaffee, in dem ich schon am zweiten Tage mit den beiden Nachtschwalben gestrandet bin. Allzu viel Auswahl hat ein Tourist in diesen Jahren eben immer noch nicht auf Kuba.

Auf der Rückfahrt zu ihrem Barrio erzähle ich ihr von Zoraida und meinen selbstgestrickten Verwicklungen. Das zumindest war ich dieser Muchacha schuldig. Aber dennoch – sie hätte einen besseren Lover als mich verdient. Trotzdem zeigt sie mir ein strahlendes Lächeln und schmiegt sich während der Fahrt an mich. Aber ich weiß natürlich inzwischen, dass diese göttlichen Geschöpfe derartige Verwicklungen nicht moralisch beurteilen. Außerdem kann sie zu jeder Zeit wieder einen neuen Anlauf unternehmen. Und vielleicht ist der Nächste ja weniger flatterhaft als ich.

*

Zoraida ist bereits zu Hause, als ich zurückkomme. Sie hat gerade erst die Wohnung gefegt und gewischt, danach Kaffee aufgesetzt und wirkt irgendwie seltsam ausgeglichen. Ich berichte ihr kurz, dass ich früh aufgestanden bin und am Strand gefrühstückt habe, was ja soweit auch erst einmal stimmt.

Doch sie stellt gar keine Fragen, und ich kann die ganze verdrehte Eierei, die ich mir als Erklärung während der Rückfahrt ausgedacht habe, wieder herunterwürgen. Meine Güte, jetzt interpretiere ich Realitäten ja schon beinahe gekonnter als ein gestandener Politiker. Doch für dieses Mal sind mir weitere Erläuterungen erspart geblieben, und ich nehme mir vor, noch heute den Nissan zurück zu bringen, damit solche Komplikationen aufhören. Wenn man mit einem Privattaxi unterwegs ist, dann lassen sich Verspätungen immer gut erklären, denn diese Mühlen haben doch alle Nase lang eine Panne und bleiben liegen. Damit ließe sich sogar gut eine ganze Nacht auf Abwegen erklären, zur Not hätte man mit dem Fahrer einen meineidigen Zeugen gleich zur Hand. Ist im Fahrpreis inbegriffen. Und abgesehen davon liegt mir sowieso langsam die Mietrechnung für den Nissan im Magen, die sie mir irgendwann ja einmal abbuchen werden.

Wie schon zuvor einmal führt mich Zoraida auch diesmal wieder auf unser Lager und zieht mir die Klamotten aus. Dann entledigt sie sich ihrer eigenen Kleidung und fängt etwas zaghaft an, mit ihrem Mund meine erschlaffte Latte zu bearbeiten. Ich kann zunächst nur daran denken, dass ich mich glücklicherweise an diesem Morgen trotz der Aufbruchs-Hektik noch gründlich geduscht habe. Den restlichen verräterischen Gerüchen in der Wohnung hat sie ja wohl selber mit dem ´Frühlingsaroma` des spanischen Reinigungsmittels den Garaus gemacht.

Oralsex, so etwas hatte sie noch nie gemacht!

Und sie kann es auch nicht, das merke ich sofort. Da ein kleines Küsschen, dort ein wenig mit der Zunge geleckt, ab und zu mal ein vorsichtiges Zwischen-Die-Lippen-Nehmen und immer wieder die Hand zur Hilfe …

Ich sage: »Halt mal kurz ein, Zora. Wenn dir das nicht gefällt, dann sollst du so etwas auch nicht machen. Also lass es! Wie bist du denn überhaupt plötzlich auf diese Idee gekommen?«

Aber sie macht stur mit dem amateurhaften Gebläse weiter und erklärt mir zwischendurch, dass sie sich gestern Nacht nach der Arbeit und ihrem Training noch mit einer Freundin aus ihrer Mannschaft verabredet hatte, um sich von dieser echt erfahrenen Amiga ein paar Tips und Ratschläge zu holen.

»Und das hat die dir vorgeschlagen?«

»Ja.«

»Und was noch?«

»Na, die andere Liebe. Von hinten. Aber das kann ich nicht.

Ich habe Angst davor.«

»Anal, verstehe. Was hat deine Freundin denn sonst noch so in Reserve gehabt?«

»Alles runter schlucken.«

»Hör mir bitte zu Zora. Du musst gar nichts machen, was du nicht willst. Wir kommen doch auch so gut klar. Außerdem brauchst du mich ja eigentlich nur mit deiner Freundin bekannt zu machen und dann ...«

»Esta loco! (Du bist verrückt!) Loco, loco! Bilde dir bloß nicht ein, dass du die jemals kennenlernen wirst. Wenn du noch einmal so einen Vorschlag machst, hole ich ein Messer und schnipple dir etwas weg.«

Das war ja wieder die bekannte Zora, und ich muss plötzlich daran denken, dass eine Frau mit solchen Prachthauern eigentlich gar kein Messer braucht. Besser wäre es wohl, auf diesen ganzen Oralkram zu verzichten. Auf jeden Fall werde ich niemals mit ihr ins Kino gehen, wenn ´Im Reich der Sinne` von Oshima läuft, von dem ich ihr vor zwei Tagen erzählt hatte. Aber vermutlich wird dieser Film ja sowieso nie in Kuba aufgeführt werden.

*

Die restlichen Tage meines Aufenthaltes kehrt nun so etwas wie Routine zwischen uns ein. Zoraida fährt morgens mit dem Guagua zu ihrer Arbeit, und ich erforsche die Stadt zu Fuß oder mit einem privaten Taxi. Jeder dieser illegalen Taxidriver hat ein Kärtchen, das er mir überreicht, und ich könnte die per Telefon von meiner Wohnung aus erreichen. Die angegebenen Nummern sind natürlich keine Handys – so etwas gab es damals in Kuba nicht – sondern Festnetznummern, die in irgendwelchen Wohnungen zu gemeinschaftlich genutzten Telefonen führten. Direkt ein Taxi über das Telefon zu rufen, ist folglich eine umständliche Geschichte, normalerweise lohnt sich dieser Aufwand nicht. Aber ich kann leicht am Abend zuvor eine Karre bestellen, wenn ich einen Plan für den nächsten Tag habe. Meinen Nissan habe ich bereits an jenem Montagnachmittag wieder zurück gegeben.

Zwei Mal platzen meine Nachtschwalben unangemeldet vormittags in die Wohnung und überraschen mich noch im Bett. Die haben natürlich einen Zweitschlüssel und tauchen jeweils auf, wenn Zoraida in der Zahnarztpraxis des Gesundheitszentrums Löcher bohrt. Das können die bestimmt in Cojimar feststellen, die Klinik liegt ja gleich am Ende ihrer Straße und ist von außen her für jedermann offen und einsichtig.

Sie kamen zu zweit, die Ältere der drei Schwestern und meine äußerst sympathische, aber eben auch reichlich abgedrehte Pornospezialistin. Die dritte im Bunde habe ich nie wiedergesehen. Die Ältere, also die Eigentümerin der Wohnung, behauptete jedes Mal, sie erwarte einen Auslandsanruf auf dieser Leitung – der nie kam – und machte sich sodann in der Küche über unsere Vorräte her. Die Schwester schmiss sich wiederholt ohne ein Wort der Begrüßung sofort auf das Bett und drehte sich auf mich, so dass zwischen unserer beidseitigen nackten Haut nur ihr dünnes Kleidchen und das Bettlaken blieb, das Zoraida und mir des Nachts als Decke diente. Dann zog die einen Brief aus irgend einer Falte ihres Kleides hervor, den ich ihr übersetzen musste, denn fast alle ihre Liebhaber kamen aus deutschen Landen. Die damaligen Promotionen für den neuen Tourismus nach Kuba wurden offensichtlich hauptsächlich in Deutschland lanciert. In den späteren Jahren verschoben sich die Schwerpunkte dann nach Spanien, Kanada, Italien und Mexiko.

Diese ´Loca` bewegt sich auf mir, als würden wir gerade einen heißen Ritt ausführen, und stöhnt zu den gesammelten Erinnerungen und Anspielungen ihrer zahlreichen intimen Bekanntschaften.

Sie zieht also diese Stoffnummer auf mir ab, während ich ihr die schwülstigen Briefe ihrer Lover übersetze und nach Worten ringe. Später soll ich ihr dann auch noch Antwortbriefe in

Deutsch aufsetzen, aber ich merke bald, dass die gar nicht mehr weiß, was sie einst mit wem angestellt hat. Die hatte völlig den Überblick verloren.

Aber natürlich soll da immer drinstehen, dass Er der Einzige sei, sie immer und ewig warten wird und bereits fleißig deutsch lernt, immer treu ist, und wenn die Erinnerung sie überwältigt, fließen die Tränen in Strömen. Sie wünsche sich nichts sehnlicher, als das Er bei ihr wäre und so …

Na ja, so ein Zeug. Ich entwerfe ihr einen Standardbrief mit all den erwünschten Lügen und Beschwörungen, in den sie dann nur noch die Namen einsetzen muss. Während ich noch mit den Formulierungen ringe, rede ich ihr gut zu, mit ihrem Trockensex ein wenig kürzer zu treten. Auch wenn der Text in Deutsch ist, muss ich mich ja dennoch ein wenig konzentrieren, um einen letzten Rest von Glaubwürdigkeit auf das Papier zu zaubern. Mit einem Ständer unter der Bettdecke ist so etwas schon nicht ganz einfach, aber wenn die Frau sich dann noch wollüstig daran reibt und dazu inbrünstig stöhnt, können mir schon mal die Worte entgleisen.

Dieses Girl war völlig ohne Hemmungen. Leider (oder vielleicht glücklicherweise) ist sie nie allein in meiner Wohnung aufgetaucht. Immer mit ihrem Schwesterchen, das aus vollen Backen kauend zugeschaut hat. Aus solchen Aktionen und ähnlichen Situationen ist vermutlich auch dieser speziell kubanische Porno entstanden.

* * *

Mein erster Aufenthalt in Kuba hat nicht mehr als 14 Tage gedauert. Bei meinem Rückflug kommen mir diese 2 Wochen wie ein langer Sommer vor, und ich bin erstaunt, in Madrid immer noch das gleiche graue Winterwetter wie bei meinem Abflug vorzufinden. Ich habe jedoch noch reichlich Zeit, bevor ich meine Aktivitäten an der Küste von Katalonien wieder aufnehmen muss. Also bleibe ich ein paar Tage bei dem Blonden in Madrid, der ja auch erst vor kurzem aus Afrika zurückgekehrt ist, und nutze diese Zeit, um meine ungewöhnlichen und verwirrenden Erlebnisse auf Kuba niederzuschreiben.

Einen Monat später biete ich meinen Kuba-Bericht der Redaktion einer ´Revista` an, die in Katalonien in Spanisch und Deutsch erscheint, um eventuell mit den Tantiemen einen Teil meiner ins Kraut geschossenen Unkosten dieser Reise kompensieren zu können. Die hatten schon früher Artikel von mir veröffentlicht und sind auch dieses Mal interessiert, denn für Spanien war Kuba als Urlaubsland immer noch ein ziemlich unbekanntes Terrain. Und die größten Inserenten dieser Zeitschrift haben nicht nur an der Costa Brava, sondern auch in dem neuen Urlaubsland Kuba investiert. Das passte also, und so schlug mir die Redaktion vor, meinen recht umfangreichen Bericht in eine Fortsetzungsgeschichte für 8 bis 10 Ausgaben umzuarbeiten. Allerdings bräuchten sie hierfür auch das entsprechende Bildmaterial.

Am Ende finanzierten die mir also eine zweite Reise, um einen erweiterten Bericht und aktuelle Fotos zu erhalten. Und somit saß ich 8 Wochen nach meiner Rückkehr bereits wieder in einem Flieger mit Kurs in die Karibik.

*

Dieses Mal hatte ich einen astreinen Flug. Moderner Jumbo, Schlafdecke, Kopfhörer, Musikkanal, Videobildschirm, Schwimmweste unter dem Sitz, und neben der Reisebroschüre in der Spannhalterung des Vordersitz sogar einen Servietten-Set einschließlich Kotztüte. Prima Reisewetter, ruhiger Flug, freundliche Stewardessen und (vermutlich) nüchterne Piloten. Alles, wie es sein sollte.

Allerdings ging dieser Flug nicht nach Havanna, sondern nach Santo Domingo auf die Nachbarinsel. Mein gebuchter Flug nach Havanna hatte ´Overbooking`. So heißt das, wenn zu viele Flugkarten verkauft werden. Ich bin zusammen mit etwas über 20 Reiselustigen auf dem Madrider Flughafen hängengeblieben und musste 16 Stunden später auf diese Maschine in die Dominikanische Republik ausweichen. Von dort brachte uns ein Zubringerdienst in einem winzigen Inselhüpfer nach Kuba.

In Havanna wartete natürlich niemand mehr. Zoraida wollte mich zwar vom Flughafen abholen, hatte aber bereits am Vortag mit meiner Ankunft gerechnet. Tja, und wenn dann der Flug aus Madrid tatsächlich eintrifft, die erwartete Person jedoch nicht dabei ist, dann gibt es logischerweise erst einmal dicke Backen. Und danach hat diese Frau sofort umorganisiert. Das heißt, sie hat das Apartment der Flippie-Schwestern wieder storniert und ihren Urlaub verschoben. In meinem letzten Brief hatte ich sie gebeten, wieder die gleiche Wohnung zu organisieren. Von ihrem Urlaub wusste ich jedoch nichts. Wie dem auch sein, die Flughafenbehörde im José Marti hätte unsere verspätete Ankunft ja wohl auch per Durchsage ankündigen können, dann wären solche hektischen Reaktionen ausgeblieben.

Haben die aber nicht. Ich vermute mal, denen war die ganze Geschichte peinlich. Wenn die gewusst hätten, dass in jenen Jahren allein in Lloret de Mar an der Costa Brava ein Overbooking von 15 000 bis 20 000 Hotelbetten die Regel gewesen ist, ohne dass derartige Kleinigkeiten dort irgendwelchen Verantwortlichen schlaflose Nächte beschert haben, dann hätten die ihre eigene Fehlkalkulation vielleicht etwas lockerer gesehen.

So habe ich die erste Nacht in dem Hotel Deauville verbracht. Dieses sehr schlichte Hotel gehörte bei meiner Reisebuchung zu dem obligatorischen 3 Tage-Hotel-Paket. Aber ich hatte überhaupt nicht damit gerechnet, dass ich dort tatsächlich jemals übernachten würde.

Am nächsten Morgen greife ich mir die beiden zahntechnischen Fachbücher, um die mich Zoraida gebeten hatte, und mache mich mit einem Privattaxi auf den Weg zu ihrem Gesundheitszentrum in Cojimar. Mit bedrucktem Papier hatten die das in Kuba gerade nicht so in dieser ´Periodo Especial`, selbst die ´Gramna` wurde auf dünnstem Flatterpapier ausgeliefert. Aber andererseits war dieses Parteiorgan auch aus genau diesem Grunde immer schnell ausverkauft, denn dieses Dünnpapier verstopfte nicht so schnell die Toiletten, wenn es auf dem Klo kubanisch recycelt wurde.

Ich laufe also wie ein Vertreter mit Fachliteratur unter dem Arm bei der Zahnklinik auf und treffe Zoraida tatsächlich bereits wieder beim Bohren an. Sie lässt ihren Patienten in seinem Stuhl zappeln und führt mich in die winzige Kantine dieses Zentrums, wo ich ihr bei einem Kaffee mein letztes Flugabenteuer erzähle. Dann stürzt sie sich auf ihre neue Fachliteratur. Diese zwei Bücher waren unverschämt teuer gewesen, und dazu wogen die zusammen mehr, als das Gewichtslimit für kostenfreies Handgepäck bei meinem Flug erlaubte. Also musste ich die einchecken und extra für sie bezahlen. Aber es war das einzige Geschenk, um das sie mich jemals gebeten hat. Die Klamotten, die ich ihr bei meinem letzten Aufenthalt gekauft hatte, waren ja mein freiwilliger Beitrag zur Verschönerung der Umgebung gewesen. Zumindest meines persönlichen Umfeldes bei unseren spontanen Runden durch die angesagten Bars und Läden der Hauptstadt.

Ihr Patient hat sich inzwischen aus seinem Folterstuhl befreit, und taucht schreiend in der Kantine auf. Ich glaube, Zoraida hat den glatt vergessen, aber nun reagiert sie mit aller Autorität und Arroganz der fachlichen Expertin. Sie zeigt kurz auf das aufgeschlagene Buch und lässt sooo eine Überroll-Tirade auf ihren Patienten los, dass der nur noch stumm nicken und sich seine geschwollene Backe halten kann.

Ich verstand natürlich wieder einmal nur Bruchteile, aber es war ganz offensichtlich, dass sie dem armen Schwein gerade unterjubelte, dass sie die Fachliteratur nur wegen seines verkorksten Zahnes zu Rate ziehen musste. Und dass der eilig wieder seinen Behandlungsstuhl aufsuchen und sich in Geduld üben sollte, weil sie ansonsten mit der traditionellen Primitiv-Methode weiter herummurksen müsse. Wie auch immer, zur einführenden Begrüßung fand ich diese Szene schon recht passend. Jetzt noch eine gemeinsame Nacht in der Wohnung, und wir sind gleich wieder auf dem Stand von früher. So, als wäre ich niemals fort gewesen.

Der Preis meiner Wohnung war inzwischen allerdings gehörig gestiegen. Kubanische Inflation. Zoraida hatte mit den Nachtschwalben noch 20 USD pro Tag ausgehandelt, nach der Stornierung und erneuten Anfrage lag deren Preis bereits bei 25 Dollar. Doch ich hatte keine Alternative, denn ich brauchte ja genau diese Wohnung als Ausgangspunkt meiner photographischen Dokumentation. Allerdings ließ dieser Wucher die Sympathien für meine kubanischen Lieblingsschlampen dann doch ein wenig abkühlen.

*

Durch die Auszeit, die sich Zoraida für die Dauer meines Aufenthaltes in Kuba genehmigt hat, bekommt unser Verhältnis jetzt allerdings einen eheähnlichen Status. Die prickelnde Spannung zwischen Beziehungssicherheit und riskanten Abenteuern geht nun verloren, zumindest was das Umfeld und den Gebrauch der Wohnung angeht. Nun steigt nur noch Zoraida über Sperrmüllberge und hat auch bereits angefangen, einigen Nachbarn die Leviten zu lesen. In Kuba sind derartige Streitereien allerdings nicht allzu ernst zu nehmen. Sie werden oft genug von einer gemeinsamen Kaffeepause der Konfliktparteien unterbrochen, und falls ein Beteiligter sogar etwas Kuchen auftreiben kann, dann unterstreicht diese Geste ungemein das Gewicht seiner Argumente. Solche Auseinandersetzungen gehören gewissermaßen zum guten Ton gepflegter Nachbarschaftskontakte.

Zunächst müssen wir jedoch die Stätten meines vorherigen Aufenthaltes abklappern und auf Fotos bannen, dazu möglichst viele Konterfeis von beteiligten Personen. Es liegt jedoch in der Natur der Sache begründet, dass ich einige der interessantesten Gesichter und Bodys nun leider nicht mehr einfangen kann. Die parteieigene Sumpfblüte zum Beispiel oder auch die schwarze Supergranate aus der Minidisko. Aber Kuba hat ja immer wieder spannende Neuheiten zu bieten.

Einen Tag nehmen wir uns für den Bruder von Zoraida, der gerade zwei Wochen zuvor aus dem Knast entlassen worden ist. Er sieht wieder recht smart aus, dieser große schlanke Schwarze von 24 Jahren, aber seine Zeit im Knast steckt ihm schon noch in den Knochen. Er erzählt uns von dem jahrelangen Überlebenskampf in seiner Gemeinschaftszelle, die eigentlich eher ein Gemeinschaftshof mit 50 Insassen, als eine Zelle in der ursprünglichen Bedeutung dieses Begriffes gewesen ist. Dort muss sich jeder Knacki organisieren und einer Gang anschließen, weil er sein bisschen Hab und Gut 24 Stunden am Tag beschützen muss. Ignoriert oder versäumt ein Insasse diese Vorsichtsmaßnahme, dann wird er in kurzer Zeit vor die Hunde gehen, denn allein die von der Anstalt gestellte Essensmenge reicht in keinem Fall zum Überleben. Von den weiteren persönlichen Gegenständen des Gefangenen einmal ganz schweigen, die er sofort abschreiben kann, falls der schützende Zusammenschluss mit anderen Zellengenossen einmal versagt. Auch das Gefangenensystem auf Kuba lässt sich wohl am Besten mit dem Begriff ´Overbooking` beschreiben.

Als Souvenir bringt ihr Bruder eine riesige Zahnlücke von dem besagten Aufenthalt mit. Die gesamte rechte obere Zahnreihe hat er bei dem letzten Bandenkrieg eingebüßt, doch um diesen Verlust kann sich ja nun sein Schwesterchen kümmern. Zumindest an ausreichender Fachliteratur sollte es ihr ja nicht mehr fehlen.

Carolina

Am Ende dieser Woche läuft mir eine völlig anders gestrickte Powerfrau über den Weg. Vielleicht wäre es treffender zu sagen, ich laufe ihr über den Weg, denn sie steht vor dem Eingang des Habana Libre und wartet auf so eine Figur wie mich, die sie mit in den Hotelbereich hineinlotsen kann. Sie will bei der internationalen Verbindungszentrale des Hotels ein Auslandsgespräch anmelden und braucht einen Lift durch den Eingang. Das ist natürlich kein großer Akt, mach ich doch gerne, junge Frau! Würde doch jeder andere Gringo auch machen. Doch während sie auf ihre Verbindung wartet, schielt sie von der Telefonzentrale zu mir hinüber und bekommt mit, dass ich das Interieur dieses Hotel aus allen möglichen Winkeln photographiere. Ohne es zu ahnen, habe ich nun ein echtes Interesse bei ihr geweckt.

Die Frau ist weiß, schlank, so um die 19 oder 20 Jahre alt und hinterlässt bei einem Mann einen ganz anderen Eindruck als normalerweise ihre Altersgenossinnen in Kuba. Zwar ist sie hübsch wie fast alle jungen Frauen auf dieser Insel, ohne jedoch dabei besonders attraktiv zu wirken. Sie ist nicht einmal sonderlich gepflegt, was ihre Kleidung oder die Haare betrifft, sondern sie bewegt sich mit dem eher ein wenig schlampigen – oder ich will mal sagen – vernachlässigten Outfit jener Frauen, die sich ihres Wertes und ihrer Ausstrahlung völlig sicher sind. Denn ihre Wirkung auf andere Personen ist von einer Intensität, dass selbst unbeteiligte Fremde sich manchmal fragen, welcher Blitz sie eben gerade getroffen hat, weil sie sich von einer Stimme angesprochen fühlen oder von Blicken eingefangen werden, die bisher unbekannte Saiten ihres Gefühlslebens in Schwingungen versetzen.

Ich sollte in den nächsten Tagen mehrmals Zeuge von den verwunderten Blicken zufälliger Bekanntschaften werden, die sich verwirrt zu fragen schienen: ʹWas war das denn? Wer hat mich bloß gerade eben dermaßen aus dem Tritt gebracht? Das kann doch unmöglich diese Rotz-Göre an der Seite des Gringos gewesen sein!ʹ

Sie ist die Tochter der bekanntesten Schauspielerin des Landes. Ihr Vater ist Regisseur und wurde schon bald einer der wenigen Filmschaffenden dieser Insel, die durch eine spätere Schaffensphase ohne den Druck festgelegter ideologischer Ausrichtung auch in westlichen Ländern große Anerkennung fanden. Ich will sie an dieser Stelle einmal Carolina nennen, obwohl sie nicht wirklich so heißt. Denn natürlich hatten ihre Künstlereltern diesem Kind den prägenden Vornamen einer weltbekannten Schauspielerin gegeben, um ihrem Nachwuchs einen markanten Baustein für den weiteren Lebensweg gleich in die Wiege zu legen.

Inzwischen ist diese Muchacha jedoch längst selbst zu einer bekannten Schauspielerin und Autorin herangewachsen, und ihr damals von ihren Eltern in weiser Voraussicht verliehener Name hat heutzutage einen guten Ruf in Lateinamerika. Deshalb werde ich sie hier in dem Bericht mit diesem Pseudonym belegen.

Carolina wartet auf mich vor dem Eingang des Habana Libre. Dort nimmt sie meinen Kopf in beide Hände, und gibt mir unvermittelt einen intimen und ziemlich feuchten Kuss, den sie noch verlängert, indem sie die untere Hälfte meines Gesichts mit einem langen Streich ihrer Zunge ableckt, nachdem sich unsere Lippen getrennt haben. Nie zuvor (und nie wieder danach) bin ich auf diese Art geküsst worden, und ich bin mir selbst auch nie vollständig darüber im Klaren gewesen, ob dieser Leckkuss auf mich eigentlich erotisch, albern oder eventuell nur klebrig gewirkt hat. Aber es war der intime Standardkuss dieser Frau, wobei es für sie absolut keine Rolle gespielt hat, ob sie ihn mir während eines trauten Beisammensein in geschützter Zweisamkeit oder bei vollem Tageslicht und in aller Öffentlichkeit draufgedrückt hat. Sie hatte ihn stets in ihrem Repertoire.

Bei diesem ersten Mal jedoch war ich zunächst doppelt überrascht, denn mir war nicht bewusst, womit ich mir diese intime Vertraulichkeit eigentlich verdient hatte. Mein Lotsendienst durch den Eingang des Hotels war ja keine große Sache gewesen und hätte vielleicht ein freundliches Lächeln verdient. Oder meinetwegen auch einen Zettel, wie sie mir auf dieser Insel bereits früher von den Muchachas zugesteckt worden sind. Eine Art Gutschein mit Aussicht auf ein mögliches Treffen irgendwann.

Doch Carolina wollte Fotos. Zunächst einmal Aufnahmen von sich selbst direkt vor der Eingangskulisse dieses Hotels. Und bevor ich mich noch entscheiden kann, ob ich diesem Ansinnen überhaupt nachkommen will, hat sie sich bereits einen gerade aus der Tür getretenen Touristen gegriffen, um sich mit ihm zusammen in Positur zu stellen. Ich denke mal, der hatte ebenso wenig eine Chance, zu dieser Aktion nein zu sagen wie ich. Genauso wenig wie der Portier und die zwei weiteren Ausländer, die sie sich in den folgenden Momenten zurechtstellte.

Aber ich muss zugestehen, dass Carolina sich während dieser Foto-Session wie durch Zauberhand von einer frechen Göre mit Zungenkuss in eine elegante Dame von Welt verwandelt, die es versteht, ihren zufällig gewählten Komparsen ein Gefühl des Stolzes darauf unterzuschieben, mit ihr auf einem Photo verewigt zu werden. Sie ist die geborene Schauspielerin mit einer charismatischen Kraft und Ausstrahlung, die selbst völlig Unbeteiligte unwillkürlich in ein von ihr vorgegebenes Rollenspiel mit einbeziehen kann.

An diesem ersten Tag verlangt sie von mir, dass ich den Film in meiner Kamera gleich hier bei dem Fotoshop des Hotels abgebe, damit sie am nächsten Tag die Bilder betrachten könne. Sie wartet also nochmals auf mich vor dem Eingang, um auf den Treppen zur Straße meine Hand zu ergreifen. »Okay,« meint sie, »jetzt können wir in dein Hotel gehen.«

*

Als wenn das so einfach wäre!

Ich erkläre ihr, dass ich nicht in einem Hotel, sondern in einem privat gemietetem Apartment hier gleich um die Ecke wohne. Leider hält sich just in diesem Moment eine intime Freundin in meiner Wohnung auf, die vermutlich nicht gerade in Freudentänze ausbrechen wird, wenn wir beide dort in eindeutiger Absicht zur Tür hinein marschieren.

Daraufhin schlägt sie mir vor, zunächst den nahe gelegenen Eispavillon Coppelia aufzusuchen, um dort in Ruhe für das Projekt ´heiße Nacht` Pläne schmieden zu können. Vor einem in dieser Hitze schnell dahinschmelzendem Eis erzählt Carolina von ihrer berühmten Mutter, und erklärt mir den Stand ihrer eigenen Ausbildung und ihrer Karriere als Schauspielerin. Sie berichtet mir von einer Theatergruppe mit jungen Nachwuchsschauspielern, die von ihr selbst aus dem Nichts heraus aufgebaut wurde, und die sie bis heute anleitet. Sie redet, als wäre sie bereits seit Jahrzehnten in dieser Branche, dabei ist sie doch selber gerade höchstens zwanzig Jahre alt. Über ihren noch berühmteren Vater verliert sie allerdings kein Wort. Vielleicht können die beiden nicht so gut miteinander.

So langsam dämmert es mir, dass ich selbst in ihrer unmittelbaren Zukunftsplanung, die sie sich in diesem Moment neu zurechtzimmert, wohl die Rolle des Photographen und Managers einnehmen soll. Und im Gegenzug wird sie meine Geliebte.

Natürlich weise ich sie darauf hin, dass ich kein Manager oder gar Promotor bin, dass mir ihre ganze Kunstrichtung reichlich verschlossen ist und ich keinerlei Kontakte zu Leuten aus diesem Metier unterhalte. Ich bin auch ein lausiger Photograph, der nur aus reiner Verlegenheit so getan hat, als wäre ein Hauch von Professionalität in seinem Handeln. Ich schreibe Artikel, sonst gar nichts, und ich hoffe nur, dass mir wenigstens das Talent eines guten Beobachters beschieden ist.

Carolina lassen meine Einwände völlig unberührt. Für sie sind wir beide Figuren in einem Spiel, das erst vor ein paar Stunden begonnen hat. Schauspieler des Lebens in einer Realität, die stets neu geformt und verändert werden kann. Und ein guter Schauspieler kann besser sein als das Original.

Der Schurke schurkischer als der schlimmste lebende Bösewicht, der gespielte Politiker noch skrupelloser als ein amerikanischer Präsident, und der Gütige gottgleicher als Jesus. Ein Schauspieler muss nur sein Bestes geben, alles aus sich herausholen, das Letzte geben, und er kann die Realität um Längen schlagen. So werde ich von Carolina zum besten Fotografen auf Kuba befördert und zu dem erfolgreichsten Manager ever. Sie selbst hingegen wird die hingebungsvollste Geliebte dieser Insel werden. Jetzt müssen wir nur noch ein wenig an den Details arbeiten.

Für den nächsten Tag machen wir einen Treff vor dem Habana Libre aus. Ich werde die entwickelten Bilder abholen und ein paar neue Filme für ein Casting ihrer Theatergruppe besorgen.

Und Carolina wird sich die Finger kribbelig telefonieren, um eine private Wohnung für unser fest eingeplantes intimes Stündchen zu organisieren.

*

Den ganzen Vormittag verbringen wir in dem Stadtteil Miramar und suchen die Wohnungen von verschiedenen Familien auf, die mit ihren Eltern seit Jahren beruflich verbunden sind. Carolina wird von all diesen Leuten herzlich empfangen, denn ein Mitglied ihres Clans findet hier immer ein offenes Ohr, auch wenn unser Anliegen ein wenig ungewöhnlich ist. Aber Carolina verpackt unser Begehren in den blumigen Rahmen einer unerfüllten Liebesgeschichte, die irgendwo zwischen der Tragik von Romeo und Julia und den Begrenzungen von Apartheidspolitik angesiedelt ist.

Wir ernten Verständnis und Bedauern und erhalten jede Menge Tips. Doch soweit, spontan die ganze Wohnung zu räumen und den Tag mit Kind und Kegel am Strand zu verbringen, wie sie das vorher eingeplant hat, geht das Mitgefühl dieser Bekannten nun doch nicht. Ein mexikanisches Künstlerpaar findet sich immerhin dazu bereit, das Kinderzimmer frei zu machen, und uns dieses Zimmerchen zur Verfügung zu stellen. Vorausgesetzt, dass wir uns nicht von einem gelegentlichen Betreten dieses Durchgangszimmers gestört fühlen würden.

Aber jetzt ziehe ich die Notbremse. Ich bin mir ja nicht einmal sicher, ob mir die ganz heiße Nummer mit dieser Frau überhaupt zusagen würde. Gewiss, wir sind beide in unserem Spiel gefangen. Aber wenn unsere gemeinsame Realität das Spiel in einem Spiel war, dann sollen die Requisiten einigermaßen passen und nach ´geiler Typ`, ´sexy Frau` sowie ´Himmelbett` aussehen. Oder zumindest sollte unsere Aktion auf einer ungestörten Spielwiese abgehen und nicht in einem Gitterbettchen mit frühreifen Gören als Zuschauer.

Morgen werden wir den nächsten Versuch in Guanabo starten, wo den Kulturschaffenden der Hauptstadt ein Gästehaus zur Verfügung steht. Heute jedoch müssen wir uns beeilen, um rechtzeitig in die Altstadt zu kommen, weil ihre Theatergruppe bereits in einer ehemaligen Tabakmanufaktur auf die angekündigte Photosession wartet.

Carolina dominiert ihre Gruppe in allen Bereichen. Sie hat die Autorität, das Können, den Ruf und ihren berühmten Namen in der Hinterhand, um nicht den geringsten Zweifel an ihrer leitenden Rolle aufkommen zu lassen. Und sie selbst bewegt sich mit der Geschmeidigkeit und Anmut einer Wildkatze bei den unzähligen pantomimehaften Kurzauftritten, die ihre Gruppe für die Session zusammengestellt hat. Ich bearbeite den Auslöser meiner einfachen Kamera wie den Abzugsbügel eines halbautomatischen Gewehrs, um halbwegs mit dem Fotoshooting nachzukommen. Und bevor wir noch zu den Standfotos kommen, habe ich bereits meine zwei Reservefilme verballert. Das bedeutet, dass wir für den folgenden Tag eine Wiederholung der Session einplanen müssen.

Die Gruppe legt an diesem Tag noch eine zusätzliche Trainingsstunde ein, als ich mich auf den Rückweg mache. Aber Carolina verabschiedet mich noch vor ihren Schülern mit einem intensiven Zungen-Leck-Kuss, um auch bei dieser Gruppe keinen Zweifel an ihrem ganz persönlichen Einsatz aufkommen zu lassen.

Und sie legt die morgige Session bereits auf den Vormittag, damit wir bei einem neuerlichen Anlauf am Nachmittag in Guanabo endlich ein geeignetes Lager finden.

*

Zoraida empfängt mich ein wenig unterkühlt in der Wohnung. Ich hatte ihr von Carolina und der Theatergruppe erzählt, denn irgendwie musste ich ja meine dauernde Abwesenheit begründen. Warum dann nicht gleich mit der Wahrheit?

Natürlich habe ich den Schwerpunkt meines Berichtes auf Theater, Gruppe und Fotos gelegt, sowie auf die sprudelnde Quelle von Erzählungen und Erklärungen kubanischer Rätsel und Merkwürdigkeiten, die Carolina für mich bedeutete. Dieses Kind aus einer Künstlerfamilie ist auch geistig enorm wendig und gut informiert. Sie besitzt ein breit gestreutes Interesse an der revolutionären Geschichte ihres Landes und kann die aktuellen politischen Tagesereignisse einordnen, denn sie ist in einem Umfeld aufgewachsen, dass sehr viel genauer die Machtkämpfe und Beweggründe des Regimes verfolgen kann, als es der normalen Bevölkerung möglich ist. Denn ihre Eltern erhalten – ebenso wie andere favorisierte Künstler – ihre Informationen oft genug ungeschminkt aus allererster Hand, weil sich hohe Funktionäre oder ausländische Politiker auf Staatsbesuch gerne mit Prominenten umgeben, um ein wenig Glamour in ihr abgeschottetes Dasein zu bringen. Bei solchen Gelegenheiten plaudern auch diese Machtmenschen gerne einmal aus dem Nähkästchen, um mit dem Gewicht delikater und geheimer Informationen die fehlende Eleganz und

Leichtigkeit ihres Auftretens zu kompensieren.

Von ihr höre ich zum ersten Mal von den kubanischen Verstrickungen in den Drogenhandel des Medellin-Kartells unter der Federführung von Raul Castro und der operativen Leitung des Militärkommandeurs Arnaldo Ochoa, der im Jahre 1989 geopfert wurde, um die Castro-Brüder reinzuwaschen. Die einzige Eigenmächtigkeit des Generals bei diesem Drogendeal hatte offensichtlich in der Erschaffung eines Reservefonds aus Gewinnrücklagen bestanden, mit dem Ochoa das kubanische System vor Erpressungen von US-Firmen und Exilkubanern schützen wollte, falls Fidel jemals etwas zustoßen sollte. Erst als viele Jahre später einer der engsten Vertrauten (und der bevorzugte Scharfrichter) des kolumbianischen Drogenbosses Pablo Escobar aus dem Gefängnis frei gekommen ist und seitdem sein Insiderwissen gegen gutes Geld in Interviews verkauft, sind einige Mosaiksteine dieser Zusammenhänge in das Bewusstsein einer breiteren Öffentlichkeit gelangt.

Die tragischen Hintergründe der überhasteten Entscheidung des Che Guevara, sich aus dem kubanischen Leben zurückzuziehen und die Staatsbürgerschaft dieses Landes aufzugeben, sind niemals bis zu dieser Öffentlichkeit gelangt, ebenso wenig wie die Einzelheiten der vielen Anschläge auf den ewigen Staatschef, die durchaus nicht alle von Exilkubanern oder den amerikanischen Geheimdiensten organisiert worden sind.

Einer derartig ergiebigen Insiderquelle kubanischer Realpolitik hat Zoraida nichts annähernd Gleichwertiges entgegenzusetzen. Notgedrungen akzeptiert sie meine Treffen mit Carolina, denn schließlich bekomme ich meinen aktuellen Aufenthalt auf dieser Insel ja von einer Zeitschrift bezahlt, der ich eine Reportage abliefern muss.

Sie entscheidet sich in dieser Situation für einen typisch kubanischen Kompromiss: sie wird von nun an morgens nach Hause zurückkehren oder ihren Tag mit Beschäftigungen in Havanna verbringen. Gegen Abend wird sie wieder in unserem Apartment auftauchen. Allerdings macht sie mir klar, dass sie sehr wohl manchmal auch tagsüber in der Wohnung auftauchen könnte, um sich dort mit Freundinnen aus der Hauptstadt zu treffen. In dieser Wohnung läuft also nichts, das hatte sie mir damit gut deutlich gemacht.

*

Wie zuvor treffe ich mich auch am nächsten Vormittag vor dem Eingang des Habana Libre mit Carolina, wo ich meine entwickelten Bilder abholen und weitere Filme einkaufen kann. Während der Session für die gestellten Standfotos in der Tabakmanufaktur kann ich mich jedoch entspannt zurücklehnen, denn bei diesen Aufnahmen photographieren sich die Schauspieler untereinander.

Als auch der letzte Film verschossen ist, nehmen wir vom Parque Central aus einen Stadtbus nach Guanabo. So ein ungarischer Ikarus verfügt offiziell über 36 Sitz- und 118 Stehplätze. In Havanna werden diese Zahlen locker verdreifacht, da genau so viele Fahrgäste mitgenommen werden, wie die Schieber der Transportgesellschaft in den Bus hineinpressen können. Aus diesem Grund ist es ratsam, den Guagua bereits an einer der ersten beiden Haltestellen zu erwischen, weil damit eine gewisse Chance besteht, sich die Personen auszusuchen, mit denen man bei der weiteren Fahrt zusammengepresst wird.

Ich glaube, aus genau diesem Grunde will Carolina, dass wir nicht mit einem Privattaxi, sondern mit diesem Guagua nach Guanabo fahren. Sie dirigiert uns beide im Verlauf des ersten Streckenteiles in eine strategisch vorteilhafte Standposition in der Mitte des Busses, wo wir von einer Gruppe junger Chicas umringt werden, die an diesem Tag ihr Glück am Strand von Habana del Este versuchen wollen. Kurz vor dem Stopp bei der Fortaleza de la Cabaña gibt sie mir den dringenden Rat, dass ich nun meine Arme mit der Fototasche hochstrecken und mich an dem oberen Halterohr festhalten solle.

Carolina hat meinen Körper umklammert, und in der nächsten halben Stunde erlebe ich eine derart intensive körperliche Nähe, wie sie nicht einmal das Pornoluder mit ihrem Trockensex erzeugen konnte. Zugegebenermaßen bin ich bereits reichlich angeregt in diesen Bus eingestiegen, denn meine Begleiterin hatte während der Photosession die laszive Eleganz und katzenhafte Spannung ihres ungeheuer beweglichen Körpers demonstriert, die ihr sonstiges schluderiges Herumgelatsche wie die Tarnung einer Raubkatze erscheinen lässt.

Warum sie ihren Gang so eindeutig verstellt, wo doch die Bewegung des Körpers, Blicke und versteckte Gesten mit den Händen die hauptsächlichen Signale bei den Frauen dieses Landes ausmachen, die sie permanent an ihre Umwelt aussenden, habe ich nicht verstanden.

Vielleicht will Carolina ja anders sein als all die üblichen Muchachas. Sie hat es mir nie erzählt.

Allerdings hat diese erotische Busexkursion zur Folge, dass ich mit einem reichlich durchschwitzten Hemd in Guanabo aus dem Bus steige. Ich säubere das Teil ein wenig an dem Wasserhahn einer Strandbude, hänge es zum Trocknen über einen Plastikstuhl und bestelle mir ein nationales Erfrischungsgetränk. Währen dessen sucht Carolina die UNEAC (kubanischer Künstlerverband) auf, um dort die Lage zu checken.

Sie braucht offensichtlich eine halbe Ewigkeit, um die richtigen Leute zu kontaktieren, die sich auch einmal zutrauen, eine Entscheidung zu treffen. Ich hinterlasse eine Nachricht für sie an der Bar und gehe zu dem nahegelegenen Strandabschnitt der Touristen und Hotels. Beide Strandzonen sind sich im Prinzip ziemlich ähnlich, mal abgesehen von den kleinen Dünen auf der Touriseite. Aber der Strand wird nur auf der internationalen Seite ab und zu von den Einsatzbrigaden gesäubert, und die Kubaner sind in ihrer Mehrheit ein Haufen gottverdammter Schweine, was ihr Umweltbewusstsein betrifft. Jedenfalls in den Jahren, in denen ich Kuba besucht habe. Selbst die gläsernen Flaschen von Hatuey oder Cristalbieren werden achtlos irgendwo in den Sand geworfen, obwohl tatsächlich vereinzelt Abfallkörbe an den Stränden stehen, die jedoch in aller Regel ignoriert werden. Das hat zur Folge, dass nicht nur reichlich Müll im Sand verstreut ist, sondern dass auch überall gefährliche Glasscherben herumliegen.

Ein Erfrischungsgetränk zu Pesopreisen ist auch nicht so ganz einfach zu genießen, denn es wird aus einem farbigen Pulver, Zucker und Wasser angerührt und ergibt selbst mit gestoßenem Eis ein etwas abenteuerliches Getränk. Aber gut, das lässt sich noch irgendwie runterwürgen. Falls jedoch jemand auf die Idee kommt, das Ganze mit einem Rum anzureichern, um sozusagen einen original 'Cuba Libre` zu mixen, erhält eine explosive Mischung mit verschnittenem Rum aus gegorener Melasse und einem schnell gegorenen Produkt des frisch geschnittenen Zuckerrohres, ähnlich dem brasilianischen Cachaça. Der feine Habana Club wird eben nur für den Export oder für Devisen veredelt.

Als ich eine Stunde später zurückkehre, sitzt Carolina etwas geknickt an der Bar und nippt an so einem klebrigen Brauseersatz. Ich frage sie erst gar nicht, denn es ist ja offensichtlich, dass sie keinen Erfolg hatte. Wir wandern den ganzen Touristenstrand entlang, um bei dem Atlántico oder Tropicoco eventuell ein Privattaxi zu erwischen. Carolina erzählt mir von dem Abenteuer einiger 'Balseros` (Bootsflüchtlinge) im letzten Jahr, unter denen sich auch ein Verwandter von ihr befand:

»Die hatten damals reichlich Seegang und versuchten auf einem Floß, nur mit Steuerruder und so einem winzigen Segel bestückt, genau nach Norden Richtung Florida zu steuern. Aber dann ging ihr einziger Kompass über Bord und sie hatten vollkommen die Orientierung verloren. Nach drei Tagen haben die endlich Land gesehen, lange wunderschöne Strände und gepflegte Hotelanlagen. Daraufhin haben sie ihre selbstgebastelten kleinen US Flaggen aus einer Plastiktüte geholt, sind damit in der Nähe des Ufers ins Wasser gesprungen und haben 'Miami, Miami` gebrüllt. Bis sie an den Uniformen der Küstenwache gemerkt haben, dass sie wieder in Kuba gelandet sind. Das war vor Varadero. Die konnten sich gar nicht vorstellen, das es auch in Kuba solche Strände gibt. Verdammt, von denen ist doch noch nie einer in Varadero gewesen. Da kommt ein normaler Bürger dieses Landes ja auch nicht so einfach hin!«

Während der Rückfahrt nach Havanna versuche ich Carolina ein wenig zu trösten.

»Es sieht ja wohl so aus, als stehen die Gestirne gegen uns, Carol. Du wirst wohl als Jungfrau sterben müssen, zumindest was meine Person betrifft.«

Aber Carolina ist empört: »Wie kannst du jetzt aufgeben? Morgen wird es klappen. Ich habe die Adresse von einem Hotel in La Habana bekommen, wo Kubaner sich zusammen mit Ausländern einmieten können. Das geht allerdings immer nur am Vormittag, deshalb ist es für heute schon zu spät. Aber ich versichere dir, Morgen bekommen wir unser Zimmer. Diese Tour heute war nicht umsonst.«

*

Am nächsten Tag steht sie nicht um 10 Uhr vormittags vor dem Habana Libre, wie es ausgemacht war. Ich warte eine Weile und gehe dann zur Coppelia Eisdiele, vielleicht zieht sie ja aus irgendeinem Grunde dort ihre Runden. Selbst zu diesen Vormittagsstunden steht bereits eine riesige Schlange vor dem Eingang und ich benötige mehr als eine halbe Stunde, um mich durch die Wartenden zu drängeln, aber ich kann die Frau nirgends entdecken. Als ich kurz vor 11 Uhr noch einmal bei dem Hotel vorbeischaue, sehe ich Carolina auf der gegenüberliegenden Straßenseite der Avenida 23 an der Ecke des Yara Kinos stehen. Sie berichtet mir, dass meine schwarze Freundin aufgetaucht sei und ihr Prügel angedroht habe.

»Sie hat gesagt, dass sie deine ´Novia` sei!«

»Ja klar, das hatte ich dir doch gesagt. Wieso kennt ihr euch eigentlich?«

»Ich kenne sie gar nicht. Sie hat uns nur irgendwann einmal zusammen gesehen. Also ist sie nun wirklich deine Novia oder ist sie es nicht?«

»Was verstehst du genau unter ´Novia`? Da, wo ich her komme bedeutet, das gar nichts. In Spanien ist eine Frau nach der ersten Nacht eine Novia. Oder auch dann schon, wenn du einer Chica einen leichten Klaps auf den Arsch gibst, und sie lächelt dich dabei an, dann ist die von da an deine Novia. Allerdings kann man den Girls in Europa nicht mehr auf den Hintern hauen, da handelt Mann sich sofort eine Strafanzeige ein. Oder den Zorn der lokalen Frauenbrigade, das ist dann noch heftiger. Aber der Begriff Novia selbst sagt gar nichts mehr, okay? Und - willst du jetzt lieber passen? Zoraida ist ganz schön durchtrainiert!«

»Estas loco? Komm, wir fahren jetzt zu dem Hotel!«

»Dauernd werde ich hier in La Habana gefragt, ob ich loco bin. Das ist wohl eure Lieblingsfrage. Also gut, lass uns losziehen.«

Während wir nach einem Privattaxi Ausschau halten, geht mir der Vorfall zwischen den beiden Frauen durch den Kopf. Mir wird ein wenig mulmig dabei, denn so eine Geschichte könnte schnell einmal eskalieren.

Von der rein physischen Seite her habe ich keine Zweifel, dass Zoraida eine Widersacherin locker mit einem angespitzten Bleistift erstechen könnte. Vermutlich sogar mit einem stumpfen Stift. Oder mit einem von ihren neuen Fachbüchern erschlagen.

Auf der anderen Seite kann Carolina zaubern. Nicht so wie Harry Potter oder die Hexe im Märchen, aber sie kann die Szene in ihrem unmittelbaren Umfeld beeinflussen, verwandeln und steuern. Und damit auch die Gefühle und Handlungen der beteiligten Personen, sofern sie selbst ebenfalls ein Teil dieser Verwandlung ist. Sie kann durch die Wahl ihrer Ausdrücke, Betonungen, durch Gesten und Mimik den Zeitpunkt einer

Szene mit Leichtigkeit in jene dunkle Vergangenheit zurückdrängen, in der Urängste entstanden sind. Dorthin, wo wir lebensbedrohlich verwundbar sind. Jeder wirklich gute Bühnenschauspieler beherrscht diese Magie, denn sonst wäre das klassische Theater längst ausgestorben.

Carolina könnte sehr wohl in einer Auseinandersetzung die Datumsuhr um – sagen wir einmal – 120 bis 150 Jahre zurück drehen. Zumindest in dem subjektiven Empfinden aller Betroffenen. Und dann hätte Zoraida schlechte Karten, weil zu Zeiten der Sklaverei in Kuba jeder körperliche Angriff einer schwarzen Person auf eine weiße Frau unweigerlich zu Prügelstrafe oder Schlimmerem geführt hätte, selbst wenn die Angreiferin zu den 'Heilerinnen` gehört hat. Da blieb einer Beschuldigten dann oft nur der Sprung in den Atlantik als letzter verzweifelter Ausweg.

Ich behaupte nicht, das Carolina so handeln würde. Aber sie könnte es, denn es liegt in ihrer Macht. Daran habe ich nicht den geringsten Zweifel.

Aber dann beruhige ich mich mit dem Gedanken, dass die Hotelgeschichte ja wohl sowieso nicht hinhaut und sich somit meine Schreckensphantasien als bloße Hirngespinste erweisen werden.

*

Hat ja auch nicht hingehauen. Der junge Rezeptionist in diesem mickrigen Hotel entpuppte sich tatsächlich als standhafter moralischer Felsen inmitten einer alles überspülenden Flutwelle des allgemeinen Sittenverfalls.

»Nein, hier können nur verheiratete Paare ein Zimmer mieten! Oder zumindest müssen die Heiratspapiere eingereicht worden sein, und wir bekommen eine Kopie vorgelegt.«

»Aber unsere Entscheidung hängt doch genau von dieser Nacht

ab. Wir müssen doch erst einmal erforschen, ob wir überhaupt zusammen passen. Dafür ist dieses Hotel doch da. Wie sollen wir das denn sonst jemals erfahren?«

Aber der ließ sich nicht erweichen. Nicht einmal, als ich ihm den doppelten Preis für ein Zimmer anbot. Als Carolina ihm dann noch ein: ´eres marica, o que?` (wohl schwul, was?) ins Gesicht schleuderte, konnten wir diese Möglichkeit auch abhaken.

Blieb noch der Versuch mit der Dachterrasse. Ich glaube, es war das Hotel Ambos Mundos, aber ganz sicher bin ich mir heute nicht mehr. Jedenfalls war es ein Hotel mit einer Bar auf dem Dach und einem kleinen Schwimmbad, das in einer tiefer liegenden Dachebene versenkt war. Dieses Schwimmbad hatte gerade kein Wasser, weil es dem Hotel in diesem Monat an Chlor fehlte, wie mir der Barkeeper später erzählte. Aber das hatte für uns keine Bedeutung, wir waren ja nicht zum Schwimmen hierher gekommen.

Wir wollten ein englisches Paar spielen und mit dem Hotelfahrstuhl bis auf die Dachterrasse hochfahren. Nach einer angemessenen Pause werde ich sodann wieder ins Erdgeschoss herunterfahren, um bei der Rezeption für eine Nacht ein Zimmer in diesem Hotel zu mieten und Carolina von der Terrasse in dieses Zimmer zu geleiten. Das war der Plan.

Natürlich sollte das Ganze ein wenig theatralischer ablaufen, wir hatten während unserer kleinen Mittagspause bei einer Imbiss-Mahlzeit ja extra für den ganzen Ablauf geübt: ´Wonderful, wonderful`- Küsschen, Küsschen - ´please darling, let us stay one night in this wonderful place` – Küsschen, Küsschen.

Alles sollte eigentlich passen: Carolina ist hellhäutig genug, um als Kanadierin oder zur Not auch als Engländerin durchgehen zu können, ihre schauspielerischen Fähigkeiten stehen außer Frage, und wir beide sprechen englisch. Dass ich dann an der Rezeption einen deutschen Pass vorzeigen würde, sollte bei unserer sonstigen Vorarbeit wohl keine so entscheidende Rolle mehr spielen. Wichtig ist nur, dass sie nie spanisch redet. Den so typischen kubanischen Akzent bekommt auch eine begnadete Schauspielerin nicht so schnell unter Kontrolle. Also spricht sie gar kein spanisch, und ich werde mit allen Angestellten reden.

*

Natürlich hat Carolina ihre Rolle dann ein wenig überzogen, aber wann bekommt eine Schauspielerin schon einmal eine Chance, auf der Bühne des wirklichen Lebens zu spielen? Sie entscheidet sich für den schluderigsten Gang aus ihrem Repertoire und für die Show einer nörgeligen Quasselstrippe, als wir durch das Hotelportal eintreten. Im geeigneten Moment produziert sie eine gigantische Kaugummi-Blase und quatscht den uniformierten Liftboy zu unserer Rechten auf englisch an, dass sie jetzt ganz dringend einen Cocktail brauche, und dass er uns sofort zur Dachterrasse hochfahren solle.

Ich zucke resigniert die Achseln, so als wenn ich dem versichern will, dass mein Leben auch nicht immer ganz einfach sei, denn schließlich sei ich ja mit dieser Alkoholikerin verheiratet. Dann erkläre ich ihm auf spanisch, dass wir zu der Bar auf dem Hoteldach wollen. Das hätte der wohl auch so verstanden, aber bis hierhin hatte Carolina unsere Rollen vorher genau festgelegt. Jetzt fahre ich also mit einer zickigen englischen Tussi nach oben, weshalb hoffentlich kein Kubaner auf die Idee kommen wird, dass irgendwie Lust oder Sex im Spiel sein könnte, wenn ich nachher in der Rezeption ein Zimmer miete.

Leider spielt dieser bescheuerte Liftboy sein eigenes Spiel. Während der vorsintflutliche Fahrstuhl langsam nach oben ruckelt, bietet der Bursche mir doch kubanische Muchachas an: ´Muy, muy lindas, y muy sensual. Chicas, que saben moverse. No tan secas, como su Señora.`

(Sehr, sehr schöne und ganz sinnliche. Junge Frauen, die sich bewegen können. Nicht so trocken, wie Ihre Frau.)

Carolina haut auf den Nothebel und bringt den Fahrstuhl zwischen zwei Stockwerken zum Halten. Dann überbrüllt sie die Alarmsirene und nimmt sich in schönstem Schnellkubanisch den Liftboy zur Brust. Mein Gott, sie beherrscht das beinahe ebenso gut wie Zoraida. Also meine lieben Freunde, vermutlich kann das jede Kubanerin. Das solltet ihr bei euren Zukunftsplänen eventuell auch mit in Rechnung stellen.

Jedenfalls löst der geschockte Muchacho den Nothebel und fährt den Lift wieder nach unten. Aber Carolina bremst nochmals den Fahrstuhl und macht dem verschreckten Jungen klar, dass er uns gefälligst zur Terrasse bringen soll. Sonst meldet sie seine Kuppelangebote an höherer Stelle.

*

Auf der Dachterrasse sind an diesem Nachmittag nur zwei oder drei Tische besetzt. Ich hole uns Getränke von der Bar und will gerade noch einmal rekapitulieren, dass unser schöner Plan ja nun grandios gescheitert ist, als Carolina mir zu schweigen gebietet. Dann zeigt sie verstohlen auf die Sitznische neben uns, in der sich zwei Männer auf englisch unterhalten, und flüstert mir zu:

»Die beiden dort reden gerade über ein Filmprojekt.«

»Ja und?«

»Verstehst du denn nicht? Ein Filmprojekt hier in Kuba.«

»Ich begreife immer noch nicht, was dich so daran interessiert. Und wieso belauscht du eigentlich die Gespräche von anderen Leuten?«

Aber Carolina wischt meinen Vorwurf mit einer lässigen Geste beiseite: »Das ist doch unsere Chance. Du stellst dich vor und mischst dich in deren Gespräch. Dann komme ich dazu und kann den beiden bestimmt nützliche Tips und Kontakte vermitteln. Und am Ende bitten wir die, uns ihr Zimmer zur

Verfügung zu stellen. Lass es uns versuchen!«

Ich habe so etwas noch nie gemacht und fühle mich ziemlich unwohl bei dem Gedanken. Ein wenig komme ich mir wie ein Trickbetrüger vor und soll nun auch noch die Initiative ergreifen. Aber andererseits bin ich viel zu verstrickt in unser Spiel, als dass ich die ganze Idee einfach beiseite schieben kann. Genaugenommen ist es längst kein Spiel mehr, welches wir beide hier veranstalteten, oder zumindest geht es schon nicht mehr ausschließlich um Sex oder um eine heiße Nummer.

Wir waren inzwischen zu einem Gespann zusammengewachsen, dass ein großes gemeinsames Problem auf kubanische Art lösen wollte. Die hohe Schule des Überleben auf Kuba musste ich selbst erst noch lernen. Und Carolina war hierbei meine Lehrerin und ein erfahrener Player mit Heimvorteil, der Richtung und Methode vorgibt. Doch auch ich selbst brauchte nun den Sieg unserer Begierde über die absurden Begrenzungen aus dem vorgegebenen Moralverhalten, um aus der Abhängigkeit des Hilflosen wieder herauszukommen. Ein verordnetes Verhalten, dem keine wirklichen moralischen, religiösen oder sonst wie akzeptablen logischen Motive zu Grunde lagen. Doch diese Dynamik ist mir erst sehr viel später bewusst geworden.

Zunächst einmal nütze ich eine Gesprächspause in der Nische neben uns aus, als der Jüngere der beiden Männer in dem Fahrstuhl verschwindet. Ich stelle mich dem Älteren auf englisch vor und entschuldige mich sogleich, dass wir, ohne es zu wollen, das Gesprächsthema der beiden auf unseren Plätzen mitbekommen haben. Aber da es um ein Filmprojekt hier in Kuba geht, könnte eventuell meine kubanische Partnerin bei der Beseitigung von Hindernissen beitragen, da ihre Mutter eine der bekanntesten Schauspielerinnen dieses Landes ist und bei der UNEAC einen gewissen Einfluss hat. Und Hindernisse gibt es hier auf Kuba ja immer, nicht wahr?

Der Name UNEAC lässt ihn sofort hellhörig werden, anscheinend ärgert er sich mit denen gerade herum. Zumindest wird ihm bewusst, dass ich weiß, wovon ich spreche, denn kein

Europäer kennt normalerweise diesen Verein. Als Carolina dann gleich noch den Namen ihrer Mutter hinterherschießt, ist das Eis bereits gebrochen. Er lädt uns ein, in seiner Nische Platz zu nehmen und stellt sich seinerseits als schwedischer Regisseur von Dokumentarfilmen vor. Er will eine Doku über ein bestimmtes Dorf in Kuba drehen, und hat nun endlich nach einem Jahr Wartezeit eine Drehgenehmigung von den Behörden erhalten. Aber jetzt gibt es wieder neue Schwierigkeiten …

Carolina übernimmt nun das Gespräch und zieht aus dem Stegreif Namen, Behörden und Veranstaltungen aus dem Ärmel, die ihm eventuell nützlich werden können. Dieser ungemein nette Schwede betrachtet mit Wohlgefallen die Tochter der bekannten Schauspielerin, die er entweder persönlich kennt oder von der er zumindest bereits einiges gehört hat. Die beiden sind derart in ihr Gespräch vertieft, dass sein Begleiter sich recht bald wieder auf sein Zimmer in dem Hotel zurückziehen will, nachdem der Schwede ihn uns vorgestellt hat.

»Und dieser junge Mann hier ist ein englischer Freund, der extra nach Kuba gekommen ist, um mir bei den Dreharbeiten zu helfen. Und jetzt sitzen wir beide bereits seit Wochen untätig herum. Was hat euch denn eigentlich heute Abend in dieses Hotel geführt?«

Das war doch einmal eine Steilvorlage! Ich erzähle ihm unsere ganze traurige Liebesgeschichte. Von dem Begehren, dem Frust und den unzähligen Enttäuschungen bei unserem Versuch, nun endlich zueinander zu kommen. Ich brauche dabei nicht einmal etwas zu erfinden, wir haben ja bereits eine Reihe von Versuchen vorzuweisen. Nur die Tatsache, dass ich gar kein Hotel gebucht, sondern ein eigenes Apartment gemietet habe, lasse ich lieber aus meiner Erzählung heraus, um unseren neuen Bekannten nicht allzu sehr zu verwirren. Aber am Ende schließe ich meinen Bericht mit unserem letzten Versuch hier im Hotel Ambos Mundos und dem Scheitern unseres engagierten Planes durch das schamlose Verhalten des Liftboys.

Wir können bei unserem Schweden geradezu spüren, wie es in ihm arbeitet. Die pure Logik und seine Anteilnahme an unserem vermaledeiten Schicksal fordern von ihm geradezu, dass er uns sein Zimmer zur Verfügung stellt. Aber auf der anderen Seite sind wir trotz unserer ehrlichen Gesichter und der offenherzigen Art ja eigentlich gänzlich unbekannte Fremde in einem fremden Land. Und in seinem Zimmer lagert seine gesamte Ausrüstung. Aber dennoch, so netten jungen Menschen muss irgendwie geholfen werden. Bloß wie nur?

Genau in diesem Moment funkt Carolina in seine Gedanken und fragt ihn direkt, ob er uns sein Zimmer für ein paar Stunden zur Verfügung stellen könnte. Sie garniert ihre Anfrage gleich noch mit Informationen über eine Reihe von Veranstaltungen heute in La Habana, die er auf gar keinen Fall versäumen sollte. Ich schiebe schnell noch die Idee hinterher, dass er seine Wertsachen ja eventuell bei seinem Partner unterstellen kann, und biete ihm zur Not auch noch meinen deutschen Pass als Garantie an.

Jetzt kann unser neuer Freund gar nicht mehr ablehnen, und er willigt ein, uns seinen Schlüssel zu hinterlassen, sobald er seine technische Ausrüstung umgeräumt hat. Einmal entschieden entspannt er sich sichtlich und lehnt sogar meinen Pass ab. Aber die Informationen von Carolina für den heutigen Abend notiert er sich im Einzelnen, das würde ihm recht gut passen. Eine halbe Stunde später haben wir endlich unser Zimmer.

*

Ich stelle mich zunächst einmal eine Weile unter die Dusche, dieser Tag hat mich wieder einmal gehörig ins Schwitzen gebracht. Zwar hatte ich unserem Schweden versichert, dass wir seine Sachen nicht anrühren werden, aber ich denke, bei Shampoo und Handtuch kann ich schon einmal eine Ausnahme machen. Danach kehre ich frisch gesäubert und in froher Erwartung in das Zimmer zurück und will nun endlich diese

Frau ...

Doch die liegt immer noch vollständig ankleidet auf dem Bett und hat alle Viere von sich gestreckt. Von wegen raubtierhafte Spannung oder erwartungsvolles Lauern. Sie ist schlicht eingedöst. Auf dem Boden finde ich die zerknüllte Hülle einer großen Tafel Schokolade und neben dem Bett steht eine halb geleerte Whiskyflasche, die bei unserem Eintritt in dieses Zimmer noch nicht da stand.

Nun kann es natürlich gut sein, dass Carolina diese Flasche nicht mehr vollständig gefüllt vorgefunden hat. Aber ihr seliges Lächeln und ein rasselndes Schnorchelgeräusch beim Ausatmen sprechen leider eine andere Sprache. Außerdem hat die Frau eine richtige Fahne.

Das ist der absolute Supergau und hätte nicht passieren dürfen. Nicht nur, dass ich dem Schweden mein Ehrenwort darauf gegeben habe, dass ich auf seine persönlichen Sachen ein Auge haben werde, nachdem er großmütig meinen Ausweis als Sicherheit abgelehnt hat. Wir sind ja nun auch nicht ohne Grund fast eine Woche lang mit unermüdlichem Einsatz einem geeigneten Lagerplatz hinterhergejagt. Und nun hat diese Kubanerin ihre Begierde in Whisky ertränkt. Und meine erwartungsfrohe Geilheit gleich mit.

Aber nicht zum ersten Mal (und auch nicht zum letzten Mal) sollte ich eine kubanische Frau unterschätzen. Carolina wachte nach einem kurzen Erholungsschlaf wieder aus ihrer Erstarrung auf und wusste sogleich, wo und warum sie überhaupt mit mir in diesem Zimmer war. Sie wurde sofort wieder zu einer paarungsbereiten Raubkatze, nachdem sie kurz unter der Dusche die Last dieses Tages und ihre Alkoholdröhnung weggespült hatte. Aber jetzt hatte ich ein Problem. Besonders nachdem Carolina einen Karton von Präservativen aus ihrer Tasche gekramt hatte und mir erklärte, dass ich mindestens drei Exemplare übereinander stülpen solle, denn diesen chinesischen Gummis sei nicht zu trauen. Ich hingegen wollte überhaupt keine Präser benutzen. Nach all den Bemühungen und dem Erhalt eines ärztlichen Persilscheins vor gut zwei

Monaten hatte ich mir diese Ausnahmeregelung ja wohl verdient.

Letztlich haben wir einen Kompromiss gefunden und doch noch eine akzeptable Nummer hingelegt. Aber irgendwie war das erotische Endergebnis unserer Suche nach Glückseligkeit dann gar nicht mehr so wichtig. Der Weg ist das Ziel, lehrt uns der weise Konfuzius.

Dumm war allerdings, dass ich vor dem Hotel noch Stunden auf unseren Schweden warten musste, nachdem ich die Frau in ein Taxi verfrachtet hatte. Der hatte sich sämtliche Veranstaltungen und Events reingezogen, die Carolina ihm aufgeschrieben hatte. Und ich konnte den Schlüssel nicht einfach zur Rezeption bringen, nach diesem heftigen Blues mit dem Liftboy bei unserer Ankunft. Außerdem schuldete ich dem Schweden noch eine Flasche Whisky und eine Tafel Schokolade. Ich hatte dem mein Wort gegeben. Bei all meiner Kubanisierung der letzten Monate wollte ich nun doch nicht so mir nichts – dir nichts meine alte Identität vollständig über Bord werfen.

*

Zoraida verzog keine Miene und stellte überhaupt keine Fragen, als ich weit nach Mitternacht in unser Appartement geschlichen kam. Sie stellte mir ein Gläschen Rum bereit, gab mir einen freundlichen Kuss und legte sich wortlos schlafen. Erst am nächsten Morgen verlangte sie den ihr zustehenden Anteil an sexueller Aufmerksamkeit und Befriedigung.

Dabei hatte sie weder ihre Eifersucht noch ihre Verletztheit verdrängt oder gar vergessen. Drei Wochen nach meiner Abreise erhielt ich einen detaillierten und genauen Brief von ihr, in dem sie mir ihre damaligen Gefühle und Überlegungen haarfein beschrieb. Aber nach meiner abendlichen Hotelnummer blieben uns nur noch zwei Tage in Kuba, und Zoraida wollte diese Zeit unbelastet genießen. Eine mögliche Abrechnung oder zumindest eine angemessene Reaktion auf ihre Schlussfolgerungen musste noch ein Weilchen warten. Manchmal können kubanische Frauen richtig weise sein.

Carolina traf ich noch einmal kurz vor meiner Abreise. Wir feierten bei einem Gläschen unseren Sieg, wobei es gar nicht so klar war, über wen oder was wir eigentlich gesiegt hatten. Sie übergab mir eine Liste mit den Namen der Mitglieder ihrer Theatergruppe und von bekannten Stücken, die sie einstudiert hatten. Außerdem ein Manuskript von ihrer eigenen Produktion. Ich sollte also versuchen, eine Einladung zur Vorstellung bei einem spanischen Theater für sie zu erhalten. Irgendwie würde ich wohl einen Programmdirektor überzeugen müssen. Wie so etwas funktionieren kann, wenn man selber keinen Namen in der Branche hat und nicht wenigstens schwul ist, war mir ziemlich schleierhaft. Ich hatte ja noch nicht einmal ein Demovideo. Die Bilder und blumige Worte mussten ausreichen.

Um das Ergebnis vorweg zu nehmen:

Keine der von mir in Spanien angeschriebenen Personen oder Kontaktgruppen hat jemals reagiert oder auch nur die zugesandten Bilder zurückgeschickt. Vermutlich habe ich auch nicht die richtigen Fäden gezogen oder die falschen Leute kontaktiert, gut möglich. Aber ich war leider auf Informationen von Freunden angewiesen, die selbst auch keinen ganz direkten Draht zu dieser Szene vorweisen konnten. Weitere Adressen hatte ich schlichtweg dem Telefonbuch entnommen.

Irgendwann war ich es dann leid und habe selber eine Einladung nach Kuba verschickt. Eine getürkte Einladung natürlich, von einem Theater aus der spanischen Hauptstadt, das es so in Madrid gar nicht gibt. Möglich wurde diese Manipulation durch den Umstand, dass zu damaligen Zeiten die schriftliche Korrespondenz über Faxkontakte ablief. Und ich hatte die Faxnummer des zuständigen Künstlerverbandes. Also habe ich den Briefkopf eines Theaters aus Valencia mit der Adresse eines Madrider Theaters kombiniert und aus Madrid eine Einladung für die junge Theatergruppe an den Künstlerverband UNEAC gefaxt, zur Weiterleitung an den

Unterverband AAE (Bühnenkünstler) und zu Händen einer bekannten Schauspielerin, die so ganz nebenbei auch noch die Mutter von Carolina ist. Schön dekoriert mit der Fotokopie einer Theaterszene, die eindeutig einige Akteure der eingeladene Gruppe erkennen lässt.

Natürlich war diese ganze Aktion ein ziemlich hilfloser Versuch, meiner Verpflichtung nachzukommen. Ich hatte ja versprochen, dass ich mein Bestes versuchen werde, um etwas für diese Gruppe in Spanien zu erreichen. Immerhin hatte ich es versucht, aber mit einem Erfolg hatte ich selbst wohl nie gerechnet.

Doch ein halbes Jahr darauf erhielt ich mitten in der Sommersaison einen Anruf aus Madrid. Am Telefon war die Mutter von Carolina, die ich nie persönlich kennengelernt hatte. Sie war gerade in Madrid angekommen und wollte sich mit mir dort treffen. Ihre Tochter konnte ebenfalls Kuba mitsamt ihrer Gruppe verlassen, halte sich jedoch zur Zeit in Mexiko auf. Ja, und die Einladung wäre hilfreich gewesen.

Zu einem Treffen kam es nie, da ich mitten in der Saison nicht so einfach meine Arbeit für ein paar Tage im Stich lassen konnte. Und bis zum Herbst war der Kontakt dann abgerissen. Aber von dem Moment dieses Anrufes an hatte ich das Gefühl, alle meine eventuell noch offenstehenden persönlichen Rechnungen mit dieser Insel nun endgültig beglichen zu haben.

* * *

Mit der Veröffentlichung meines Kubaberichtes war diese Etappe für mich zunächst erst einmal abgeschlossen. Mir kam es so vor, als hätte ich in einem touristisch bisher wenig bekanntem Land mit seinen erstaunlichen Muchachas eine Schatztruhe voll von Überraschungen gefunden, deren weitere Erkundung und (partielle) Inbesitznahme nun von der nächsten Generationen touristischer Erforscher und Eroberer dieses Männerparadieses erfolgen wird.

Für mich selbst hingegen war das Kuba Kapitel vorläufig beendet. Ich war mir sehr wohl bewusst, dass ich bei einer weiteren Vertiefung meiner Beziehungen mit den ungemein verlockenden kubanischen Muchachas schwerlich von der Insel wieder losgekommen wäre. Doch es gibt auf dieser Welt auch noch andere Regionen zu erforschen, und 'el Rubio` hatte mir gerade eine Einladung aus Manila geschickt, wohin er nach seiner vorzeitigen Abberufung aus Angola nun von seinem Arbeitgeber, der spanischen Cooperación Española, geschickt worden war.

In den folgenden beiden Jahren habe ich meinen Urlaub auf den Philippinen verbracht. Asien statt Mittelamerika, 7000 Inseln an Stelle einer einzigen. Für eine oberflächliche Betrachtung scheinen zwischen beiden Regionen im wahrsten Sinne des Wortes 'Welten` zu liegen und es lassen sich kaum Gemeinsamkeiten erkennen. Doch beide Länder waren jahrhundertelang spanische Kolonien gewesen und sind zur gleichen Zeit nach dem Rückzug der Spanier unter US-amerikanische Kontrolle gelangt. Und hier wie dort hat es der US-Dollar geschafft, ein vorher unbekanntes (und in dieser Form undenkbares) Angebot von jungen Frauen für devisenbringende Ausländer zu etablieren. Dies ist ein Erbe, welches die Yankees stets nach ihrem Abzug in einem verarmten Land hinterlassen.

Carlos, den ich im Haus des Blonden in Manila kennengelernt hatte, wusste dies natürlich, denn er ist viel herumgekommen. Er war damals der Chef der Flugkontrolleure des El Prat von Barcelona und konnte die verschiedenen Fluglinien um beliebig viele Tickets anhauen. Kontrolleure haben Befehlsgewalt über alle Maschinen, die sich in ihren Bereich begeben, und verordnen den Fliegern die Warteschleifen und Landepisten. Jede Fluggesellschaft will sich mit gut mit diesen Sheriffs der Lüfte stellen, denn eine ungünstige Warteschleife bedeutet unnötig verjuckeltes Kerosin und kann für die betroffene Gesellschaft richtig teuer werden. Aus diesem Grund wird den Kontrolleuren wohl selten ein beantragter Freiflug verwehrt.

Doch in den letzten Jahren flog Carlos nur noch den Doppelpackurlaub Kuba-Philippinen oder umgekehrt Philippinen-Kuba, um seinen Androgenhaushalt für das halbe Jahr bis zum nächsten Urlaub zu regulieren. Das ersparte ihm eine unsichere Brunst in Spanien, und er konnte sich zu Hause voll auf seinen Job und seine sonstigen Hobbys konzentrieren.

Bei einem Drink am Pool des Hauses unseres gemeinsamen Freundes in Manila hatten wir beide unsere Kubaerfahrungen ausgetauscht und dabei locker verabredet, demnächst einmal gemeinsam nach Kuba zu fliegen. Ich persönlich hatte damals diese Verabredung nicht besonders ernst genommen, denn ich hatte mit meinem philippinischen Girl gerade eine Reihe von Exkursionen auf den Inseln unternommen und war tief in diese neue Welt eingetaucht. Nach der Rückkehr aus dem Guerillagebiet der NPA (New People Army) im Norden von Luzon, wo wir die überlebenden Mitglieder ihrer Familie aufgesucht hatten, war ich noch geschockt und völlig fasziniert von den Geschehnissen und Erfahrungen dieses riskanten Trips. Die ebenfalls verarmte, aber von Lebensfreude überschäumende Insel in der Karibik lag für mich zu dieser Zeit irgendwie auf einem anderen Planeten.

Aber Carlos ist mit den Philippinen nie so richtig warm geworden, obwohl er wie aus Zwang immer wieder dort hingefahren ist. Also gut, eines seiner Hobbys war das Tauchen, und diese Leidenschaft ließ sich in jenen Jahren auf den Philippinen noch einfacher ausüben als auf Kuba, obwohl es natürlich auch an der karibischen Seite von Kuba exzellente Tauchreviere gibt.

Die kleinen philippinischen Girls passten jedoch nicht so gut zu diesem wuchtigen und etwas melancholischen Spanier mit dem schweren Gang und der behäbigen Sprechweise der asturischen Bauern. Carlos sprach ein hartes Englisch wie ein Dampfhammer und erschreckte diese zierlichen Kindfrauen, selbst wenn er ihnen Scherze zuwarf oder Komplimente machte. Ich sollte wohl besser sagen, Carlos passte nicht zu diesen Schmetterlingen, weder im Bett noch bei einem Ausflug auf eine romantische Insel, obwohl er sie natürlich mit der Kraft seiner Dollar zu jeder Aktivität überreden konnte.

Doch auf Kuba fühlte sich Carlos zu Hause, vielleicht mehr als in Katalonien. Hier fand er zuhauf handfeste Frauen, die gerade auf so einen wie ihn gewartet hatten. Frauen, mit denen er sein Bett und seine Leidenschaft für schweres Essen teilen konnte, und die ihn inbrünstig und begeistert bei seinen spirituellen Versenkungen in das Reich der Orishas begleiteten. Denn inzwischen lagen ihm die kubanischen Gottheiten der Santeria weit mehr, als die katholischen Heiligen seiner Kindheit in Asturien.

Für ihn war unsere oberflächliche Planung eines gemeinsamen Trips viel ernsthafter, als es mir zu diesem Zeitpunkt bewusst gewesen ist. Und gut ein halbes Jahr später erhielt ich einen Anruf aus Kuba. Carlos war bereits in Havanna und hatte für uns beide eine Unterkunft klargemacht. Ich brauchte mir nur noch schnell ein Flugticket besorgen.

*   *   *

Loreta

Auf Kuba hat sich in den letzten drei Jahren einiges verändert. Zumindest ist die Organisation des Tourismus professioneller und routinierter geworden. Internationale Fluglinien haben mit modernen und kostengünstigen Mittelstreckenjets den Transport der Kubatouristen übernommen. Die Flüge gehen mit Zwischenstopp in Halifax/ Kanada an der amerikanischen Ostküste entlang in die Karibik und enden in Varadero. Der Weitertransport nach Havanna erfolgt nun mit Bussen, welche die Hotelroute abfahren und Havannabesucher direkt an ihren vorgesehenen Hotels ausladen.

Mein Hotel ist das Panamericano in der Villa Panamericana nahe dem Leichtathletikstadion der Spiele von 1991. Diese Unterkunft war damals für die Sportler erbaut worden und ähnelt mehr einer Jugendherberge als einem Hotel. Aber egal, Carlos hat mir ja bereits ein Zimmer bei seinem Vermieter in der Stadt reserviert.

Allerdings kann ich ihn am Abend meiner Ankunft telefonisch nicht erreichen und checke notgedrungen zunächst einmal in diesem Minihotel ein. Ganz kurz spiele ich mit dem Gedanken, mich eventuell im Nachbarstadtteil nach Zoraida umzuschauen, denn ihre damalige Wohn- und Arbeitsstätte wäre von hier aus locker zu Fuß zu erreichen. Aber unsere Geschichte liegt nun schon über 3 Jahre zurück,und außerdem habe ich nur einen Kurztrip von einer Wochen buchen können. Das ist nichts für ein romantisches (und wohl auch schwieriges) Revival. Dann doch schon lieber mit Carlos des Nachts um die Häuser ziehen und wie geplant ein paar Tage herumwildern.

Eigentlich könnte ich ja auch gleich an diesem ersten Abend auf Kuba damit anfangen. Hier in der Villa ist alles viel primitiver und kleiner dimensioniert als in Havanna und sogar limitierter, als ich es aus der Region von Playas del Este in Erinnerung habe. Aber es gibt auch hier Frauen, Bars, bunte Beleuchtung und laute Musik. Und einen korrupten Nachtwächter an der Rezeption meiner aufgemotzten Jugendherberge. Mit dem habe ich schon vorsorglich einen Frauen-Durchlass-Preis vereinbart, als ich meine Geldbörse vor meinem Erkundungsgang bei ihm in den Safe eingeschlossen habe.

Etwas später am Abend habe ich in dieser Miniszene sogar ein schwarzes Geschoss in weißem Minirock und Top auf der Piste gesehen, die in ihrem Schlepptau noch ein paar ganz junge Hühner hinter sich herzog. Aber zu dem Zeitpunkt hatte ich mir bereits ein anderes Girl gegriffen.

Das war wohl mein Glück, denn kurz darauf torkelte ein Daddy auf die Tanzfläche, um dann irgendwie mit so einem Gewackel zwischen Tanzschritten und Hinfallen und mit aggressiv entgleisten Gesichtszügen durch die Tischreihen zu stolpern. Der versuchte ganz offensichtlich, seine Körperkontrolle zurückzuerlangen. Das war eine ganz merkwürdige Nummer, denn eigentlich sah der mehr wie die spanische Version eines Neckermann-Urlauber aus. Jedenfalls nicht wie einer, der zur Not auch mal hinlangen kann, wenn es mal etwas lauter wird. Ja, und die HiWis der schwarzen Diva fummelten dauernd an dem herum und wollten ihn wieder auf einen Stuhl an ihrem Tisch zwingen.

KO-Tropfen sind richtig heftig in ihrer Wirkung, ich hatte bereits in Spanien von dieser Droge gehört. Und nun haben wohl auch diese Errungenschaften der modernen Zivilisation auf Kuba Einzug gehalten. In jener Nacht wäre ich allerdings schwerlich auf dieses Teufelszeug gekommen, denn bislang hatte ich noch nie die Wirkung der Tropfen beobachten können. Als Carlos jedoch ein paar Tage darauf im Palacio de la Salsa auf ähnliche Art auf mich zutorkelte, sind mir die Zusammenhänge dann schlagartig klargeworden. Carlos ist damals noch auf seine eigene elegante Art wie eine asturische Eiche über einen Tisch gekracht, auf dem gerade eine Muchacha die erotischen Hüftstöße des Tanzes der kubanischen ´Locas` vorführte. Ich habe ihn dann unter dem Girl hervorgezogen und konnte gerade noch sein Portemonnaie ergreifen, das bereits in den Händen anderer ´Helfer` gelandet war.

An diesem ersten Abend in der Villa hatte ich jedoch noch keinen Schimmer, was dem Spanier passiert sein könnte. Aber die Stimmung war nun im Keller, und wir sind zurück in meine Jugendherberge gezogen. Meine Begleiterin fragte ich gar nicht erst, ob sie mit auf mein Zimmer kommen wollte. Die sah nun wirklich nicht so aus, als wenn sie zu irgendetwas nein sagen würde.
Eigentlich waren die Butzen in dieser Herberge Doppelzimmer, aber ich hatte Glück gehabt und eine Bude für mich alleine bekommen. Und so konnten wir uns völlig ungeniert in diesem Zimmer bewegen. Die Chica schiebt mich scherzhaft drängelnd vor das Herbergsbettchen, bis ich in meinen Kniekehlen das Eisengestell des Fußendes fühle. Sie öffnet meine Jeans und gibt mir einen leichten Stoß vor die Brust, der mich rückwärts auf das Bett befördert. Dann beugt sie sich über mich, zieht mir Jeans und Unterhose bis auf das Eisengestell unter meinen Knien und fängt ohne Umstände sofort an loszublasen. Ganz schön professionell, Madame!
 Vielleicht ja ein klein wenig zu professionell. Nach einer Weile steht sie auf, zieht ihre Klamotten aus, verschwindet in dem winzigen Badezimmer und dreht die Dusche auf. Das war schon merkwürdig, denn sie hatte noch nicht einmal zu Ende gelutscht. Ich kontrolliere jetzt meine Hosentaschen und stelle fest, dass der 50-Dollar-Schein, den ich dort noch gebunkert hatte, verschwunden ist. So liegt der Fall also! Eine blasende Diebin – oder eine plündernde Bläserin - wie auch immer. Auf jeden Fall eine Frau mit umwerfender Technik!
Als die Muchacha wieder erscheint, will sie dort weitermachen, wo sie vor dem Duschgang aufgehört hatte. Aber ich stelle sie

jetzt zur Rede und verlange den Fünfziger zurück. Natürlich beteuert diese Nudel ihre Unschuld und zeigt mir demonstrativ ihre leeren Hände. Dann fordert sie mich dazu auf, ihre Sachen zu durchsuchen. Doch jetzt schwant mir so langsam, wo sie den Schein versteckt haben könnte. Ich lege das Girl auf den Rücken und versuche in sie eindringen. Immerhin hatte ich ja immer noch einen hartnäckigen Wutständer stehen, und die 50 musste sich diese Chica ja erst einmal verdienen. Aber die Frau dreht und wendet sich jetzt und bittet mich flehentlich, doch eine andere Körperöffnung zu benutzen. Mit einem Ruck dreht sie sich dann auf den Bauch und streckt mir ihr Hinterteil entgegen. So etwas war mir bislang auch noch nie passiert.

Aber so einfach wollte ich es dieser Muchacha nun doch nicht machen. Ich greife sie mir und dringe in dieser Doggystellung vaginal ein: »lo siento, soy católico« (sorry, ich bin leider katholisch), was natürlich die Lüge des Jahrhunderts gewesen ist. Aber immerhin ist ein Arztbesuch in Kuba ja kostenlos. Soll der doch den weggebumsten Dollarschein wieder rauspulen. Keine Ahnung, ob man so einen Lappen auch waschen kann. Einerseits heißt es ja, Geld stinkt nicht, aber bei diesem Schein würde wohl jeder riechen können, wie die Moneten verdient worden sind.

*

Am nächsten Morgen erreichte ich Carlos dann unter der angegebenen Telefonnummer. Er hatte seine Zelte in Vedado in der Calle 21 aufgeschlagen, direkt gegenüber vom Hotel Capri. Na prima, in der Gegend kenne ich mich doch bestens aus!

Es war die Wohnung von dem CDR- Mann dieses Viertels, der (unter anderem) darauf achten soll, dass niemand seine Wohnung illegal an Ausländer vermietet. Das passte doch, denn in dieser Wohnung brauchten wir keine Kontrolle zu befürchten. Die neue Unterkunft hatte Telefon, Balkon und einen Besitzer mit eigenem PKW, der zur Not auch mal für uns den Taxifahrer machen konnte. Alles prima!

Mein Zimmer war allerdings nur ein winziges Kabuff mit einem Fenster zum Lichtschacht hin. Ohne die grelle Neonleuchte an der Decke konnte ich morgens kaum meine Hose wiederfinden, und ohne Ventilator war es dort auch nicht auszuhalten. Aber zum Glück waren die Tage des ständigen Stromausfalls in Havanna ja nun beinahe vorbei, und ausknipsen durfte man die Funzel sowieso nicht. Ansonsten brauchen diese 220 Volt-Leuchten mal gut und gerne eine halbstündige oder noch längere unstete Flackerphase, um mit den 110 Volt des kubanischen Netzes wieder zu erstrahlen.

Carlos hatte sich natürlich das größte Zimmer des Hauses gesichert, mit einem riesigen Doppelbett und integriertem Badezimmer, ´en Suite`, wie das auf kubanisch heißt. Die Wohnungseigentümer teilten sich zu dritt das restliche Schlafzimmer. Da ging es dann ein wenig gequetscht zu, aber schließlich flattern in dieser Stadt amerikanische Dollar nicht so einfach zum Fenster herein. Die müssen erst einmal verdient werden.

Gegen Abend kam die momentane Flamme von Carlos vorbei. Die war vermutlich auch hinter den grünen Scheinchen her. Doch zunächst musste sie aufpassen, dass die anderen Muchachas nicht allzu erfolgreich hinter ihrem Spanier her waren. Denn auf dieser Insel war Carlos mit seiner eingängigen Logik und seinem bodenständigen Charme ein gefragter Mann und einer der Renner unter den Nachtschwärmern. Hier auf Kuba hatte schließlich ein Galizier mit seinem rustikalen Charme und seiner Redekunst eine ganze Generation fasziniert und seit über 30 Jahren das Land geprägt.

Also stand die Muchacha von Carlos jeden Abend rechtzeitig vor der Tür, damit der bloß nicht entwischte und alleine um die Häuser zog. Sie war eine aparte Mulattin mit der besonderen Hautfarbe und dem fein gezeichneten Gesicht, das aus einer Vermischung von afrikanischen und asiatischen Erbanlagen entstehen kann. Auf ihren Charakter jedoch hatten ihre Spezialgene offensichtlich keinerlei Einfluss, wie ich bereits am ersten Abend erleben konnte.

Ich hatte ihr in einem Anfall von – ja, von was eigentlich? Arroganz? Leichtsinn? - Also jedenfalls mit einer gewissen Überheblichkeit gleich bei der Begrüßung angeboten, dass sie mir die Dame der Nacht aussuchen könne, wenn wir uns heute Abend ins Getümmel stürzten. Das war natürlich dumm, denn ich kannte die Frau ja überhaupt nicht. Eine Asiatin hätte sich wohl in aller Regel penibel genau überlegt und abgewogen, welches Girl sie mir vorschlagen werde, denn bei einer schlechten oder unpassenden Wahl könnte sie selbst leicht eine Menge Gesicht verlieren. Eine Afrikanerin hingegen hätte sicherlich ihre Schwester, Cousine oder Freundin alarmiert und zum Palacio de la Salsa beordert. Diese Muchacha jedoch reagierte 100% kubanisch. Sie hatte ihren Carlos, und der Rest war ihr ziemlich egal.

Sie sah nicht einmal hin, als sie aus der Schlange der wartenden Chicas vor dem Eingang irgendeine herausgriff und zu mir herüberschob. Da hätte ich genauso gut selbst Blinde Kuh spielen können. Dann hätte ich meine Gefährtin dieser Nacht wenigstens vorher erschnüffeln und abtasten können.

Aber dieser Zufallstreffer war dann doch nicht so ganz verkehrt. Glück gehabt! Sie war ein schlankes hellhäutiges Girl mit glatten schwarzen Haaren und einem ganz leichten indianischen Touch. Nicht unbedingt die Frau meiner Träume, aber sie war anschmiegsam und bedankte sich mit einem strahlenden Lächeln für die Eintrittskarte.

Der Palacio ist ein etwas in die Jahre gekommenes Showtheater mit festgeschraubten Sitzreihen auf einem zur Bühne hin abfallenden Boden. Die vorderen und mittleren Sitzreihen sind jedoch herausgenommen worden und durch einfache Holztische ersetzt, während direkt vor der Bühne eine kleine Tanzfläche freigelassen wurde. An die Längsseite des Raumes ist ein riesiger Tresen an die Wand montiert. Alles in diesem Saal wirkt improvisiert und ein wenig deproportioniert, was jedoch der Stimmung keinen Abbruch tut, denn der Laden wird von einer beeindruckenden Bühne dominiert, auf der heute die Gruppe ´El Médico de la Salsa` die Atmosphäre anheizt. Und in dieser Nacht erlebe ich zum ersten Mal den ´Tabledance` der ´Locas`. Eine von denen ist doch tatsächlich wieder so eine schwarze Granate mit grünen Augen.

Vielleicht sollte ich an der Stelle einmal den Tanz der kubanischen 'Locas' beschreiben, denn außerhalb von Kuba beherrscht keine Frau diesen explosiven Ausbruch von Bewegung, Tanz und Performance. Glaube ich jedenfalls. Um diese Explosionen auszulösen, bedarf es eines Zusammenspiels von brodelnder erotischer Atmosphäre in einem beengten Saal und einem unmittelbaren Austausch von Blicken, Rufen und sprühenden Funken über Spannungsbögen, die sich zwischen den Akteuren auf der Bühne und den empfangsbereiten Muchachas gegenseitig hochschaukeln. Alle sind ganz junge Frauen so zwischen 17 und höchstens 22 Jahren, die in dem auslösenden Moment wie unter einem hypnotischen Zwang auf Tische und Stühle steigen und so aus der Anonymität auftauchen, um sich den Musikern darzubieten. Und genau in dem Augenblick wird von der Band ein schneller und harter Rhythmus angeschlagen, der diese 'Verrückten' jetzt zwingt, bei aufgerichtetem und bewegungslosem Oberkörper mit erhobenen Armen ihre pulsierenden Hüften in dem harten und schnellen Takt der Musik zu bewegen. Sie stehen mit gespreizten Beinen auf gebeugten, federnden Knien, während sie sich darauf konzentrieren, die Atmung ihrer Lungen immer mehr zu verlangsamen, bis urplötzlich eine schnelles und unkontrollierbares Zittern ihres Bauches einsetzt. Eine hart stoßende Atmung des Zwerchfells versetzt ihren Unterleib in explosive Pumpbewegungen, die von dem schnellen Rhythmus der Musik geleitet werden und ihre Schenkel vibrieren lässt.

Dieser Tanz ist Erotik pur. Er stellt die völlig enthemmte Bewegung des weiblichen Körpers in dem Moment der Ekstase dar, auch wenn das den einzelnen 'Locas' selbst in den Augenblicken ihres Eintauchens in diese Rhythmen vielleicht nicht so klar ins Bewusstsein dringt. Doch jeder männliche Anwesende in dem Saal kann die Wirkung dieser orgiastischen Rituale in seinen eigenen Eingeweiden verspüren.

Die Szene erscheint wie eine synchrone Massenvergewaltigung der 'Locas' durch eine Musik, deren abrupte Schläge die

Muchachas regelrecht penetrieren und zur Ekstase führen. Dabei ist es ganz eindeutig, dass die Musiker die anwesenden Chicas zu diesen Ausbrüchen provozieren, wenn sie im Vorfeld des bevorstehenden Rhythmusbruches in wiederholten Wechselgesängen die ´verrückten` Girls auf die Tische rufen:

»donde esta la loca, loca – quiero ver la loca, la loca, loca, loca,« (wo ist die Verrückte, Verrückte – ich will die Verrückte sehen, die Verrückte, Verrückte, Verrückte)

Und es ist ebenso offensichtlich, dass keine ´Loca` eine echte Chance hat, den Lockungen dieses Rufes zu widerstehen. Denn in diesen Momenten erleben sie einen Höhepunkt, den ihnen ihr realer Lover ein paar Stunden später in der Nacht aller Wahrscheinlichkeit und Erfahrung nach nicht bieten kann.

*

Die Schwarze mit den grünen Augen hat einen kleinen Stelltisch direkt vor der Bühne geentert. Ich suche mir einen Platz am seitlichen Tresen, um sie von dort aus besser beobachten zu können. Carlos steht ebenfalls auf und will mit mir an den Tresen ziehen, bekommt aber Stress mit seiner Mulattin, die ihn auf seinen Platz zurückzieht, sich an ihn klammert und eine regelrechte Szene hinlegt.

Es ist der zweite Ausbruch von ´Tabledance`, den ich an diesem Abend erlebe. Nun bemerke ich, dass sich fast alle diese ´Locas` an einem Mann reiben, nachdem sie von ihren Tischen und Stühlen wieder runter gestiegen sind. Einige rutschen mit vorgestreckter Hüfte an der Seite eines männlichen Körpers auf und nieder, um ihr pulsierendes Geschlecht zu beruhigen, während andere Muchachas sich nach vorne herüberbeugen, um einen Tisch oder Stuhl zu ergreifen und ihr Hinterteil auf die Art der brasilianischen Tänzerinnen in schnelle Vibrationen zu versetzen. In dieser Bewegung verbleiben sie, bis sich ein Mann dagegen presst, und sie für einen kurzen Moment ein männliches Teil verspüren, welches ihrer ekstatischen Suche wieder ein konkretes Ziel vorgibt.

Es sind eindeutig nicht nur ihre momentanen Begleiter, an die sich diese Verrückten pressen, um wieder runterzukommen. Einige ihrer Partner in dieser Nacht sind Europäer, die während der Spezialeinlage neben mir am Tresen stehen und ihre Muchachas mit ungläubigen Blicken verfolgen, bis diese Locas mit einem seligen Lächeln wieder zu ihrem Gefährten dieser Nacht an den Tresen treten, um mit der arroganten Geste eines gefeierten Showstars das Glas ihres Partners zu leeren. Ich für meinen Teil nehme mir jedoch vor, bei dem nächsten Ausbruch an dem Tisch vor der Bühne zu stehen, um mich dieser grünäugigen Granate anzubieten.

An unserem Tisch hält immer noch meine Zufallsdame die Stellung, während Carlos sich mit seiner Mulata heftig vor dem Ausgang zofft. Ich muss die Situation im Auge behalten, denn er hat den einzigen Schlüssel zu unserer Wohnung, und wir müssen irgendwie die Rückkehr koordinieren. Die Mestiza schiebt mir plötzlich überraschend eine Hand zwischen die Beine, umfasst mein Glied und flüstert: »es mio«.

Normalerweise gefällt mir solch eine intime Aktion in der Öffentlichkeit nicht. Zumindest dann nicht, wenn ich mit einer Frau noch gar keine Intimitäten ausgetauscht habe. Aber hier in der hoch gepuschten Situation erschien mir der Griff irgendwie angemessen, denn auf dieser Insel hat eine derartige Geste ganz offensichtlich nicht die gleiche vulgäre Bedeutung, die ihr normalerweise in Europa zugeordnet worden wäre, wo nur der Liebe des Lebens oder einer favorisierten Geliebten dieses öffentliche Bekenntnis zugestanden wird.

Auf Kuba drücken solche Gesten und Worte in einer erotisierten Umgebung nichts anderes als den Wunsch aus, diese Nacht gemeinsam zu verbringen. Außerdem erhalte ich so eine unverhoffte Gelegenheit, die Verklemmungen in meiner engen Jeans neu zu ordnen.

Doch bei dem nächsten Ausbruch der Erotiktänze kämpfe ich mich bis zur Bühne vor und drängele mich an den Tisch, auf dem tatsächlich auch dieses Mal wieder die Grünäugige tanzt.

Gefühlt erreicht die Stimmung im Saal nun ihren Siedepunkt.

Auf allen Tischen und etlichen Stühlen explodieren die Muchachas. Einige haben jetzt auch die Bühne geentert und mischen sich unter die Gogo-Girls der Band. Kein Gast kann bei diesem Ausbruch ruhig auf seinem Platz sitzen bleiben, und eine Masse von Zuschauern drängt sich in dem abschüssigen Saal nach vorne an die Bühne und bringt den kleinen Stelltisch mit der tanzenden Schwarzen ins Wanken. Ich greife kurz zu und versuche, den Tisch wieder zu stabilisieren, aber die Tänzerin ist bereits aus ihrer Ekstase erwacht und springt von ihrem Tisch, um sich mit beiden Händen an den Rand der Bühne zu klammern. Dann verbiegt sie den Rücken zu einem Hohlkreuz und bringt ihr ausgestrecktes Hinterteil in Schwingungen.

Ich drücke mich näher an die Frau heran und halte sie mit beiden Händen leicht an der Hüfte, während ich versuche, nun ebenfalls eine Bauchatmung hinzulegen und mit der Musik zu koordinieren. Sie swingt noch einen kleinen Moment in dieser Stellung weiter, richtet sich dann mit einem Ruck auf und wirft mir einen fragenden Blick zu. Einen Gringo mit solchen Bewegungen verschlägt es wohl nicht allzu häufig in diesen Laden, vermute ich mal, auch wenn so eine Karate-Zwerchfell-Atem-Technik reichlich improvisiert und gepresst ausgestoßen wird und sich kaum an den Takt der Musik halten kann. Vielleicht habe ich selbst ja auch ein Problem mit diesem schnellen Rhythmus, auch möglich. Aber wenn alles nach Plan läuft, bin ja nicht ich es, der in dem entscheidenden Moment den Takt halten soll. Ich muss nur dagegen halten.

»Tienes compromisso?« (Hast du eine Verpflichtung?), frage ich sie, bevor hier ein Typ auftaucht und ältere Ansprüche anmeldet.

»Nada serio. Porque no quedamos para mañana?« (Nichts Ernsthaftes. Warum verabreden wir uns nicht für morgen?)

*

In dieser Nacht ist die Mestiza mit in meine Unterkunft gekommen, obwohl ich ihr erklärte, dass es keine Wiederholung geben werde, weil ich für den nächsten Tag eine Verabredung habe, die ich auf gar keinen Fall verpassen darf. Carlos hatten wir gerade noch vor dem Palacio auf der Straße angetroffen, wo er versuchte, nun endlich seine Mulata loszuwerden, die wie eine Klette an ihm hing. Doch am Ende durfte auch sie wieder mit in die Wohnung kommen. Ich vermute, Carlos war inzwischen einfach zu geschafft, um noch weiteren Widerstand zu leisten. Wenigstens hat die Frau nun geschwiegen und ihm nicht in einer Tour immer wieder neue Vulgaritäten um die Ohren gehauen. Vielleicht waren der auch nur die Schimpfworte ausgegangen.

In meiner dunklen Bude haben wir dann eine wahrhafte Geisternummer hingelegt. Ich kannte den Trick mit der Leuchtröhre noch nicht und hatte bei unserem Aufbruch vor ein paar Stunden das Licht ausgeknipst. Eine Betätigung des Lichtschalters beim Eintritt in mein Zimmer brachte kein Ergebnis, und der Lichtschacht lieferte zu dieser nächtlichen Stunde nur noch einen ganz schwachen Dämmerschein, der gerade noch das Bett erahnen ließ.

Aber so eine Dunkelnummer hat ja auch etwas. Romantik und Erinnerungen an Schützenfest und die Scheune im Dorf. Doch sobald die Leuchte zu flackern anfing, wurde die Sache geisterhaft, eine echte Draculanummer. Auch wenn der abschließende Biss dieser Mestiza am Ende keine blutende Wunde, sondern nur einen tiefroten Knutschfleck am Hals hinterlassen hat. Und natürlich kommt genau zum Höhepunkt die volle Neonbestrahlung wieder. Den Lichtschalter habe ich in dieser Nacht nicht mehr angefasst, und so konnten wir die Aktion einigermaßen entspannt ausklingen lassen.

Am nächsten Mittag finde ich Carlos in der Eingangshalle der Wohnung am Esstisch, wo er sich den x-ten Kaffee einschenkt. Seine Nacht war wohl nicht so toll gewesen. Er eröffnet mir, dass er gerne den Tag in Playas del Este am Strand verbringen würde, um wieder einen klaren Kopf zu bekommen. Und um seine Mulata unterwegs in Alamar abzusetzen, wo ihre Eltern wohnen.

Ich sage: »Klar doch, warum nicht? Lass uns die Muchachas am Strand zum Essen einladen und auf dem Rückweg bekommt jede dann einen Lift nach ihrem Zuhause. Ich finde meine Chica inzwischen ganz prima, doch für heute Nacht habe ich ein Date, das ich nicht verpassen möchte. Aber mit ihr wird es keinen Stress geben, weil das Ganze schon gestern Nacht genau so abgesprochen war.«

*

Am Nachmittag lege ich mich für eine paar Stunden aufs Ohr, denn jetzt erst bemerke ich die Auswirkungen der Zeitverschiebung des Fluges. Außerdem will ich an diesem Abend einigermaßen fit sein. Wer weiß, ob ich nicht noch einmal so einen Extremtanz hinlegen muss?

Gegen sechs werde ich von einer vertrauten sonoren Stimme wach, die von der Eingangshalle über die Küche und den Lichtschacht bis in mein Dunkelzimmer dringt. Carlos ist schon wieder ganz prächtig in Form! Ich springe kurz unter die Dusche und finde ihn mit Angel und zwei Chicas am Esstisch.

Angel ist unser Vermieter. Clever, charmant, politisch auf Linie und ökonomisch irgendwo zwischen Che Guevara und Dagobert Duck angesiedelt. Körperlich ist er ähnlich deproportioniert wie sein russischer Tschaika, der ja wohl auch irgendwann einmal östlich des Urals als rassige Limousine gegolten haben muss, und mit dem er uns stolz durch Habana kutschiert.

Nicht alle weiblichen Bewohner dieser Stadt stehen auf schlank und sportlich, und Angel schafft es trotz seiner beeindruckenden Leibesfülle immer wieder, eine fidele Witwe in seiner schwankenden Blechkiste made in Gorki schwindelig zu reden und auf die Rückbank zu lotsen, sofern die irgendwie auf seiner Welle schwimmt. Er hat auch eine recht beachtliche Trefferquote bei verheirateten Frauen. Außer bei seiner eigenen Frau Cecilia, dieser netten, kleinen und hochintelligenten Kinderärztin. Die macht sogar um das gemeinsame Ehebett einen unmissverständlichen Bogen. Zwischen denen herrscht wohl schon seit Jahren Funkstille und Ruhe im Kasten.

Auch die beiden Mulatas waren offensichtlich nicht an seinem Gesäusel interessiert. Sie hatten sich mit den gleichen farbigen Hosenanzügen aus dünnem bedrucktem Leinenstoff ausstaffiert, die in La Habana gerade bei den jungen Frauen in Mode waren. Natürlich nur bei denen, die ein paar Dollar auftreiben konnten oder eine besondere ′Conexión` zu einem Devisenladen hatten.

Lockige, lange Haare bis zu den Hüften, rote Lippen, Sonnenbrille, Turnschuhe und dann eben diese hautengen Hosenanzüge, die ohne BH getragen werden. Die sahen aus, wie aus einem Modejournal. Carlos hatte sie direkt vor der Treppe zu unserer Wohnung aufgegabelt, von wo aus sie den Eingang des Capri gegenüber beobachten konnten. Es war für beide der erste Versuch, sich einen Touri an Land zu ziehen, wie ich später erfahren habe. Und nun saßen die hier in unserer Wohnung.

Die Ältere der beiden Chicas ist mit Carlos in eine erregte Diskussion verstrickt, während Angel in der Küche hantiert und eine Schweinekeule brät, die Carlos am Nachmittag auf dem Bauernmarkt gegen harte Dollar eingetauscht hatte. Die andere hat sich auf den Sessel an der Wandseite zurückgezogen und fühlt sich offensichtlich unwohl in dieser Atmosphäre von Wortgefechten, Charmeoffensiven und Küchendünsten. Aber eine Einladung zum Bratenschmaus ist im Jahre 1997 noch immer eine ernste Angelegenheit, die kein Bewohner dieser Insel so einfach ignorieren kann.

Ich hocke mich vor das jüngere Girl und betreibe Small Talk, um ihre Spannung ein wenig zu lockern. Und mitten in unserem Geplauder über Kuba und die weite Welt verspüre ich plötzlich einen merkwürdigen Stich, als die Muchacha ihre Sonnenbrille abnimmt und mir voll in die Augen schaut. Sie hat auf der linken Seite einen Fleck von der Farbe ihrer Iris auf der Bindehaut, der bei mir ein seltsames Schwindelgefühl hervorruft, als sie mich jetzt aus dieser Nähe mit ihren unverschämt großen Augen betrachtet. Unwillkürlich schrecke ich zurück und überspiele meine Verunsicherung, indem ich sie zu einem Plausch in mein Zimmer einlade.

Das ist natürlich ein etwas merkwürdiges Angebot, denn ich habe in dieser winzigen Bude ja nicht einmal eine Sitzgelegenheit. Nichts als das zerwühlte Bett, den Ventilator, einen Nachtschrank und meine Reisetasche vor dem milchigem Schiebefenster zum Lichtschacht. Also schlage ich ihr zunächst einmal eine Massage zur Entspannung vor. Dann redet es sich ja auch leichter.

Sie platziert ihre Sonnenbrille auf das Schränkchen und legt sich in voller Montur samt Turnschuhen bäuchlings auf das Bett und wartet. Irgendwie musste ich nun mein Versprechen einlösen und taste ein wenig an ihren Schultern und dem Rücken herum. Aber ich merke bald, dass eine richtige Massage auf dieser Stoffhaut nicht möglich ist.

*

In dem Badezimmer ist kein Massageöl aufzutreiben, an derartigen Luxus war ja während der ´Periodo Especial` auf Kuba nicht einmal zu denken. Aber ich finde in meiner Reisetasche noch eine angebrochene Dose Nivea von meinem letzten Asientrip, als ich mir zum ersten Mal in meinem Leben einen Sonnenbrand eingefangen hatte. Das sollte doch zumindest eine ausreichende Schmierung abgeben. Ich streife der Muchacha die Turnschuhe ab und ziehe ihr den Hosenanzug bis über die Knie.

Sie grummelt etwas Unverständliches in das Laken und wackelt ein wenig mit ihren Füßen. Ist ja auch eine blöde Position mit quasi gefesselten Beinen. Also pelle ich ihr die Stoffhaut vollständig vom Körper und streife ihren Slip auch gleich noch ab. Nun sollte es eigentlich keine Probleme mehr mit irgendwelchen Textilien geben.

Ich befreie mich auch von den eigenen Klamotten, weil mir in der schwülen Luft dieses Zimmers trotz des laufenden Ventilators bei jeder Bewegung bereits wieder der Schweiß ausbricht. Zumindest befinden wir beide uns nun in dem gleichen Stadium der Entblößung und haben somit unsere Parität wieder gewahrt. Dann binde ich mir eines von den beiden Handtüchern, die ich in meiner Reisetasche mit mir führe, um die Hüfte. Das andere Tuch lege ich der Chica über die Rundungen ihres Hinterteils, obwohl es mir dort eigentlich gänzlich überflüssig erscheint. Aber ich will dem Girl in dieser pittoresken Situation so etwas wie ein Gefühl von Schutz rüber bringen. Überhaupt ist es erstaunlich, was ich alles so einfach mit ihr anstellen kann, ohne irgend eine Art von Widerspruch zu ernten oder wenigstens einen gewissen Widerstand zu verspüren. Einzig die Beengung mit dem Hosenanzug an ihren Beinen scheint ihr missfallen zu haben.

Fast den ganzen Inhalt aus der Dose habe ich bald auf ihrem Rücken verteilt und spare mir nur einen kleinen Rest für Hintern, Beine und ihre Vorderseite aus. Diese Creme ist für eine Massage nicht so gut geeignet, weil sie anders als richtiges Öl ziemlich schnell in die Haut einzieht und die Bewegungen meiner Hände gleich danach wieder gebremst werden. Ich beende meine Rückenmassage mit einem letzten leichten Streicheln und kleinen Strichen meiner Fingernägel, die der Frau einen tiefen Brummton von Befriedigung entlocken. Endlich bekomme ich eine Reaktion von ihr.

Darauf reibe ich mit dem Tuch meinen Körper und mein verschwitztes Gesicht trocken, binde mir das Handtuch wieder um und drehe das Girl auf den Rücken. Mit dem zweiten Tuch verdecke ich ihr Geschlecht und hocke mich rittlings über sie, um nun auch Schultern und Bauch zu massieren. Diese Mulata verfolgt jede Bewegung mit aufmerksamen Blicken aus ihren riesigen Augen und macht mich ziemlich nervös, als sie ihre Konzentration auf mein Handtuch lenkt, das inzwischen von einem reichlichen Ständer ausgebeult wird und sich gerade wieder von meiner Hüfte löst. Dabei war ich nicht wirklich 'geil' im üblichen Sinne, immerhin sollte ich doch noch von der letzten Nacht her ausreichend entspannt gewesen sein. Es wird sich wohl eher um eine verspätete Morgenlatte gehandelt haben.

Aber ich brauche nun ein Tuch und löse meinen Lendenschutz, um mein Gesicht trocken zu reiben. Das zweite Handtuch hänge ich mir zur Reserve über die Schulter. Dann versenke ich mein aufmüpfiges Körperteil in der Muchacha, um noch mit derselben Bewegung ihre Beine zwischen meinen Knien wieder zu verschließen. Jetzt sind wir für den zweiten Teil der Massage gerüstet.

Der Frau flackert nur leicht der Blick, als ihre Augen ganz kurz nach oben entgleisen, während ich in sie eindringe. Doch gleich darauf verfolgt sie wieder mit gespannter Aufmerksamkeit meine Massagebemühungen. Wenn mich meine Erinnerung nicht gänzlich täuscht, hatte ich überhaupt nicht die Absicht, mit diesem Girl zu ficken, auch wenn solch eine Behauptung aus der Rückschau wie eine Verdrehung oder ein kokettes Spielchen mit vergangenen Erlebnissen und Motiven erscheint. Aber ich bin mir bis zum heutigen Tage sicher, dass ich in jener Nacht zunächst nur deshalb in die Frau eingetaucht bin, um meinen unangebrachten Ständer irgendwie zu verstecken oder unterzubringen. Denn mein Handtuch brauchte ich ja zum Abtrocknen, jetzt, wo wir uns vis-a-vis gegenüber hocken und ich wieder dem unheimlich intensiven Blick dieser Augen ausgesetzt bin.

Allerdings bemerke ich nun, dass nicht nur ihre Augen und ihr Mund überproportional groß geraten sind, sondern auch ihre Nase, Stirn, Ohren und Hals. Und seit dem Moment, als ich die

Muchacha wie eine warme Hülle um mein Geschlecht empfinde, wächst bei mir die Erkenntnis, dass alle ihre Proportionen ideal zueinander passen, und dass diese Mulata eigentlich wunderschön ist. Nun fällt mir auch die perfekte Form ihrer Brüste auf, die so fest und hoch angesetzt sind, dass es mich einige Anstrengungen kostet, meinen Blick abzuwenden und endlich mit einer Massage ihrer vorderen Körperhälfte zu beginnen.

*

Diesen Bemühungen sind jedoch enge Grenzen gesetzt, da mir die Creme beinahe ausgegangen ist, und ich in meiner jetzigen Position auch nur noch einen Arm frei habe. Mit dem anderen muss ich mich ja schließlich abstützen, um nicht auf das Girl unter mir zu plumpsen.

Außerdem habe ich in gewissen Abständen die Innenseite meiner freien Hand auf eine ihrer Brüste gelegt, um durch eine leichte Drehung die Spitzen dieser Kegel zu reizen. Zugegebenermaßen ist dies keine anerkannte Massagetechnik, sondern fällt wohl eher in den Bereich erotischer Stimulation. Aber die Reaktion der Muchacha auf diesen Kontakt ist derart beeindruckend, dass ich nicht widerstehen kann.

Denn unmittelbar nach der Berührung verspannt sich ihre Vagina und umschließt mein Geschlecht für einen kurzen Augenblick mit einem lustvoll-schmerzhaftem Griff. Ein weiterer Strom von Blut, der gleich nach dieser Anspannung durch meine Lenden schießt, pumpt mein Glied weiter auf und lässt es unter orgiastischen Impulsen in seiner engen Umhüllung vibrieren.

Musculus pubococcygeus oder Scheidenkrampf – was weiß ich denn. Wir Männer sind doch im Grunde in diesen Dingen nur oberflächlich informiert. Aber meine anhaltende erotische Erregung in jenen Stunden bekommt nun jedes Mal einen kleinen Schuss zusätzlichen Glücksgefühls. Eine kurze Spitze, ohne daraufhin - wie bei einem gewöhnlichen Fick - nach dem finalen Abgang wieder in ein Tal der Erschöpfung und Nüchternheit zu fallen. In dieser Nacht füllt sich mein Körper mit einer ungeahnten Leichtigkeit und schwebt über alle Tiefen hinweg. Es war ein Gefühl, wie für die Ewigkeit gemacht.

Was die schöne Mulata in diesen Augenblicken verspürt hat, kann ich nicht sagen. Ich habe sie auch nicht danach gefragt, denn Frauen und Männer sprechen bei diesem Thema ja doch unterschiedliche Sprachen. Die Verdrehungen ihrer Augen und ein wiederholtes Flackern des Blickes sind mir in jener Nacht Erklärung genug. Als jedoch so langsam meine Arme erlahmen und ich mit dem Mund ihre Brust und ihre Lippen suche, hält mich das Girl zurück. Feuchte Lippen und Küsse sind ihr dann wohl doch zu intim. Wir kennen uns ja auch erst seit wenigen Stunden.

Irgendwann in dieser langen Nacht fällt mir die anhaltende Ruhe in der Wohnung auf. Was ist eigentlich mit dem Essen? Immerhin war dieser Schweinebraten ja das besondere Versprechen von Carlos gewesen. Ich löse mich also von der Frau und schleiche mit einem Handtuch bekleidet in unser Esszimmer. Das ganze Haus ist bereits dunkel, nur die Neonfunzel über dem Tisch ist noch erleuchtet. Aber dort stehen für uns die Reste des Bratens und zwei Teller bereit.

Die Muchacha setzt sich an den Tisch und beginnt schweigend zu essen. Sie hat sich in ein Laken gehüllt und sieht mit ihren langen wirren Haaren auf dem weißen Leinenstoff aus wie eine gefallene Jungfrau am Morgen danach. Ich hole mir ein Schlückchen Rum, zünde eine Zigarette an und versuche, wieder in die Realität zurück zu finden:

»Wie heißt du eigentlich?«

»Loreta«

»Loreta ... und wie alt bist du, Loreta?«

»Wie spät haben wir es?«

»Es ist kurz nach zwei Uhr, musst du nach Hause?«

»Wenn es zwei Uhr ist, bin ich jetzt 19. Nein, ich muss nicht nach Hause. Seitdem ich 15 bin, komme ich nach Hause, wann es mir passt. Kein Problem.«

*

Loreta hat also Geburtstag. Dann kann ich mich ja eigentlich als Geburtstagsüberraschung betrachten. Als Geschenk eher weniger, denn sie selbst ist unbestreitbar das Geschenk dieser Nacht gewesen. Nie zuvor hatte ich solch eine Intensität gefühlt. Und niemals wieder danach, weder mit Loreta, noch mit einer anderen Frau. Das ist so eine Sache mit den Ewigkeiten. Sie dauern in der Regel dann doch nicht allzu lange.

Die beiden Muchachas mussten uns am frühen Nachmittag verlassen. Die Schwester von Loreta hatte für den Abend eine Geburtstagsfeier in ihrem Barrio organisiert. Sie war es auch gewesen, die ihrem französischen Lover das Geld für die beiden Hosenanzüge aus der Nase geleiert hatte, mit denen die Girls gestern ihren Abenteuertrip unternommen hatten. Der zweite Anzug war natürlich für die Schwester selbst gedacht gewesen, aber die konnte nicht mit auf die Pirsch, weil ihr Franzose gerade in der Stadt weilte. Also hatte Loreta einer Nachbarstochter ein Angebot gemacht, denn so ganz alleine traute sie sich nun doch nicht, dieses neue Terrain zu betreten. Aber diese Nachbarstochter sah ihr ja auch verdächtig ähnlich. Wer solche Schönheit erzeugen kann, darf es ja wohl auch mal bei der Nachbarin versuchen. Diese beiden Mulatas konnten ohne weiteres für Schwestern durchgehen.

In dieser Nacht stand also wieder ´Table Dance` und Live - Mucke an. Ich persönlich hätte mich ja lieber noch einmal in meiner neuen Bekanntschaft verloren. Aber bei so einer Familienfeier aufzukreuzen war mir dann doch zu heikel, obwohl die Muchachas uns eine Telefonnummer hinterlassen hatten. Und dann hatte ich noch eine Rechnung mit dieser grünäugigen Granate offen.

Außerdem spielte da ja immer noch mein spanischer Flugkontrolletti mit. So einer wie der ist wohl nur an seinem Arbeitsplatz ausrechenbar. Wenn überhaupt ...

An diesem Abend hatte Carlos schon wieder eine Dame mit in die Wohnung geschleppt. Wenn der sich gegenüber im Capri an der Rezeption neue Kippen geholt hat, konnte er auf dem Rückweg seine Finger nicht stillhalten. Er hatte sich eine riesige Schwarze gegriffen, die vor dem Hotel auf der Treppe hockte. Aber dieses Mal war es ein echter Griff ins Klo geworden. Den hat ja auch immer nur Masse interessiert, Qualitätscheck war wohl nicht so sein Fall.

Die Frau war zwar eine gigantische Erscheinung, attraktives Gesicht und auch sonst alles dran und auch am richtigen Platz und reichlich bestückt und so. Aber wenn sie den Mund aufmachte, dann strömte ihr ein Schwall von Vulgaritäten über die Lippen. Ohne Pause. Eine richtige Fäkalsprache, und dies mit einem derart dröhnenden Organ, dass einem glatt die Schnürsenkel aufgingen. Sächsische Nasentonalität auf spanisch, bloß lauter und schneller. Aber sie konnte auch international. Wenn sie sagte: ´Acá en l´Habana` (hier in Havanna), dann hörte sich das an wie:´Ach kack in der Wanne`. Die war eine begnadete Skandalnudel.

Cecilia und Angel, unsere Vermieter, mussten wohl oder übel stillhalten, wenn wir eine Begleitung mit in die Wohnung schleppten. Das war Teil der Abmachung und letzten Endes ja auch der Grund, weshalb sich ein Touri bei ihnen und nicht im Hotel eingemietet hatte. Aber dies bedeutete natürlich nicht, dass sich die beiden mit allen Besuchern anfreunden mussten. Außerdem hatten die noch einen frühreifen Sohn von 12 oder

13 Jahren, der den ganzen Film in dieser Wohnung ja schließlich mitbekam und keine Gelegenheit ausließ, ab und an einen Blick auf eines der unbekleideten Girls zu werfen, wenn die zum Beispiel unter der Dusche standen oder durch die Gänge huschten. Den konnte man oftmals mit seiner tiefen Stimme zu der Musik aus dem Radio grölen hören, womit er vermutlich das Quietschen seines Bettgestells übertönte. Den Stimmbruch hatte der in dieser Periodo Especial wohl auch mal ganz schnell hinter sich lassen müssen.

Carlos neue Bekannte schaffte dann alle drei. Als Erste flüchtete Cecilia, das sensibelste Mitglied in dieser Familie. Und dieses Mal konnte sie tatsächlich auch ihren pubertierenden Nachwuchs mit sich ziehen. Weiß der Kuckuck, was sie dem angedroht hatte.

Angel verzog sich eine Stunde später aus der Wohnung. Aber nicht, ohne mich vorher auf dem Balkon beiseite zu nehmen und mir einzutrichtern, dass ich mit Carlos reden müsse. »Also sag bitte deinem Kollegen, dass ich diese Frau morgen hier nicht mehr antreffen will. Bei dem Organ fallen ja selbst die Nachbarn aus ihren Betten.«

Jetzt blieb es wieder einmal an mir hängen! Dabei wusste ich doch genau, dass man mit Carlos nicht über solche Feinheiten reden konnte. Wechselnde Bekanntschaften mit extremen Frauen waren für ihn so etwas wie eine Erweiterung seines emotionalen Horizontes. Der hätte auch eine Liliputanerin angeschleppt oder eine Magierin, sofern die ihre Lippen rot genug geschminkt hätten. Im Falle seiner ´Santera` hatte er das letzten Endes ja auch gemacht. Zwei Wochen nach meiner Abreise wurde seine spirituelle Führerin dann auch seine bevorzugte Geliebte. Und die hatte möglicherweise bereits die Rebellen der Sierra Maestra nach deren Einzug in La Habana betreut. Vom Alter her hätte das gepasst.

Doch zunächst hatten wir noch das schwarze Monster an der Backe. Später im Salsa-Palast ließ ich ihn mit dieser grandiosen Schlampe am Tresen stehen und suchte meine grünäugige Versprechung von vor zwei Tagen. Die oder eine andere attraktive Begleitung für diese Nacht. In meiner Bude konnte ich auf gar keinen Fall alleine schlafen. Irgendwie musste ich ja das Gestöhne und die weiteren eindeutigen Geräusche aus dem Luftschacht übertönen, um mein seelisches Gleichgewicht zu bewahren. Denn unsere Wohnung war beileibe nicht die einzige Absteige in diesem Haus. Die CDR-Kontrolle im Viertel war ja schließlich lahmgelegt, weil der Vorsitzende selbst vermietete. Und das Hotel gegenüber sorgte für prima Durchlauf und Umsatz in dieser Häuserzeile.

*

Der Schuppen ist mit seiner gedämpften Festbeleuchtung nicht gerade übersichtlich, wie die meisten Läden in diesen Jahren auf Kuba. Ich ziehe von Tisch zu Tisch und drücke mich durch die Reihen mit der alten Theaterbestuhlung, ohne eine Spur der Grünäugigen zu entdecken. Als die Musik sich hochschaukelt und die ersten Locas wieder auf ihre Tische steigen, klettere ich sogar auf die Bühne, um einen besseren Überblick zu gewinnen. Die Girls müssen sich ja zumindest den Musikern deutlich präsentieren, sonst geht die Post nicht so richtig ab.

Keine schwarze Granate in Sicht, jedenfalls nicht die mit der schmalen Hüfte und dem musikalischen Hinterteil. Wir waren natürlich auch schon für gestern verabredet gewesen, und außerdem nehmen die Muchachas diese Art von Vorausplanung wohl nie so richtig ernst. Zu schnell kann denen jemand dazwischen kommen. Ich selbst hatte unser Treffen letzte Nacht ja auch sausen lassen.

Auf der Tanzfläche spreche ich dann ein anderes Girl an. Bei der trüben Beleuchtung kann ich nicht so recht erkennen, wie die eigentlich aussieht. So richtig pralle ist meine Wahl wohl nicht, aber sie konnte sich gut bewegen und das ist doch schon einmal etwas. Also lade ich sie zu einem Drink an der Bar ein.

Als wir uns zum Tresen durchdrängeln, klettern die Locas gerade wieder auf ihre Tische und Stühle. Und nun erkenne ich auch Carlos, der sich wie ein verprügelter Tanzbär an den gepolsterten Sitzreihen entlang hangelt, den letzten Stuhl der Reihe erklimmt und von dort auf den nahen Tisch mit einem tanzenden Girl kracht. Es sieht aus, als habe er der Muchacha in die Arme springen wollen. Aber dieses Mal ist mir gleich klar, was eigentlich mit ihm los ist. Ich habe es zu Beginn dieses Berichtes ja schon angedeutet. Ohne Zweifel hat dem jemand eine Dosis KO-Tropfen ins Glas gekippt.

Mit ein paar Schritten bin ich bei Carlos und ziehe ihn unter dem angeknockten Girl hervor. Überall sind gleich zugreifende Hände in dem Knäuel der gestürzten Besucher und zersplitterten Reste des Tisches. Plötzlich erkenne ich auch die fuchtelnde Arme dieser Monsterfrau mit dem Portemonnaie von Carlos in ihrer Hand. Ich entreiße der das Teil und stecke es in meine Tasche. Gleich darauf dröhnt die los: »Ja nimm das, steck es ein. Ich habe es gerettet, die wollten das gerade klauen. Steck es schnell weg.«

Also alle Achtung, das war eine gekonnte Reaktion. Ich habe der zunächst wirklich abgenommen, dass sie nichts mit der Geschichte zu tun hatte und wirklich einfach helfen wollte. Und Hilfe konnte ich in der Situation wahrhaftig gebrauchen, denn Carlos war ja weiterhin völlig außer Sinnen. Den auf die Füße zu bekommen, zu stützen und dann zum Aufbruch zu überreden, war keine leichte Aufgabe. Das war ja kein friedlicher Brummbär, der nur auf die Schnauze gefallen war, Carlos war auch weiterhin aggressiv und schlug um sich.

Zunächst hatte der überhaupt keine Freund-Feind- Erkennung mehr und teilte gleichermaßen nach allen Seiten aus. Von der ansonsten stets gegenwärtigen ´Sicherheit` dieses Ladens hat sich übrigens kein Schwanz blicken lassen, soviel zu den offiziellen Helfern. Und das schwarze Monster fand in all der Hektik noch die Zeit, meine Kandidatin dieser Nacht wegzuschicken, die immer noch um uns herumtanzte und auch irgendwie helfen wollte.

»Was sollte das denn« frage ich sie, »bist von Sinnen? Warum schickst du denn mein Girl weg? Und mit wem soll ich diese

Nacht dann überhaupt schlafen?«

»Erst müssen wir jetzt deinen Freund ins Bett bringen und dann sehen wir weiter. Ich komme danach zu dir, mach dir da mal keine Gedanken.«

Nerven hatte die Frau, das muss ich ihr lassen. Im Taxi hatte sie es auf der Rückbank auch geschafft, Carlos wieder ruhig zu stellen, als den eine erneute Attacke überrollte und er den Fahrer dermaßen beschimpfte, dass der gute Mann nicht mehr weiterfahren wollte. Alles in allem war es schon ein echtes Stück Arbeit, Carlos schließlich in sein Bettchen zu bugsieren.

*

Ich stelle mich unter die Dusche und gehe die Ereignisse dieser Nacht noch mal durch. Zunächst einmal wird es mir immer deutlicher klar, dass ihm nur diese Skandalnudel die Tropfen in sein Glas geträufelt haben konnte. Denn Carlos hatte bei all seinen wüsten Touren in unsicheren Gefilden durchaus so seine ganz persönlichen Sicherheitsmechanismen eingebaut. Zum Beispiel führte er stets einen Schnappdeckel aus Kunststoff mit sich, mit dem er jederzeit sein Trinkglas verschließen konnte, damit niemand im Vorbeilaufen etwas in das Getränk kippen konnte. Und natürlich auch, damit keine Fliege im Glas landet. Dieses praktische Gerät ist in Deutschland nicht so bekannt, aber in unserem Lande wohnen ja auch die schlauen Bayern, deren Vorfahren schon vor langer Zeit ein ähnliches System ersonnen hatten. Allerdings nur für ihre Bierkrüge.

Der Verschluss jedenfalls gehört zu den wenigen Erfindungen aus Spanien, die auch internationale Beliebtheit erlangt haben. Dieser Deckel, der spanische Wischmob, Chupachup für kleine Kinder und eventuell noch die wiederverwendbare Paellapfanne. Also den Deckel hatte er schon auf den Philippinen mit sich geführt und auch an unserem ersten Abend im Palacio in Gebrauch gehabt.

Dies bedeutet, dass nur der Barkeeper oder die Begleitperson überhaupt die Möglichkeit gehabt haben, ihm etwas ins Glas zu träufeln. Denn irgendwann verzieht sich ja jeder einmal auf die Toilette, um zu urinieren, und solange drückt dann ein Mann wie Carlos doch sein Glas der Begleiterin in die Hand und sagt: »Hier, halt mal kurz, ich bin gleich wieder da.«

Das ist sozusagen die Sicherheitslücke in dem System. Seine Dame konnte doch dann in aller Ruhe etwas ins Glas träufeln, besonders, wenn die überhaupt keine Dame ist. Und auch eine Aktion des Barkeepers macht ja nur einen Sinn, wenn das mit der Frau koordiniert ist. Schließlich sackt die doch am Ende die Beute ein.

Die schwarze Monsterfrau muss also die Hand im Spiel gehabt haben. Hätte ich auch gleich drauf kommen können!

Ich stürme wieder in mein Zimmer und lasse zunächst einmal die Geldbörse von Carlos verschwinden. Dieser Blödmann hat doch tatsächlich sein großes Portemonnaie mit in den Laden genommen, mit all seinen Ausweisen, Kreditkarten und grünen Scheinchen. Dabei hatte der sich doch extra für diese Fahrt einen Spezialgürtel anfertigen lassen, mit Reißverschluss und Hohlraum an der Innenseite, in dem man gefaltete Dollarnoten bunkern konnte. Auch so eine spanische Erfindung, glaube ich. Den hatte er mir gleich am ersten Tag vorgeführt, als ich ihm von meinem geraubten 50er erzählt hatte.

Egal, ich schiebe seine Börse so weit unter das Bett, dass die dort in einer Wolke von Staub in die Finsternis eintaucht. Die war erst einmal soweit SAVE. Das eigene Bargeld aus meiner Hosentasche stopfe ich in einen Strumpf und lasse den ebenfalls unter dem Bett verschwinden. Auch SAVE. Dann gehe ich wieder unter die Dusche und überlege, was ich denn nun mit diesem Luder machen soll.

Eigentlich müsste ich die jetzt achtkantig rauswerfen. Aber einmal abgesehen davon, dass dies wohl nicht so ganz einfach werden würde, weil diese Eule mit Sicherheit nicht nur auf Grund meiner Verdächtigungen dieses Haus verlassen würde, zumal ich selbst die nicht eingeladen hatte und nicht einmal der

Hauseigentümer bin; also abgesehen von dem Umstand, dass ich die vermutlich erst gehörig verdreschen müsste, bevor so ein Rausschmiss auch konkrete Formen annimmt, brauche ich sie gewissermaßen immer noch, um Carlos ruhig zu stellen. Also, die könnte sich zumindest darum sorgen, dass der Kollege nicht noch einmal aufsteht und wieder rumeiert.

Wie sie das anstellt, ist mir in dem Moment ziemlich egal. Jedenfalls sollte dies doch auch in ihrem eigenen Interesse sein. Klammheimlich etwas abstauben kann sie schließlich nur, wenn alles einigermaßen ruhig und friedlich bleibt. Vielleicht könnte die ja für den Rest der Nacht an Carlos rumsaugen, so etwas beruhigt doch bestimmt auch.

*

Ich haue mich auf mein Bett und versuche, die Ohren für das Gestöhne und die sonstigen Geräusche der Nudeleien in den anderen Stockwerken zu verschließen, die aus dem Luftschacht zu mir dringen.

´Sei Asiat! Das Leben ist nur ein Traum in einem Traum. Diese ganze Hurerei geht dich nichts an, sie existiert überhaupt nicht. Es sei denn, dein Girl kommt zur Tür herein. Dann bist du wieder im Spiel und in der Realität gelandet.`

Tatsächlich aber kommt eine halbe Stunde darauf das sehr reale Monster zur Tür herein. Das Versprechen - Mist - ich hatte doch glatt die Ankündigung vergessen. Ich stelle mich schlafend, als sie zu mir unter das Laken krabbelt. Daraufhin tatscht die ein wenig an mir rum, wohl um festzustellen, ob ich noch wach bin, und greift sich meine Jeans.

Dabei hat diese Nudel noch nicht einmal das Licht ausgeknipst. Im Hellen klaut es sich ja auch besser, da sieht die wenigstens genau, was sie so einsackt. Ich springe aus dem Bett und entreiße der meine Hose. Jetzt wäre eigentlich der Moment gekommen, dieser Schlampe ordentlich welche reinzuhauen.

Aber bei allen Göttern – wie schlägt man eine Frau?

Um das mal klarzustellen: ich hatte natürlich einen gehörigen Respekt vor diesem schwarzen Monster, auch wenn sie eine Frau war. Das war schon ein beeindruckender Protoplasmahaufen, einen ganzen Kopf größer als ich, mit scharfen Krallen und blitzenden Zähnen. Aber andererseits praktiziere ich seit vielen Jahren recht intensiv Karate, und das nicht nur zum Zeitvertreib. Hat mir einige Male geholfen, mich mit Anstand aus einer vertrackten Situation herauszuwinden. Also ich kann schon zulangen.

Aber da lernt man nicht, Backpfeifen zu verteilen. Überhaupt fällt mir kaum eine Technik ein, die für eine derartige Situation angemessen gewesen wäre. Vielleicht geht gerade so eben noch ein elegant geschlagener Uraken Uchi, aber richtig passend ist der auch nicht. Und wohin schlagen? Ich kann doch einem weiblichen Wesen nicht einfach aufs Maul hauen und dessen Zähne riskieren, auch wenn das so eine Furie ist. Oder auf die Titten prügeln und in den Bauch treten. Könnte ja auch schwanger sein. Die hier würde unter Garantie losbrüllen, dass sie jetzt ihr Kind verliert ...

Immerhin habe ich die Frau inzwischen in das Eingangszimmer gedrängt und bin mittlerweile in meine Hose geschlüpft. So angezogen streitet es sich bei Weitem einfacher. Allerdings ist dieser Schabracke verbal nicht beizukommen:

»Was wolltest du mit meiner Hose, he?«

»Ich brauche doch das Geld für mein Taxi!«

»Na gut, dann geh jetzt vor die Tür und warte einen Moment, ich besorge dir schon das Geld für dein Taxi.«

»Nein, ich kann erst morgen früh nach Hause, ich habe keinen Schlüssel für meine Wohnung. Und um diese Zeit kannst du doch keine Señora auf die Straße schicken.«

»Na, dann setzt sich die Señora eben wieder vor dem Capri auf die Treppe. Da hat dich Carlos doch auch aufgegabelt.«

»Nein, auf gar keinen Fall. Ich gehe wieder in das Zimmer

von Carlos. Der braucht mich noch.«

(Señora = ehrenhafte Dame)

Da ist nichts zu machen, die geht einfach nicht. Aber einmal - diese eine Mal - habe ich Glück! Angel kommt so spät in der Nacht zur Tür herein. Der hat die Situation natürlich sofort geschnallt, vermutlich hatte er die halbe Unterhaltung bei dieser weittragenden Stimme schon von draußen mitbekommen. Ich verklickerte ihm noch die Sache mit den KO-Tropfen, und er nimmt die Geschichte in die Hand.

Im Nu ist die Tussi vor der Tür, so etwas kann Angel. Der ist ja nicht umsonst Vorsitzender bei den revolutionären Komitees des Barrios. Zur Not müssen die ja auch eine Bande von Konterrevolutionären aus La Habana wieder rausschmeißen, falls die Exilkubaner noch einmal der Hafer sticht.

Warum Angel hier mitten in der Nacht aufgekreuzt ist, habe ich nie erfahren. Möglicherweise hat der bei einem Nachbarn geschlafen und ist von dem Dröhnorgan aufgewacht. Allerdings taucht diese Nudel am Vormittag wieder in der Wohnung auf, und Angel muss sie gleich noch einmal rausschmeißen. Das war vielleicht ein zähes Miststück!

*

Gegen Mittag kommt Carlos so langsam zu sich. Natürlich mit einem ordentlichen Brummschädel, wie sich das ja auch gehört. Aber nach dem zweiten Kaffee und der dritten Aspirin kann ich wieder mit ihm reden.

Er hört sich schweigend an, was in dieser Nacht überhaupt geschehen ist und steckt kommentarlos sein Portemonnaie ein. Eine richtige Katastrophe fängt bei diesen Sheriffs der Lüfte wohl erst ab Flugzeugabsturz aufwärts an, alles andere sind

Peanuts. Oder er wollte sich nur nicht bei mir bedanken. Meiner Meinung nach hatte ich ihm gestern Nacht den Arsch gerettet. Aber gut, Schwamm drüber, vielleicht hätte er ja das Gleiche für mich gemacht.

Als er mir jedoch vorwarf, nicht genügend auf seine Geldbrieflein aufgepasst zu haben, die er da in seinem Zimmer deponiert gehabt hatte, ist mir doch der Knopf aufgegangen. Was weiß ich denn von diesen Geldbriefen? Der hatte tatsächlich seine Abschiedsgeschenke in Form von Dollarbeträgen in Briefe gepackt. 10 Dollar, 20, 30, 40 und 50 Dollar. Daneben ein Ranking mit dem aktuellen Punktestand von den am Ende seines Aufenthaltes zu Beschenkenden. Ein vorläufiges Ranking sozusagen, die Kandidaten konnten noch nach oben oder nach unten rutschen oder auch ganz aus den Punkterängen herausfallen. Er wollte ja noch ein Weilchen in Kuba bleiben.

Na, und diese Briefchen hatte die Schwarze eingesackt. Dann war deren ganze Mühe ja doch nicht umsonst gewesen. Irgendwie hatte die sich ihre Prämie verdient, fand ich. Habe ich ihm auch genauso gesagt. Seitdem hatte sich unser Verhältnis dann ein wenig abgekühlt.

Aber sei's drum. Was Carlos im Urlaub macht, mit welcher Sumpfblüte er seine Nächte verbringt, wer ihm die Hose runter zieht und in welche Jauchegrube er fällt, ist ja nun absolut seine eigene Sache. Und ich habe in solchen Dingen nicht nur eine endlos dehnbare Toleranzgrenze, sondern auch eine gewisse Sympathie und ein 'Faible` für gewisse Verrücktheiten.

Aber ich wohnte in jenen Jahren in Katalonien, und Carlos war einer der Bosse und Entscheidungsträger der Luftkontrolle des Flughafens von Barcelona. Ich möchte nicht wissen, wie oft der schon die Warteschleife und Landbahn des Fliegers angeordnet hatte, mit dem ich gerade landete.

Das heißt nun nicht unbedingt, dass die da im Tower auch nach so einem Ranking der Beliebtheit von Fluggesellschaften oder Flugzeugmodellen entscheiden. Vielleicht würfeln die ja auch.

Oder sie haben ein Wettsystem aufgezogen und mit Buchmachern in Hongkong koordiniert. Kann auch sein. Die Chinesen da unten wetten doch auf alles.

Ich weiß es nicht, und manchmal ist es wohl auch besser, nicht allzu viel zu wissen. Schließlich muss ich ja auch weiterhin in Barcelona landen und abfliegen. Es ist ja nun auch nicht so, dass dort alle naselang Verkehrsmaschinen ineinander krachen oder dass dauernd ein Jet auf die Piste plumpst. Aber dass die dort nur nach Logik, Berechnung, Windverhältnissen, Radarbildern und Sicherheitsabständen vorgehen, kann mir niemand mehr erzählen.

Also nimm es bitte nicht persönlich, mein lieber Carlos, aber ich brauche in Zukunft doch etwas mehr Distanz und etwas weniger Wissen. Sonst müsste ich ja immer erst nach Madrid oder Valencia, bevor ich mich in einen Flieger wagen kann.

*

Gegen Abend rufe ich die Nummer an, die Loreta mir aufgeschrieben hatte. Das war natürlich auch wieder so eine Gemeinschaftsnummer, also ein Telefon irgendeines Hauses in der Nachbarschaft. Die Mamita von Loreta hatte keine eigene Linie. Wie die meisten in Kuba. Entweder da gab es schon vor der Revolution ein Telefon im Haus oder es gibt bis heute keins. In jenen Jahren jedenfalls konnte sich kein Kubaner ein eigenes Telefon bestellen. Aber dafür war das Telefonieren gratis, und die vorhandenen Leitungen wurden von allen aus der Nachbarschaft mitbenutzt.

Doch unsere Wohnung hatte ein Telefon. Das war günstig, denn somit konnten wir zurückgerufen werden. Eine halbe Stunde später rief Loreta dann an.

»Ob sie ihre Freundin wieder mitbringen solle?«

»Klar,« sage ich. »Carlos hat gar nicht so gut geschlafen letzte Nacht. Und jetzt fühlt der sich immer noch ganz schön alleine.

Natürlich, bring die Freundin mit.«

»Ob wir heute Nacht ausgehen werden?«

»Ja«, sage ich, »gerne. Wenn du willst, gehen wir heute aus!«

»Ja, und ob sie sich 5 Dollar von ihrer Schwester leihen könne? Die müsste ich ihr dann wiedergeben. Sie will auf dem Weg noch schnell ein Halstuch kaufen.«

»Kein Problem, Loreta, was sind schon 5 Bucks? Also, wir warten auf euch!«

Nun weiß also die ganze Nachbarschaft, dass wir heute zusammen ausgehen! Und dass Loreta heute mit einem Gringo schläft, wenn sie diese Nacht nicht mehr auftaucht. Was soll's? Datenschutz und Sicherung der Intimsphäre steht bei diesem Telefonsystem wohl nicht gerade ganz oben auf der Liste. Die brauchen gar keine NSA in Kuba, die brauchen nur hellhörige Nachbarn. Aber warum die alle so gekichert haben, als Loreta das Halstuch erwähnt hat, bleibt mir dennoch ein Rätsel.

Ich hole schnell noch zwei Schachteln Zigaretten für Carlos im Capri gegenüber, damit der nicht schon wieder auf dem Weg dorthin verschüttet geht, und informiere ihn dann, dass die beiden Chicas von gestern in einer Stunde vor der Tür stehen. Vielleicht wäre eine schnelle Dusche ja keine schlechte Idee. »Carlos, ich habe vor, zunächst mit Loreta durch Habana Vieja zu ziehen. Disco oder Live-Mucke ist vielleicht nicht so das Richtige für diese Muchachas. Und für mich ist das heute auch nichts, vielleicht später dann. Wenn du willst, könnten wir auch zu viert in die Altstadt. Oder hast du eine andere Idee?«

Aber Carlos hat heute überhaupt keine Idee. »Ist schon gut, mach einfach. Wir schließen uns euch an.«

Die Girls brauchen natürlich über 2 Stunden, bevor sie in der Wohnung auflaufen. Aber egal, dafür sehen beide wieder zum Anknabbern aus. Kein Hosenanzug und Sonnenbrille mehr. Loreta trägt einen kurzen Rock und ein T-Shirt, ihre Freundin so eine schwarze Stretchhose und das gleiche T-Shirt. Hat alles irgendwann der Franzose bezahlt, aber das wusste ich damals noch nicht. Und der bestimmt auch nicht.

Das seidene Halstuch, das sie gerade noch irgendwo erworben hatte, ist für mich. Ich bin ganz gerührt, als sie mir das Ding umbindet. Natürlich, der Knutschfleck, den hatte ich ja ganz vergessen! So ne Knutsche ist hier wohl so etwas wie eine Visitenkarte, die eine Frau dem Lover im letzten Moment vor der Trennung noch überreicht. Deshalb haben die vorhin so gekichert, als die Sprache auf das Halstuch kam. Einen den-hab-ich-bereits-gevögelt-Stempel bedecken. Bestimmt besitzt jede Muchacha ihre eigene Ausprägung. Klar, dass Loreta für mich ein Tuch besorgen wollte!

Ich überschlage mal kurz, was ich selbst so ausgeben würde bei einem Bummel zu zweit. Mit Privattaxi, Essen, hier und da Einkehren und so allerhand Tinnef kaufen, jetzt wo den Kubanern Kleinbusiness, Dollarbesitz und ambulanter Verkauf erlaubt ist, und man in der Altstadt an jeder Straßenecke angehauen wird. Viele versuchen auch, alten oder gebrauchten Kram zu verkaufen. Bücher oder Schallplatten, Kleidung, Petroleumlampen und so. Eben alles, was ihnen ein paar von den begehrten grünen Scheinchen einbringen könnte. Für eine kurze Zeit haben sich in Havanna große Teile der Altstadt und die Umgebung einiger Hotels in einen permanenten Flohmarkt verwandelt. Bis die Behörden auf die glorreiche Idee gekommen sind, diesen Aktivitäten einen regulativen Rahmen zu verpassen und sie mit einer Steuerabgabe zu belasten. Ebenso wie den Paladares, diesen überall aus den Boden schießenden Kleinstrestaurants im Wohnzimmer oder auf dem Balkon einer Privatwohnung.

Aber in jenem Jahr waren die noch nicht auf den Steuertrichter gekommen, und jeder ′Paseo`, jeder Stadtbummel wurde auch gleichzeitig ein Schnupper- und Einkaufsbummel. Ich hole also die entsprechende Summe aus dem heimlichen Geldbunker meiner Chaosbude und überreiche die Dollar der erstaunten Muchacha: »Hör zu, Loreta. Das ist die Summe, die wir beide heute Abend verbraten können. Ich möchte, dass du diese Nacht die Kasse bei dir hast, mit allen verhandelst und auch alles bezahlst. Hier in Kuba kannst du mit Sicherheit sehr viel besser mit Dollar umgehen, als ich das jemals könnte. Ich selber werde überhaupt kein Geld dabei haben, okay?«

Carlos hat sich sofort dieser Aktion angeschlossen und seiner Muchacha die gleiche Summe übergeben. Bei solchen Geschichten ist er ganz schnell von Begriff, clever und experimentierfreudig. Und am Ende sollte sich diese spontane Eingebung als die beste Idee erweisen, seit Wilhelm Reich im Jahre 1929 in Wien seine Sexualberatungsstelle eröffnet und gleich die erste hilfesuchende Klientin flachgelegt und damit geheilt hat. Oder war es umgekehrt gewesen, erst geheilt und dann flachgelegt? Jedenfalls ist der Weg zur Befreiung so manches Mal nur ein recht kleiner Schritt.

*

Gesetzlich sind in Kuba Frauen den Männern gleichgestellt, ebenso wie den schwarzen und farbigen Bewohnern dieser Insel dieselben Rechte wie den Weißen eingeräumt werden. Doch Machismo und Rassismus lassen sich nicht allein durch Gesetze aus der Welt schaffen. Besonders nicht in einem Land, das Jahrhunderte lang seine ultrakonservative Struktur und reaktionäre Grundausrichtung gepflegt und verteidigt hat. Wenn also die Revolution von 1959 die Gleichstellung von Weiß und Schwarz, Frau und Mann, Intellektuellen, Handwerkern, Feldarbeitern, von Kind und Kegel, Hund, Katze und Fledermaus verkündet und gesetzlich verankert hat, dann ist diese neue Realität dennoch höchstens die halbe Wahrheit.

Sicherlich ermöglichen diese Gesetze den Schwarzen und den Frauen der kubanischen Gesellschaft freien Zugang zu den Bildungseinrichtungen und zumindest in der Theorie zu sämtlichen Berufen des Landes. Jedoch muss eine reale und vollständige Umsetzung dieses Gleichheitsmodells auch von dem Wunsch und dem Willen der Mehrheit einer Gesellschaft getragen werden. Und diese ´Mehrheiten` sind in jeder Gesellschaft auf geheimnisvolle Art und Weise mit dem Selbstverständnis und dem Willen der bisherigen Machthaber verknüpft. Erst wenn auch in den innersten Zirkeln der Macht Zweifel an der alleinigen Legitimation und Unfehlbarkeit aufkommen, das heißt, wenn sich die Träger der Macht selbst in Frage stellen, können gesellschaftliche Prozesse von realer Umgestaltung anlaufen. Doch welcher Machtmensch auf Kuba war schon zu diesem Schritt bereit?

An jenem Frühlingsabend des Jahres 1997 jedenfalls haben die kubanischen Machos erstaunt und manchmal auch aggressiv reagiert, als sie von den beiden Ausländern stereotyp an die kubanischen Muchachas verwiesen wurden.

»Tut uns leid, du musst leider mit den Chicas verhandeln. Sie haben das Geld. Vielleicht wollen sie ja überhaupt nichts von deinem Kram kaufen. Oder es ist ihnen zu teuer. Und dass du uns andere Muchachas besorgen willst, finden sie vielleicht auch nicht so ideal. Auf jeden Fall sind sie es, die entscheiden.«

»Seid wann haben die Frauen das Geld? In Kuba gibt es so etwas nicht, jedenfalls nicht, wenn es sich um Dollar handelt.«

»Jetzt schon, mein Freund, ab jetzt doch. Gewöhne dich schon einmal an den Gedanken.«

»Verdammt, wir können doch nicht mit unseren Compañeras (Genossinnen) verhandeln. Die sind imstande, unsere Preise zu drücken. Und morgen muss ich wohl meiner Frau das Geld geben, oder wie?«

Nach einer anfänglichen Unsicherheit begannen die beiden Muchachas den nächtlichen Bummel dermaßen zu genießen, dass wir in dieser Nacht überhaupt nicht mehr in einen Live Schuppen eingekehrt sind. Carlos hatte ihnen gezeigt, wie in den arabischen Ländern ein potentieller Kunde bereits im Vorfeld den Anbieter einer Ware unter Druck setzt, indem er einen sichtbaren Packen von Geldscheinen mit einer Hand verkleinert, während die andere Hand die Ware berührt. Der Käufer übernimmt somit die neutrale Funktion einer Balkenwaage, die zwei Werte gegeneinander abwägt und den Tauschwert der angebotenen Ware Schein für Schein reduziert.

Diese Verhandlungstechnik arabischer Aufkäufer, die ohne Zweifel zu den ausgebufftesten Händlern auf unserem Erdball gehören, erfordert eine gewisse Fingerfertigkeit, ein absolut kontrolliertes Minenspiel und eine jahrelange Erfahrung auf Märkten und Tauschbörsen. Die beiden Girls brauchten nicht mehr als eine Stunde, um diese Technik zu beherrschen und die Muchachos zur Verzweiflung zu treiben. An diesem Abend verhandelten sie überall und mit jedem, egal ob es sich um Verkauf von Trödel, Büchern oder um Preise für Taxis oder Unterkünfte handelte, und ließen fluchende und verwirrte Compañeros zurück, unter denen sich die ernüchternde Gewissheit ausbreitete, dass sie auf dem Weg ins kapitalistische Paradies wohl noch einige unerwartete Hürden und Fallstricke vorfinden würden.

Inzwischen waren Carlos und ich dazu übergegangen, um Genehmigung zu betteln, wenn wir ein Getränk oder eine andere Kleinigkeit in einer Bar oder bei einem Chiriquito bestellen wollten.

»Cariña, darf ich so eine Pizza bestellen? Bitte, ich habe doch so einen Hunger!«

»Bitte, kauf mir noch ein letztes Bier, mi amor. Bitte, es ist so heiß heute.«

Später in der Nacht legte Loreta das übriggebliebene Restgeld auf das Bett und rechnete mir unsere Ausgaben vor. Sie hatte jeden einzelnen Posten im Gedächtnis behalten und kam am Ende auf eine Summe, die weit unter meinem bisherigen Ausgabenniveau lag. Ich schob ihr das Geld wieder rüber und sagte, »Steck das wieder ein, Loreta. Wenn wir morgen Nacht in dem Palacio auflaufen, sollten wir das gleiche System anwenden. Du sparst uns richtig Geld.«

»Du meinst, ich soll auch den Eintritt bezahlen?«

»Ja natürlich, gerade den Eintritt. Damit können wir doch prima demonstrieren, wer hier eigentlich die Hosen an hat.«

»Was bedeutet ´Hosen anhaben`?«

»Das bedeutet, dass du morgen allen Machos die Eier abschneiden wirst.«

»Ich glaube aber nicht, dass wir im Palacio bezahlen müssen.«

»Doch, ganz bestimmt! Da müssen auch alle Muchachas bezahlen. Habe ich doch selbst gesehen.«

*

Als Prophet tauge ich in diesem Land nicht wirklich. Wie kann man auch gegen eine einheimische Frau Recht behalten wollen. Natürlich wusste es Loreta besser, sie musste überhaupt keinen Eintritt bezahlen. Weder für sich, noch für mich oder ihre Freundin, und sogar Carlos ist einfach mit durch den für uns geöffneten Seiteneingang geschlüpft. Dabei hatte ich vorher die Befürchtung, dass er eventuell noch für den zertrümmerten Tisch von vor zwei Tagen zur Kasse gebeten würde. Aber nichts da, alles ganz freundlich und easy.

Was mich noch mehr erstaunte, war die offensichtliche Tatsache, dass meine Muchacha hier eine große Nummer war. Selbst die Mitglieder der Band kamen vor ihrem Auftritt noch vorbei, um sie zu begrüßen. Und um sie aufzufordern, mit auf die Bühne zu steigen.

Loreta ziert sich jedoch ein wenig, und weist die Mitglieder der Band auf den Umstand hin, dass sie heute schließlich nicht alleine hier aufgetaucht sei. Irgendwie ist es ihr wohl wirklich peinlich, nun vor meinen Augen ihre ´andere Seite` zu präsentieren. Der smarte Schlagzeuger kommt daraufhin zu mir, um in aller Form anzufragen, ob ich damit einverstanden sei, dass Loreta auf der Bühne tanzt.

»Yo no pinto nada en esto,« antworte ich dem, immer noch auf der Welle unseres Spiels, bei dem die Frauen das totale Sagen haben, »ella es adulta, y independente. Es ella, quien manda. Maneja nuestro dinero, toma las deciciones y decida, si compramos, salimos o quedamos en la cama y follamos.«

(Ich habe hier gar nichts zu sagen. Sie ist erwachsen und unabhängig. Sie bestimmt. Sie verwaltet unser Geld und entscheidet, ob wir einkaufen, ausgehen, oder im Bett bleiben und ficken.)

Der Drummer stutzt und zieht bei meiner rüden Antwort kurz die Brauen zusammen, um sich dann ohne ein weiteres Wort an seine Truppe zu wenden. Meine Antwort war ja in der Tat ein wenig heftig ausgefallen. Ich weiß selber nicht, warum mir dies so spontan rausgerutscht war. Aber klar war auch, dass Loreta nicht nur mit der Band und diesem ganzen Laden gut bekannt gewesen ist, sondern dass da noch mehr dahinter stecken musste.

An diesem Nachmittag erst hatte sie mir erzählt, dass ihre erste große Liebe seit nahezu einem Jahr im Knast sitze und sie ihn noch manchmal besuchen gehe. Er sei als ´Delincuente` (Krimineller) eingestuft und habe sich 20 Jahre eingefangen, nachdem er auf frischer Tat bei der Tötung einer Kuh erwischt worden ist. Der hat in regelmäßigen Abständen eine dieser frei herumlaufenden staatseigenen Kühe geschlachtet, um das Fleisch zu verkaufen. Ein Matador am Straßenrand, und manchmal stand Loreta dabei Schmiere.

Zum Glück nicht bei seinem letzten Kill, der ihm dann zum Verhängnis geworden ist. Auf Kuba hatte sich am Anfang der großen Krise der Rinderbestand von 10 Millionen innerhalb kürzester Zeit auf hunderttausend reduziert, ähnlich wie auch der Bestand an Geflügel und Hausschweinen. Der Versuch, auf allen verfügbaren Grünflächen auf dem Land und in der Stadt eine neue Rinderzucht heranwachsen zu lassen, führte bei einer hungernden Bevölkerung natürlich zu Schlachtfantasien. Aber ein heimliches Töten im Straßengraben ist nicht jedermanns Sache, und so formte sich eine Bande von jugendlichen Auftragskillern, die in der Lage waren, in nächtlichen Kommandoaktionen das begehrte Fleisch zu beschaffen.

*

Bis sie in die Falle einer Spezialbrigade der PNR (Policia Nacional Revolucionaria) liefen, die inzwischen zur Eindämmung der Rindermassaker gebildet worden war. Das bedeutete am Ende dann 20 Jahre für jeden Beteiligten, und damit war das Leben dieser jugendlichen ´Delincuentes` praktisch vorbei.

Doch von ihrer Beliebtheit bei der Salsa-Truppe hatte sie mir nichts berichtet. Und nun sehe ich sie auf der Bühne den heißen Tanz der Locas vorführen, eingebunden in Bewegungsabläufe, welche die Musiker erst zu jenen Höchstleistungen und diesem typischen Rhythmusbruch verleiten, der auch die anderen verrückten Girls im Publikum auf Tische und Stühle zwingt.

Ich verstehe nicht allzu viel von Tanz, Choreographie und heißen Rhythmen, aber es wurde nun überdeutlich, dass Loreta (und vermutlich auch weitere Vortänzerinnen) die ekstatischen Bewegungen der ´Locas` erst aus den traditionellen sinnlichen Bewegungen des Salsatanzes abgeleitet und entwickelt haben. Und dass es ursprünglich vielleicht gar nicht so sehr an den Musikern gelegen hat, dass sich diese explosive Spirale aus Bewegung und Rhythmus zu einem orgiastischen Höhepunkt hochschraubt. Nun schien es mir eher meine jetzt völlig abgehobene Gefährtin der letzten Nacht auf dem Podest vor der Bühne zu sein, die mit ihren Bewegungen der Musik ihre Rhythmen vorgab. Besonders der Schlagzeuger ließ Loreta keine Sekunde aus den Augen und wurde durch die Bewegungen ihres Körpers wie von dem Taktstock eines Dirigenten beherrscht. Zumindest für meine Augen baute sich zwischen diesen Polen eine intensive erotische Spannung auf, und schlagartig wurde mir bewusst, dass die beiden ein Verhältnis hatten. Es konnte gar nicht anders sein.

*

Was macht ein Mann gegen Eifersucht? Es ist das peinlichste und am meisten gehasste Gefühl der Hilflosigkeit, ein Treffer weit unterhalb der Gürtellinie, der die Gedanken verkleistert, Empfindungen in ihr Gegenteil verkehrt und uns Männer zu hirnlosen Idioten macht. Keiner kann wirklich mit Eifersucht umgehen, weil wir dieses Urgefühl weder akzeptieren noch verdrängen können. Wir können nur zuschlagen, saufen oder weglaufen, wenn es uns wieder einmal erwischt. Und die Ergebnisse des hoffnungslosen Kampfes mit diesem hinterhältigen Gefühl sind Matschbirne, blutige Lippen und Selbstgespräche in dem Loch, in das wir uns am Ende verkriechen.

Nichts hilft und gar nichts heilt.

Vielleicht ist Eifersucht ein zu großes Wort, um den Stich zu beschreiben, den mir an diesem Abend die Erkenntnis versetzte, dass ´meine Muchacha` überhaupt nicht ´die Meine` war. Aber es ging schon in diese Richtung. Loreta gehörte allen, sie war so etwas wie ein kubanisches Kulturgut und eine Orientierung der alternativen Tanz-Szene in dieser Stadt. Sie gehörte zwar auch nicht dem Schlagzeuger dieser Band oder dem eingebuchteten Kuhmörder, aber schon gar nicht konnte sie mir gehören. Einem Gringo, der gerade einmal zwei exotische Nächte mit ihr verlebt hatte und dessen größter Verdienst es bislang gewesen war, dass diese Frau ihr Geschick und ihre Dominanz bei dem Spiel mit Geld und Macht auf der Straße erkannt hatte.

Aber verdammt, ich hatte mich in sie verknallt. Das war nicht clever, nicht gewollt und schon gar nicht geplant, und doch musste ich diese Frau jetzt irgendwie erobern. Und am nächsten Mittag startete mein Rückflug. Dieses war unsere letzte Nacht.

Ich verabschiede mich ziemlich bald mit den Hinweis auf meinen morgigen Flug und sage zu Loreta, sie solle ruhig noch hierbleiben, wenn sie will, und weiterfeiern, weil sie alle ihre Bekannten hier wohl schon länger nicht mehr getroffen habe.

Das war natürlich auch so eine hilflose Abwehrreaktion, denn natürlich wollte ich nichts weniger, als diese letzten Stunden in Kuba alleine zu verbringen. Aber, wie gesagt, Männer sind manchmal reichlich hilflos und dumm. Und ich selbst war in diesem Moment offensichtlich der größte Idiot. Doch Loreta entschied sich, mit mir zu gehen. Sie hatte natürlich sofort begriffen, was mein eigentliches Problem gewesen war, und dass es nach einer Trennung zu diesem Zeitpunkt für uns keine zweite Chance mehr gegeben hätte.

*

Gegenüber dem Hotel Rivera liegt der Plaza de la Juventud, der in jenen Jahren noch ein trister, leerer Asphaltplatz gewesen ist. Als wir ihn in dieser Nacht überqueren, um am Malecon entlang nach Hause zu gehen, kommen wir an einem Kreis von Jugendlichen vorbei, die an ihren Hosen rumfummeln und offensichtlich gerade ein Wettpissen veranstalten wollen. Die Muchacha fasst mich plötzlich an den Schultern und dreht mich von dieser Gruppe weg.

»Sieh da bitte nicht hin. Diese bescheuerten Idioten! Ich muss weg hier, Kubaner können manchmal solche verdammten Schweine sein.«

»Na, na, beruhige dich. Die pissen doch nur in eine Dose, so etwas geschieht auch in anderen Ländern. Vielleicht nicht gerade auf öffentlichen Plätzen, aber meine Güte, haben wir als Jugendliche doch auch gemacht.«

»Die pissen nicht! Dann schau hin, pinkeln geht ja wohl anders.«

Es war in der Tat eine reichlich obszöne Szene, die sich uns darbot, als wir stehen blieben und zu den jungen Männern hinüberschauten, welche sich provokativ langsam zu uns hindrehten, ohne ihre synchrone Wichserei dabei zu unterbrechen. Das Ganze sah aus wie ein Probelauf für den großen Auftritt später, wenn der Salsa-Laden schließen und die Massen aus dem Portal herausströmen würden. Natürlich kann man auch auf diese Art dagegen protestieren, dass die Gringos mit ihren Dollar ihnen die heißesten Girls wegschnappen, aber wirklich animierend oder angenehm war dieser Anblick wahrhaftig nicht. Diese Aktion erniedrigte irgendwie Akteure und Zuschauer gleichermaßen. Da musste ich dem Girl Recht geben.

Wir haben in dieser Nacht miteinander geschlafen. Aber wiederum wurde aus unserer Vereinigung kein Zustand des Schwebens oder einer anhaltenden Ekstase, wie ich es mir für dieses letzte Beisammensein erhofft hatte, sondern nur ein schweigender und emotionsarmer Akt. So ein Timing hätte eher zu einer gelungenen Behandlung bei einem Zahnarzt gepasst, als zu einem abschließenden Höhepunkt einer Liebesromanze. Doch diese Banausen auf der Plaza mit ihren Schwänzen in der Hand hatten jeden Ansatz einer lustbetonten Fantasie bei Loreta erstickt. Und ich konnte nichts dagegen tun.

Aber ich konnte reden und die Frau unterhalten, denn an Schlaf war sowieso nicht zu denken. Und so erzählte ich ihr von Spanien und seinen Sonnenstränden am Mittelmeer, von Madrid, der chaotischsten und sympathischsten Stadt, die ich kenne, von dem Stolz der Andalusier und der Schroffheit und Härte der Region Galicien, wo der kubanische Führer seine familiären Wurzeln hat, ebenso wie der verstorbene Diktator Spaniens, der sich ebenfalls zu viele Jahre an die Macht geklammert hatte.

Von den Inseln und Stränden der Philippinen, wo das Meer noch klarer und der Himmel noch blauer ist als auf Kuba und wo die Menschen so arm, duldsam und mutig sind, wie es nur Asiaten sein können, und die dennoch niemals ihr feines Gespür für Höflichkeit und Schönheit verloren haben. Von Menschen in Afrika, die ich getroffen habe, die gestern noch in einem hoffnungslos verarmten Land irgendwie überlebten und sich über Nacht in einem wohlhabenden Land zurechtfinden mussten, weil irgendwo weit draußen auf einem Meer, dass sie nie zu Gesicht bekommen haben, weiße Menschen Öl gefunden und die Sippe ihrer Herrscher unanständig reich und unsagbar brutal gemacht hatten.

Doch vor allen Dingen erzählte ich ihr von Rhythmen und Tänzen, denn inzwischen konnte ich ja erahnen, was den Mittelpunkt ihres Lebens ausmachte. Und unsere Welt ist überreich an Musik und tänzerischem Ausdruck, vielleicht weil dies die einzige Sprache und ein universelles Band unter den Völkern ist, das von allen Menschen sofort verstanden wird.

Loreta hatte sich in jener Nacht an mich gekuschelt und wollte gleichfalls nicht einschlafen, um auf gar keinen Fall die Bilder, Geschichten, Gerüche und Rhythmen dieser fremden Welt zu verpassen, die mit meinen Erzählungen in ihr lebendig und mächtig wurden, bis sich alle Realitäten vermischten und sie zu einem Teil jener verlockenden Welt geworden war. In den frühen Morgenstunden erwachte ich mühsam aus meiner tiefen Erschöpfung, in die ich zu später Stunde gefallen war, weil sich das Gewicht ihres Körpers auf mir bemerkbar machte und langsam die zähen Nebel meines Schlafes beiseite drückte. Loreta hatte sich irgendwann auf mich gelegt und mein Geschlecht in sich eingeführt, um ihre Weltenreise nicht wieder zu unterbrechen. Ich hatte überhaupt nichts davon verspürt. Genaugenommen war dieser Akt auch so etwas wie eine Vergewaltigung gewesen, erzwungen durch Fernweh und Sehnsucht nach Anderssein.

»Papi, Papi, ich habe gesehen, wie wir auf eine Weltreise mit einem Luxuskreuzer gegangen sind, und du warst der Kapitän. Gibt es auch Schokolade und einen Tanzsaal auf unserem Schiff? Und große Betten? Ich will in einem Bett schlafen, von dem aus ich das Meer und andere Häfen sehen kann. Bitte lass uns viele Länder sehen. Ich will überall an Land gehen.«

(Papi = volkstümlich auf Kuba und in der Dominikanischen Republik für ´Schatz/Liebling`)

Sie hatte überhaupt nicht geschlafen in dieser Nacht. Aber sie war tief in eine Traumwelt der Wünsche eingetaucht, in der sie sich auch nach meinem Erwachen noch weiter bewegte. Ich hatte so ein ähnliches Phänomen ja bereits früher einmal auf dieser Insel der dauernden Entbehrungen und der großen Sehnsüchte erlebt.

Gegen Mittag begleitete sie mich in die Villa Panamericana zur Abfahrt meines Zubringerbusses zum Flughafen Varadero. Wir waren immer noch in der Vertrautheit dieser Nacht gefangen und ich versprach ihr, in spätestens einem halben Jahr wieder in Kuba zu sein. Aber wie lange würde solch eine Wunschrealität zwischen Traum und Sehnsucht andauern?

*   *   *

Im diesem Herbst konnte ich mir zwei Wochen für einen Kubatrip nehmen. Mein Hotel war das Mariposa, damals ein lauwarmes Rückzugsgebiet, glaube ich, obwohl es so etwas offiziell in Fidels Reich überhaupt nicht gibt. Aber das spielte keine Rolle. Ich hatte sowieso damit gerechnet, dass Loreta mich zu der angegebenen Ankunftszeit vor dem Hotel erwartete, und wir uns sogleich eine Privatunterkunft suchen würden. Das war der Plan, den wir in unseren Briefen vorher festgelegt hatten.

Sie war nicht dort. Auch nicht nach den obligatorischen zwei Stunden Wartezeit, die man in Kuba stets mit einrechnen sollte. Unsere letzte Korrespondenz lag allerdings auch schon über einem Monat zurück, ich hatte nur ein paar Tage vor meinem Abflug noch einen Brief mit den Reisedaten nachgeschoben. Dennoch ...

Konnte natürlich alles Mögliche passiert sein. Brief nicht angekommen, heftige Sommergrippe, Oma liegt im Sterben, im Guagua erdrückt worden, beim Schwimmen mit einem Schwertfisch zusammengestoßen, was weiß ich. Aber all dies war nicht so wirklich wahrscheinlich. Kurz nach meiner Ankunft hatte ich bei dieser ominösen Telefonnummer aus ihrem Barrio durchgeklingelt und bei irgendeiner neugierigen Nachbarsfrau meine Hotelnummer hinterlassen. Das hatte ja früher schon einmal hingehauen. Und nun wartete ich in der menschenleeren und langweiligen Eingangshalle dieses Hotels auf den Rückruf.

Kurz vor Mitternacht ruft Loreta an und erklärt mir, dass um die Zeit keine Busse mehr so weit nach außerhalb fahren. Ich antworte:
» Das ist doch völlig schnuppe, Loreta. Such dir einen privaten Taxidriver. Ich komme aus dem Hotel und bezahle den dann. So etwas ist doch in La Habana gar kein Problem.«

»Okay,« meint sie endlich, »ich komme. Es wird aber noch etwas dauern.«

Also stelle ich mich zunächst einmal unter die Dusche und rufe danach Angel an, bevor da niemand mehr ans Telefon geht. Zwar hatten wir ausgemacht, dass Loreta eine Privatunterkunft für meinen nächsten Besuch besorgt. Aber nun bin ich mir nicht mehr so sicher, ob sie dies tatsächlich erledigt hatte.

Meine Dunkelkammer stand tatsächlich noch zur Verfügung und Angel versprach mir, alles vorzubereiten und den Schlüssel beim Eingang in unserem Geheimversteck zu deponieren. Viel vorzubereiten war ja nun nicht bei dieser Butze. Vielleicht das Licht anknipsen und eventuell neue Bettwäsche hinlegen, Staub wischen kann man ja im Dunkeln schlecht. Und genau betrachtet wurde in diesem Jahr ja auch schon mindestens einmal Staub gewischt. Und zwar bei meinem letzten Besuch, als wir irgendwie meine Socke und das Portemonnaie von Carlos unter dem Bett lokalisieren mussten. Möglicherweise haben die ja auch in der Zwischenzeit noch einmal zum Besen gegriffen.

Also hatte ich zumindest einen Zufluchtsort, denn in diesem gottverlassenen Hotel hatte mir der Portier bereits angedeutet, dass Damenbesuch auf gar keinen Fall geduldet werden kann. Vielleicht wollte der auch nur die Preise in die Höhe treiben, aber manchmal gibt es in den Hotels so Hardliner an der Rezeption, da läuft tatsächlich überhaupt nichts.

Um 2 Uhr kommt Loreta angerollt. Ich hatte in der Eingangshalle gewartet, war aber gerade in einem dieser Plüschsessel etwas eingedämmert. Der Typ an der Rezeption verstellt ihr jedoch im Eingang den Weg und zickt dermaßen hektisch rum, dass ich hochschrecke und zum Eingang eile.

»Glaubst du etwa, Kuba geht unter, wenn du meine Novia hier in die Eingangshalle lässt? Oder ist sie für dich so etwas wie die Vorhut einer fünften Kolonne, die Invasion der Weiblichkeit, du tugendhafter Parteigenosse?«

Aber mit diesen Leuten kann man ja nicht vernünftig reden. Ich stürze also auf mein Zimmer und hole meine Klamotten, die sind sowieso noch alle in meinen beiden Taschen. Bis auf die Badelatschen, die ich zum Duschen benutzt hatte. Die Dinger lasse ich stehen. Irgendwo habe ich einmal gelesen, dass man immer etwas im Zimmer lassen muss, wenn man seinen Anspruch auf die Reservierung nicht aufgeben will. Also zur Sicherheit, obwohl ich mir nun wirklich nicht vorstellen kann, in dieses merkwürdige Hotel zurückzukehren. Fern vom Zentrum der Stadt, fern vom Wasser, fern von allen und jedem, außer dem Flughafen José Marti. Und der steht bei mir nun wahrlich nicht auf der Dringlichkeitsliste meines privaten Sightseeing-Programms.
Eventuell ist dieses Hotel ja auch ein heißer Tip für die internationale Schwulenszene. Die brauchen es doch immer ein wenig zurückgezogen, und die roten Plüschsofas im Eingang würden doch schon einmal passen. Dieser Kanarienvogel an der Rezeption wohl auch.

*

Meine Chica ist irgendwie zurückhaltend. Sie nimmt mich zur Begrüßung in den Arm und schmiegt sich im Taxi an mich, aber dennoch …

Nachdem wir endlich in Vedado in der Calle 21 gelandet sind, zieht sie sich sofort in unsere Höhle zurück, während ich erst einmal einen Durchhaltekaffee aufsetze. Frauen wie Loreta können so etwas nicht, die können in der Regel nicht einmal ein Spiegelei braten. Aber gut, brauchen sie ja auch nicht zu können, wer verlangt von diesen Schönheiten denn jemals einen solchen Service? Vielleicht so einer wie Bruce Willis oder Sylvester Stallone. Aber Willis steht wohl mehr auf Rührei und Stallone auf rohes Rindfleisch, vermute ich mal. Außerdem konnten die in jenen Jahren ja sowieso nicht nach Kuba reisen.

Loreta hatte sich ausgezogen und war unter das Laken gekrochen, hatte aber ihren Slip dabei anbehalten. Das hatte sie früher nie gemacht. Als ich mich zu ihr lege und ihr das Höschen abstreifen will, besteht sie darauf, dass ich erst einen Gummi besorge. Ein Gummi - das ging nun gar nicht! Wo sollte ich denn um 3 Uhr nachts so einen Verhüterli auftreiben?

Ich schlage ihr vor, dass wir am nächsten Tag gemeinsam Hand in Hand bei einem ´Puesto de Salud` auflaufen und beide einen Test machen lassen. Und meinetwegen auch noch zusätzlich ein halbes Kilo chinesischer Präser einkaufen. Aber für diese Nacht müsse sie mir einfach vertrauen.

Um das hier einmal klarzustellen: für mich selbst ging es bei diesem ganzen Gummikram immer nur um die Vermeidung von ansteckenden Krankheiten, hauptsächlich SIDA (Aids). Denn ich hatte mich ein Jahr zuvor einer Sterilisation unterzogen. Also Schnipp-Schnapp, ihr versteht schon. Ich kann im übrigen so eine Aktion nicht weiterempfehlen, das nur mal so nebenbei gesagt. Bei mir jedenfalls war das eine runde Katastrophe gewesen. Tat höllisch weh, hatte sich heftig entzündet und ist dazu auch noch ziemlich teuer, zumindest in Spanien. Und dann hat das Ganze nicht einmal richtig funktioniert. Völlig auf Null bin ich mit meinen zähen kleinen Spermien bei den Nachtests bis heute nicht gekommen. Ein paar Clevere von denen haben immer ihren Weg gefunden. Aber die Konzentration ist dann doch so sehr in den Keller gerauscht, dass die Chance auf einen folgenreichen Schuss danach recht gering gewesen sein sollte. 1 : 10 000 nach Meinung von Ärzten, die es eigentlich wissen müssten.

Ich hatte Loreta nichts von diesem Eingriff erzählt. Ich weiß selbst nicht genau, warum eigentlich. Vielleicht wollte ich in diesem Macholand nicht als Softie eingestuft werden. Aber immerhin hatte sie mir schon früher erzählt, dass sie einfach zu ihrem Arzt gehen würde, falls es sie einmal erwischen würde. Das ist ja in Kuba ein ganz legaler und normaler Weg. Im Grunde ging es also auch bei ihr nur um Aids.

Am nächsten Tag sind wir dann auch bei dem Gesundheitsposten aufgelaufen, den Weg kannte ich ja noch von früher. Und dieses Mal bekamen wir sogar noch am selben Abend das Ergebnis mitgeteilt. Damit hätten nun alle Ängste und Hemmnisse beseitigt sein sollen.

Aber es passte nicht, obwohl wir die nächsten beiden Tage fast ausschließlich im Bett verbrachten. Wenn zunächst Loreta gezögert hatte, in unsere frühere Vertrautheit wieder einzutauchen, so lag es bald auch bei mir selbst, eine neue Grenzlinie zwischen uns zu benennen. Und wenn so eine Grenze erst einmal definiert ist, dann wird sie auch wahrhaftig und real und lässt sich nicht mehr so einfach wegbumsen.

Ich weiß nicht mehr genau, welcher Teufel mich dabei geritten hat. Enttäuschung vielleicht, Übersensibilität, oder auch die Beobachtung, dass sich der Körper dieser Frau in den letzten sechs Monaten verändert hatte. Sie war immer noch wunderschön, vielleicht noch attraktiver als zuvor. Aber ihr ganz flacher Bauch hatte eine leicht verdächtige Wölbung bekommen, und zwar nicht von übermäßigem Essen. Diese Art Verformung kommt schon eher von durchgenudelten Nächten und bleibt ja auch nicht allzu lange bestehen.

Natürlich habe ich mich gehütet, Loreta jemals darauf anzusprechen. Das war einzig und allein ihre eigene Sache, ich breitete ja auch nicht meine Lebensgeschichte vor ihr aus. Sie war mir keinerlei Rechenschaft schuldig. Aber dies änderte nichts daran, dass ich verstanden hatte. Loreta war offensichtlich direkt aus dem Bett eines anderen Mannes zu mir in das Hotel gekommen. Immerhin ist sie gekommen, gewissermaßen unter erheblicher Anspannung und erschwerten

Bedingungen. Aber damals konnte ich diesen positiven Aspekt kaum würdigen. Der Stachel saß dann wohl doch zu tief.

Das Bedrückende an dieser Situation war, dass wir uns beide nicht so recht trauten, einen Vorschlag für eine gemeinsame Unternehmung ins Gespräch zu bringen. Zu groß war die Gefahr, irgendwo mit Personen oder Situationen von kompromittierender Vorgeschichte zusammen zu treffen. Havanna ist zwar nun wirklich kein kleines Nest, aber die Szenerie für Unternehmungen eines kubanisch-europäischen Paares war damals noch recht klein. Playas del Este, Malecon, Altstadt, ein paar Discos oder Läden mit Live-Musik.

Vielleicht hätten wir einen romantischen Ausflug nach Cayo Largo oder Cayo Coco organisieren können. Das Verbot dieser Touristenziele für kubanische Begleitpersonen war ja wieder aufgehoben worden, nachdem die Besucherzahlen allzu massiv eingebrochen waren. Aber für solch einen Trip hätte die Chemie stimmen müssen, denn an diesen malerischen Orten wäre ein Ausweichen oder ein voreinander Verstecken unmöglich gewesen. In Havanna bestand zumindest die Möglichkeit, dass beide sich entscheiden, ihre eigenen Wege zu gehen.

*

Am Abend des dritten Tages teile ich Loreta mit, dass ich heute in den Palacio will. Ich stelle mich unter die Dusche und gehe dann kurz in das Capri gegenüber, um ein paar Zigaretten zu kaufen. Als ich wieder in der Wohnung bin, überrasche ich Loreta, wie sie gerade ein Kleid anprobiert, das ich noch nie bei ihr gesehen hatte. Stammte sicherlich auch aus der French Connection ihrer Schwester.

Sie sieht unglaublich aus, wie sie sich in diesem Modelkleid vor der großen Spiegelkommode im Flur dreht und wendet und versucht, ihre wilde Mähne unter Kontrolle zu bekommen und gleichzeitig ein wenig Lippenstift aufzutragen. »Ich bin gleich soweit«, wirft sie mir mit einem leichten Lächeln zu, als sie sich in meinem bewundernden Blick sonnt.

»Wie kommst du denn darauf, dass ich mit dir zusammen ausgehen werde?« antworte ich ihr und stürze gleich wieder auf die Straße. Ich wollte einen Schlussstrich ziehen und wusste doch genau, dass ich meine Entscheidung in ihrem Beisein und bei diesem Anblick keine 5 Minuten länger durchgehalten hätte. Dieser Entschluss vertrug keine Diskussionen und keine Fragen, und ich steuerte direkt das Habana Libre an, wo ich mit ein/zwei Gläschen den letzten Eindruck dieser wunderschönen Mulata, die ich nun nie mehr wiedersehen würde, runterspülen musste. Es war sowieso noch zu früh für den Palacio de la Salsa – und zu spät für eine Umkehr. Also genau der richtige Zeitpunkt für ein paar Mojitos.

Manchmal kann man trinken und trinken und wird nicht besoffen. Oder vielleicht kommt nach dem benebelten Zustand und verschwommenen Blick auch ein nüchterner Gang und der ganz große Durchblick zurück, wenn man nur weiter säuft. Ich konnte jedenfalls nicht diesen Anblick von Loreta verwischen, als sie mir erstaunt und reglos wie eine Statue in ihrem Abendkleid einen letzten fragenden Blick hinterherschickte. Verdammt, warum muss dieser Franzmann auch unbedingt Pariser Flair nach Kuba mitbringen? Der könnte vielleicht auch mal daran denken, was die Muchachas damit veranstalten, wenn er einmal gerade nicht in Havanna weilt!

In dem Hotel Habana Libre spielt es keine Rolle, ob es Freitag, Sonnabend, Sonntag oder Montag ist. Stets herrscht die gleiche langweilig - elegante Betriebsamkeit in dem Barbereich der Eingangsetage, selbst der Geruch hat sich in all den Jahren kaum verändert. Die benutzen wohl immer noch das gleiche Reinigungsmittel wie bei meinem allerersten Aufenthalt auf der Insel. Möglicherweise hatten die damals ja gleich eine ganze Schiffsladung von dieser Spezialmischung erstanden.

Ansonsten machte es sich jedoch sehr wohl bemerkbar, dass wir uns in der Nacht vom Montag zum Dienstag befanden. Der

Palacio war zwar geöffnet, aber ohne Live Musik. Keine Muchachas, kaum Gäste und eine Atmosphäre wie in einer Tiefkühltruhe. Hier sah es bereits nach Feierabend aus, bevor die Nacht überhaupt richtig begonnen hatte. Was für einen bescheuerten Tag hatte ich mir bloß für mein großes Trennungstheater ausgesucht!

Ich suchte mir ein Taxi und ließ mich in die Cecilia kutschen, aber dort war auch tote Hose, ebenso wie in der Marina Hemingway. Als ich am Ende noch bei der Bogedita del Medio vor verschlossener Tür stand, hatte ich genug von der sinnlosen Kutscherei und ließ mich zu meiner Wohnung bringen. Was machen nur alle die Leute an einem Montag in La Habana? Also eine sentimentale Trennung, die unter die Haut geht, sollte ein Gringo in dieser Stadt möglichst auf das Wochenende verschieben, dann findet man jede Menge Ablenkung und Trost. Und vermutlich auch an weiteren Tagen in der Woche. Nur eben nicht gerade am Montag. Das ist in Havanna kein guter Tag für Liebesschmerz und Seelenpein.

*

In der Küche finde ich in einem Regal zwischen Dosen und Tüten eine Flasche Habana Club, die ich dort als Notreserve gebunkert hatte. Was für ein Glück, dass in dieser Wohnung außer mir niemand Alkohol trinkt! Jetzt habe ich eine reale Chance, diese Nacht halbwegs glimpflich zu überstehen.

Loreta sitzt in ihrem zerknitterten Kleid aufrecht im Bett und reibt sich die Augen, als ich mit einem vollen Glas Rum in das Zimmer stolpere. Sie hatte offensichtlich in diesem erlesenen französischen Modeteil geschlafen. »Ich wollte längst gehen« verkündet sie mir, »aber dann bin ich wohl eingeschlafen.«

Ich hocke mich neben die Muchacha auf das zerwühlte Bett und wiege sie solange in meinen Armen, bis sich ihre Starre löst und sie zaghaft meine Umarmung erwidert. Dabei verschütte ich das halbe Glas Rum auf ihre Haute Couture

Kreation und versichere ihr erschrocken, dass wir morgen die Dollarboutiquen abklappern, um das schönste Kleid zu kauften, das wir in Havanna finden können. Dann schiebe ich Loreta den feinen Stoff bis auf ihre Hüften hinauf, strampele ich mich aus meiner Jeans und nehme sie hart in einem Anfall aus Sehnsucht, Scham, Stolz und Zärtlichkeit. Das hätte Yves Saint Laurent sicherlich gut gefallen und zu neuen Kreationen angeregt, wenn der nur nicht so endlos schwul gewesen wäre und vermutlich ja doch bei diesem Anblick weggeschaut hätte.

»Ich bin so ein Idiot! Plötzlich war ich auf alle Männer eifersüchtig, mit denen du jemals zusammen gewesen bist. Wie grenzenlos blöde und egoistisch. Aber das ist nun vorbei, jetzt bin ich nur noch unglaublich froh, dass du hier geblieben bist. So etwas wird nie wieder geschehen. Mach mit mir, was du willst, Loreta.«

Ein neues Kleid haben wir am anderen Tag nicht mehr suchen können. Loreta erzählte mir am nächsten Morgen von allen ihren heißen Dates, auf die sie sich seit unserem Treffen im Frühjahr eingelassen hatte. Von dem Kanadier, mit dem sie in das Comodoro gegangen ist und der dann in dem entscheidenden Moment so betrunken gewesen war, dass er nur noch kotzen konnte und danach gleich auf dem Lokus eingepennt ist. Bis hin zu dem Franzosen vor drei Tagen, der ein Geschäftsfreund von dem Lover ihrer Schwester gewesen ist und sie überhaupt nicht mehr weglassen wollte. Auch von den beiden Spaniern und dem Italiener dazwischen. Sie zählt die gesamte Palette ihre Liebschaften dieses Sommers auf und berichtet mir in allen Einzelheiten von ihren fünf Abenteuern. Dieser Schlagzeuger der Band war nun nicht mehr unter den Auserwählten, obwohl der sie weiterhin mit Einladungen überhäuft, und auch kein anderer Kubaner hatte noch eine Chance. Aber bei sympathischen und spendablen Ausländern ist sie immer wieder in Versuchung geraten.

So genau wollte ich es eigentlich gar nicht wissen, aber ich habe sie nicht in ihrem Erzählfluss unterbrochen. Und merkwürdigerweise machte mir ihre Beichte jetzt gar nicht mehr soviel aus.

»Du machst die Gringos verrückt mit deinen Tanzeinlagen, Loreta. Das sieht nach unheimlich abgefahrenem Sex aus, ist dir das eigentlich klar? Und dann rutscht denen manchmal das Herz in die Hose und die ganze schöne Potenz geht den Bach runter, wenn du wirklich ja sagst und mitgehst.«

»Das verstehe ich nicht, ich tanze doch bloß. Wie wirkt denn mein Tanz?«

»Wie ein Orgasmus. Wie ein ungeheuer gewaltiger Orgasmus. Hat dich denn keiner deiner Lover dazu aufgefordert, so etwas einmal im Bett abzuziehen?«

»Nein, natürlich nicht.«

»Ich würde das aber gerne einmal versuchen.«

»Ich soll im Bett tanzen?«

»Ja«

»Und du willst dabei zusehen, meinst du?«

»Ja auch. Aber ich würde dich auch gerne dabei spüren.«

»Du meinst intim spüren? Also körperlich, du weißt schon ...«

»Ja genau. Ich möchte diesen Orgasmus fühlen oder was da immer so abgeht. Lass es uns versuchen, Loreta.«

»Dazu brauche ich aber meine Musik. Ich habe keinen Kassettenrecorder.«

»Na, dann machen wir uns doch auf den Weg und besorgen so ein Ding.«

Es war bereits später Nachmittag geworden, bevor wir endlich aufbrachen. In dieser Dunkelkammer mit der permanenten Neonleuchte bekam man die Tageszeit überhaupt nicht mit. Aber die Parallelmärkte und die Shoppings in den Hotels sollten schon noch geöffnet haben. Essen und die Suche nach dem Kleid mussten eben warten.

Weder in den Märkten, zu denen uns Loreta dirigierte, noch in den nationalen Läden oder dem Minisupermarkt in Playas del Este gab es so ein Musikteil. Diese Apparate haben ganz offensichtlich keine erhöhte Dringlichkeit bei dem Importranking des Landes. Und die Touris fragen wohl zu selten nach einem Ghettoblaster in den kubanischen Dollarläden. Lohnt sich wohl nicht für ein paar Kassettenaufnahmen kubanischer Livemusik. Denn vor dem Rückflug gibt es ja immer jemanden in Kuba, der einem das Gerät dann abschwatzt. Aber Loreta kannte einen aus der Band, der so ein Monsterteil von einer Auslandstournee mitgebracht hatte. Vielleicht könnten wir ja dieses Gerät ausleihen.

Verleihen war nicht, aber wir konnten ihm das abkaufen. 80 Dollar war ein heftiger Preis für einen Kasten, der schon mehrmals mit Klebeband zusammengeflickt worden war. Aber er funktionierte noch und hatte einen guten Sound. Und sogar ein Doppeldeck, mit dem man Kassetten direkt kopieren konnte. Also alles in allem ein akzeptabler Preis, zumal da auch ein Radio integriert war, und der Musiker uns dazu auch noch eine Reihe von Bändern überlassen hatte.

Loreta war ganz begeistert. »Ich will gar kein neues Kleid, meine Mami bekommt das andere bestimmt wieder hin. Kauf mir lieber dieses Dispositivo, so etwas habe ich mir doch schon immer gewünscht!«

Ich gab dem also die 80 und fuhr mit der Muchacha auf dem Rückweg beim Habana Libre vorbei, damit wir etwas essen und ein wenig Kraft tanken konnten. In dieser Nacht sollte also die olympische Nummer abgehen, das war schon eine gewisse Planung und Vorbereitung wert. Dass ich dem Bandfritzen versprechen musste, die Frau wieder zum Tanzen auf der Bühne zu bewegen, machte mir weniger Sorge. Dieser Schritt war ja nun nicht meine Entscheidung, soviel hätte dem doch klar sein sollen. Der hätte Loreta selbst in die Verpflichtung nehmen müssen.

Die meisten Aufnahmen auf diesen Bändern waren für einen Tanz unbrauchbar, da sie in dem Übungsraum der Gruppe aufgenommen worden sind. Es fehlte einfach der Rhythmuswechsel, der aus dem Zusammenspiel von Band und Tänzerinnen resultiert und einen Bruch mit dem eigentlichen Musikstück, also eine Improvisation darstellt. Das wurde mir nun deutlich bewusst, als Loreta zu nächtlicher Stunde auf dem Balkon die Bänder durchspielte und eins nach dem anderen als unbrauchbar beiseite legte.

Schließlich entdeckte sie tatsächlich eine Live Aufnahme von einem Konzert, auf dem sie den benötigten Rhythmuswechsel heraushören konnte. Ich selbst fand diese Aufnahme ziemlich grausam. Ganz miese Qualität, dazwischen laute Stimmen, Geschrei und ein heftiges Scheppern, so als wenn das Aufnahmegerät umgestoßen wurde. Vielleicht hatte sich der Ghettoblaster ja dabei die Risse im Gehäuse zugezogen.

Aber Loreta meinte, es könnte mit dieser Aufnahme hinhauen, mit den geglätteten Aufnahmen aus dem Studio jedenfalls nicht. Dann zog sie sich mit dem Monstergerät auf unser Zimmer zurück, um auf dem Bett in kniender Position das Tanzen zu üben. Ich selbst bereitete mich auf unser anstehendes Großereignis mit einem weiteren Gläschen Habana Club vor. Jedes Land besitzt so seine eigene Art von Professionalität. Kuba macht keine Ausnahme von dieser Regel.

Dazu gehörten auch die etwas schwammigen Andeutungen, mit denen ich Angel aus dem Spiel heraushalten wollte, als er zu mir auf den Balkon trat und fragte, was zum Teufel wir da eigentlich veranstalteten. Dem habe ich etwas Geschwollenes von germanischen Ritualen und dem geschichtlich unausweichlichen Zusammenstoß zweier Kulturen erzählt. Das klang doch gut nach historischem Materialismus. Bestimmt wird jedem kubanischen Kind in der Schule eine Prise Marx, Lenin, Mao und José Marti verabreicht, gewürzt mit Anmerkungen vom Maximo Lider. Zoraida hatte mir einmal so etwas erzählt. Sie ist auf einem Internat auf der Insel ´Isla de la Juventud` ausgebildet worden, die früher ´Isla de Pinos` hieß und besonders für das riesige Gefängnis ´Presidio Modelo` berüchtigt gewesen ist.

Angel stand jedenfalls fest auf dem Boden von geschichtlichen Unausweichlichkeiten, das wusste ich ja nun definitiv. Außerdem wäre er sonst wohl kaum Vorsitzender der Comités im Barrio geworden.

»Du trinkst zu viel,« meinte er. »Und pass bloß auf, da läuft bestimmt gerade irgendein fauler Zauber. Hier hängen doch alle in der Santeria drin, meine Cecilia übrigens auch. Ich bin der einzige richtige Atheist in diesem Viertel. Schau mal nach, ob du nicht irgendwo eine mit Nadeln durchbohrte Puppe in deinem Zimmer findest. Oder so ein gelbes Pulver in den Schuhen.«

»Na ja,« antwortete ich ihm, »unter dem Bett etwas zu finden dürfte nicht so ganz einfach sein. Und überhaupt, wer sagt mir denn, dass ich gemeint bin, wenn ich dort tatsächlich so eine Puppe vorfinden würde? Könnte ja auch von dem Vormieter sein. Oder dem Mieter davor. Aber mit dem Trinken hast du recht, mein Freund. Sonst rühre ich kaum Alkohol an. Zumindest nicht in der Winterzeit. Aber hier auf Kuba brauche ich schon ein gewisses Quantum, um die Absurditäten deines Landes ertragen zu können. Außerdem ist euer Habana Club echt gut. Das ist ein astreines Aphrodisiakum. Kompliment auch.«

Ich nehme im Badezimmer eine Dusche, bevor ich mich in unser Zimmer begebe, und lasse einen nachdenklichen Angel auf dem Balkon zurück. Von dieser Warte her hatte er das Problem bestimmt noch nie betrachtet. Vielleicht organisiert er ja die Tage eine gründliche Reinigungsaktion im ganzen Haus. Und setzt von nun an Rum auf seine private Einkaufsliste. Soll mir auch Recht sein.

*

Loreta hockt in ein Handtuch gehüllt vor dem Recorder und nimmt die letzten Feinabstimmungen vor. »Ich konnte das Kleid nicht anziehen,« verkündet sie mir, »es klebt auf der Haut. Und stinkt nach Rum. Da kann ich mich nicht frei genug bewegen.«

»Macht doch nichts, es gibt ja schließlich auch eine lange Tradition des Nackttanzes. Komm her, lass uns erst einmal eine traditionelle Runde starten, damit ich überhaupt in der Lage bin, deinen Tanz durchzustehen.«

Sie hatte alles perfekt vorbereitet. Der Ghettoblaster stand in Reichweite, ebenso wie sie auf der anderen Seite des Bettes eine Anzahl von Kissen deponiert hatte, die ich mir nach Bedarf dann unter Hintern und Rücken stopfen konnte. Das Band war auf Startposition gespult und der ganze Apparat zwischen Wand und Matratze auf dem Bettgestell eingeklemmt. Hurrikan-, Erdbeben- und Orgasmussicher. Loreta hatte auch an Getränke gedacht. Auf dem Boden vor dem Fußende stand ein großes Glas Wasser und sogar ein Gläschen Rum. Ich hatte überhaupt nicht mitbekommen, wie sie die Gläser aus der Küche geholt hatte. Das musste geschehen sein, während Angel und ich auf dem Balkon unsere philosophisch-religiösen Erkenntnisse austauschten. Und der Rum war bestimmt zur Stärkung gedacht. Es konnte also losgehen.

Zunächst lief alles nach Plan. Nach einer Aufwärmphase drehe ich mich auf den Rücken und ziehe die Muchacha auf mich. Dann stopfe ich ein paar Kissen unter meinen Rücken, bis Loreta in eine kniende Position kommt, die es ihr gestattet, den Oberkörper bequem aufzurichten. Damit war mein aktiver Anteil an unserem Experiment eigentlich erledigt. Jetzt musste ich nur noch darauf achten, alle Bewegungen mitzugehen und im Spiel zu bleiben, wenn es gleich heftiger werden sollte.

Ich schalte den Recorder ein, und die Chica wiegt sich in sanften Bewegungen auf mir. Was für ein lustvoller Ritt in dieser Position einer geübten Jinetera. Ich wusste bisher nicht, dass Loreta dies ebenfalls so perfekt beherrschte. Aber meine Güte, was wusste ich denn überhaupt von ihr? Jedenfalls war alles so, wie es sein sollte, zumindest bis die Musik einsetzte und ihre Bewegungen hektischer wurden. Aber ich konnte noch mithalten, dieser Rhythmus war mir geläufig. Doch dann erstarrte die Frau, und ihre Atmung setzte aus, um gleich darauf in eine kurze und harte Atmung aus der Bauchregion überzugehen und ihr Becken schlagartig in diese unglaublichen Pumpbewegungen zu versetzen. Ich war sofort aus dem Spiel und versuchte ihre Hüften mit meinen Händen festzuhalten, während ich: »Halt Loreta, warte doch einen Moment« rief. Aber mir wurde schnell klar, dass ich diese Frau jetzt nicht so einfach bremsen konnte. Sie hatte ihre Augen geschlossen und hörte mich wohl auch nicht, sondern war tief in diesen schlagenden Rhythmus aus der Musikkonserve eingetaucht. Ich konnte sie erst stoppen, als es mir gelang, den Einschaltknopf des Recorders zu erreichen.

»Du hast mich gleich rausgefeuert, hast du das denn nicht bemerkt?«
»Schade, ich war gerade so schön in Schwung.«
»Lass es uns gleich noch einmal versuchen. Vielleicht ein wenig sanfter, wenn das möglich ist.«

Loreta spult das Band zurück, und wir starten einen zweiten Anlauf. Doch es geht nicht sanfter. Wieder ist der Beginn wunderschön harmonisch, wieder gleiten wir zusammen in die erregende zweite Phase, angefüllt von härteren Stößen und überraschenden Bewegungen mit musikalischer Begleitung, wieder erlebe ich diesen göttlichen Moment, als die Frau den Atem anhält und dabei ihre Vagina verspannt, ebenso süß und lustvoll wie in unserer allerersten Nacht – aber auch dieses Mal bin ich sofort außen vor, als ihre eigenen Hüftstöße sie mit der Urgewalt eines Naturereignisses vorwärtstreiben.

Der dritte Versuch wird schmerzhaft. Ich brülle los, reiße mir die Kissen unter meiner Rückseite hervor und schlage auf den scheppernden Ghettoblaster, bis wieder Ruhe herrscht. Ich rufe: »Loreta, stopp bitte, du tust mir weh, verdammt,« und drehe mich auf die Seite, um mein gequetschtes Geschlecht in

Sicherheit zu bringen.

»Was ist denn bloß los mit dir?« fragt sie sichtlich frustriert, während sie sich langsam weiter an meiner Seite reibt, »Ich will nicht immer wieder neu beginnen.«

»Du hast mein Rohr verbogen, das ist los. So etwas tut höllisch weh.«

*

Glücklicherweise ist diese Art von Schmerz ebenso schnell vergänglich wie die Lust selbst und ich verspüre bald nur noch einen dumpfen Druck in meinem angespannten Organ. »Komm her,« sage ich zu der Mulata und drehe mich wieder in die Rückenlage, »lass es uns sachte zu Ende bringen.«

Zur Vorsicht ziehe ich auch ihren Oberkörper fest auf mich, während meine andere Hand langsam über ihren Rücken und diese sanfte Wölbung ihres vibrierenden Hinterteils herunter wandert, um mit einem ebenso festen Griff die leichte Gesäßkerbe ihres Beinansatzes zu umklammern. Jetzt erst war ich zuversichtlich, ihre pumpenden Bewegungen zur Not unter Kontrolle halten zu können.

Ohne den harten Rhythmus der Musik bewegte Loreta sich jedoch in gleichmäßigen flachen Wellen, die alle mit einem merkwürdigen kurzen Stopp endeten, so wie die Wellen eines Teiches, die sanft an ein befestigtes Ufer pochen. Sie war in ihrem ureigensten Rhythmus gefangen und brauchte keine Führung. Mich selbst überkommt eine nie gekannte Süße und Zärtlichkeit, und ich streiche mit beiden Händen über ihren zuckenden Rücken und diese perfekten Rundungen ihres langsam stampfenden Hinterteils. Doch immer noch empfinde ich kein Gefühl von Geilheit und verspüre weiterhin nur diesen dumpfen Druck in meinem Geschlecht. Eine voyeuristische Perspektive ist mir auch versperrt und selbst die Fantasie ist irgendwie blockiert, denn ich sehe aus dieser Position nur das schmerzend grelle Licht der Neonlampe an der Decke des Zimmers. Meine ganze Begierde strömte in dieser Nacht durch meine Hände und ich wünschte, die vier Arme der Göttin Lakshmi zu besitzen, um die tief in der Erkundung ihrer lustbesetzten Abgründe versunkene Mulata an allen Stellen gleichzeitig berühren zu können. Ich musste sie über den Kontakt auf der Haut begleiten, wenn ich zumindest einen Hauch von ihren inneren Empfindungen miterleben wollte.

Plötzlich durchläuft Loreta ein nervöses Zittern und ihre Bewegungen werden heftiger. Ich lege eine Hand auf ihren verlängerten Rücken, unter dem sich jetzt deutlicher zwei Kugeln herausformen, die mit jeder weiteren Verkrampfung ihrer Muskeln härter werden. Meine andere Hand hatte den Nacken ergriffen, der sich nun wie ein starres Verbindungsteil ihrer bretthart verkrampften Schultern anfühlt.
Wir veranstalten einen regelrechten Ringkampf miteinander, als die Mulata darum kämpft, ihren Oberkörper aufzurichten und gleichzeitig versucht, für die heftigen Stöße ihrer Hüften mehr Raum zu gewinnen. Aber ich halte sie nun mit zwei festen Griffen an mich gepresst und erlaube nur ganz kurze Pumpbewegungen. Mein Geschlecht fühlt sich an wie ein tauber felsiger Vorsprung, der irgendwie aus mir herausgewachsen ist, aber mich erregt jetzt das Zittern ihrer Muskeln und die piepsenden Geräusche, die aus ihrem Inneren hervorquellen, um danach in ein rhythmisches Japsen überzugehen.

Wieder erfasst ein mächtiges Schütteln ihren Körper, noch anhaltender und gewaltiger als beim ersten Mal. Und nun beginnt die Muchacha hemmungslos zu schluchzen, wobei ihr die Tränen wie ein Rinnsal aus den Augen stürzen und über meine Brust durch das Laken auf die Matratze fließen. Ihr Körper hat jegliche Spannung verloren und liegt wie ein schwerer nasser Sack auf mir. So habe ich mir als Kind immer ein bühnenreifes Sterben vorgestellt. Ein Bild, das sich in beängstigenden Fantasien hochgeschaukelt hatte, die von Eindrücken aus primitiven Kriegsfilmen, Erzählungen und schemenhaften Resten großer Dramen gespeist wurden und sich in mein innerstes Erleben eingebrannt hatte. Doch nun erlebe ich genau diese Szene als eine unendlich beglückende

Reinigung, die alle Last, Pein und trennende Spannung beseitigt und unsere Körper in einen Zustand von Jungfräulichkeit und neugewonnener Unschuld versetzt.

Ich streichele sie ganz sachte und flüstere sinnlose Sätze, die Loreta in ihrem Zustand wohl sowieso nicht in sich aufnehmen kann. Doch irgendetwas musste ich tun, um ihr auch weiterhin nahe zu bleiben. Unvermittelt wälzt sie sich von mir, wischt sich über die Augen und fragt:

»Was war das, Papi?«

Als ich nicht sofort antworte, weil mir die pauschale Erklärung ´Orgasmus` nicht über die Lippen will, springt sie auf, holt mir mein Glas Rum und leckt wie ein Hund mit ihrer Zunge über meine Brust, um die Reste von Tränen und Schweiß in sich aufzunehmen.
»Papirriqui, was ist bloß mit mir geschehen?«
Ich sage: »Das war ein Orgasmus, Hermosa«. Dabei fühle ich mich in Wahrheit viel zu überwältigt und hilflos beglückt, um ihr eine Antwort geben zu können.
»Wird das jetzt immer so sein?«
»Ich weiß es nicht Loreta. Vermutlich nicht immer, aber ich denke immer öfter. Schlaf jetzt ein wenig und ruhe dich aus. Dann versuchen wir es morgen früh gleich noch einmal.«
»Nein, das geht nicht. Morgen früh muss ich nach Hause. Ich muss das unbedingt meiner Mami erzählen.«

*

Am späten Nachmittag kam Loreta in Begleitung ihrer Schwester und einer Freundin in die Wohnung zurück. Ich hatte mich am frühen Morgen nach ihrem Aufbruch noch einmal hingelegt, um ein wenig weiterzuschlafen, bevor sie wieder auftauchen würde. Aber als sie bis zum Mittag nicht wieder eingetrudelt war, hatte ich mich aufgemacht, um etwas zu essen und am Malecón entlang zu schlendern.

Havanna ist normalerweise zu dieser Jahreszeit tagsüber unangenehm heiß und drückend, doch sobald eine etwas kräftigere Brise vom Meer auf das Ufer drückt, treibt der Wind die Gischt der Wellen auf die Stadt zu und verwandelt die Promenade des Malecón und die umliegenden Gebäude in ein kühlendes Feuchtgebiet. An solchen Tagen ist die Ufermauer von Gruppen junger Frauen und Männern besetzt, die miteinander plaudern oder auch sehnsuchtsvoll auf das Meer schauen und von Miami träumen.

Auf dem Malecón ist an diesem Tag ein aggressives Motorengebrumm zu vernehmen, und die Gruppen von Kubanern auf der Kaimauer der Promenade richten ihre Aufmerksamkeit immer wieder nach Westen, wo auf dem Straßenabschnitt vor dem Botschaftsgebäude der USA ein Go-Kart Rennen gestartet wird.

Das ist natürlich pure Show und Teil des ewigen Spiels zwischen Kuba und den Vereinigten Staaten von Amerika: ´Hier, meine Herren Imperialisten, schaut her! So gravierend kann die kubanische Krise nicht mehr sein, wenn wir unseren Motorsportfreunden eine derart überflüssige Aktion wie ein Straßenrennen gestatten.`

Natürlich können solche Aktionen diese cleveren, von der CIA geschulten diplomatischen Profis der US-Interessenvertretung in dem Botschaftsgebäude nicht täuschen, die mit gelockerten Krawatten und einem breiten Grinsen im Gesicht auf den Balkon treten, um sich mit arroganter Geste ihre Gläser mit Coca Cola und Barcardi zu füllen und damit einen demonstrativen ´Cuba Libre` mixen. Und ebenso wenig täuschen sie die Müßiggänger auf dem Malecón, die sich bald wieder von dem Schauspiel abwenden und darüber diskutieren, ob dieses Rennen wohl bedeutet, dass sie demnächst beim Treibstoff eine schärfere Rationierung zu erwarten haben. ´Aber im ´Béisbol` werden wir diese Yankees bei der nächsten Weltmeisterschaft trotzdem wieder besiegen!`

Gleichwohl hinterlassen auch durchsichtige Manöver immer irgendwo eine Wirkung. Vielleicht lassen sich ja die Franzosen oder die Peruaner von diesem Rennen beeindrucken. Oder eventuell auch die radikalen Offiziere aus Venezuela, die unter der Führung des naiven Obersten Chavez mit seiner Bewegung MVR im nächsten Jahr bei den Wahlen um die Präsidentschaft antreten werden. Aus diesem Grund wird das Rennen ja schließlich bis in die 5ta Avenida vor die Botschaften dieser Länder geführt. Es ist ein politisches Spiel der kleinen Täuschungen und Nadelstiche. Und meistens heißt der Sieger Fidel Castro, weil er ein Vollblutpolitiker ist und um Längen schlauer, fantasiereicher und listiger als seine nordamerikanischen Kontrahenten.

Ich mache mich auf den Rückweg, denn schließlich gibt es für mich zur Zeit ja Wichtigeres zu erforschen als die Gründe für ein absurdes Theater auf dieser Minibühne der Weltpolitik.

*

Ich muss nachdenken. Orgasmus ist ein derart allgemeiner Begriff. Bei jeder Frau scheint dieser höchste Punkt einer sexuellen Erregung unterschiedlich aufzutreten und auch unterschiedliche Reaktionen nach sich zu ziehen. Und viele Frauen erreichen niemals in ihrem aktiven Sexualleben eine Reinigung und Entladung von allen erotischen Spannungen, und sie müssen ihrem Partner jede Nacht etwas vorspielen, um den häuslichen Frieden zu bewahren und ihren Mann für seinen Job stabil zu halten. Habe ich jedenfalls irgendwann einmal gelesen. Aber gibt es unterschiedliche Stärken von Orgasmus bei derselben Frau?
Einen Alltagsorgasmus, einen Wochenendorgasmus, einen Urlaubsorgasmus und den besonderen Orgasmus mit dem Geliebten, der am Ende die Ehe sprengt? Gibt es gar den alles übertreffenden Lebensorgasmus, der jegliche erotische Spannung, vom Anbeginn des ersten sexuellen Empfindens bis

zu dem Tag seiner gewaltigen Explosion, entlädt und nur einmal im Leben einer Frau eine Chance hat hervorzubrechen? Was war mit Loreta geschehen?

»Ich habe mich die ganze Nacht so glücklich gefühlt«, hatte sie am Morgen gesagt, bevor sie sich tatsächlich zu ihrer Mutter auf den Weg machte, um die freudige Botschaft zu verkünden. Vielleicht eine Ausschüttung dieser sogenannten Glückshormone, wie sie Extremsport- Junkies immer anstreben. Oder die Brückenspringer. Phenylethylamin? Dopamin? Über einen normalen Fick war diese Aktion weit hinaus gegangen. Und auch über gewöhnliche Verliebtheit.

Wir Männer erleben überhaupt keinen Orgasmus, auch wenn das die Alltagspsychologen gerne anders darstellen, weil sie aus Gründen der ausgleichenden Gerechtigkeit unter den Geschlechtern die männliche Ejakulation dem weiblichen Orgasmus gleichstellen. Und dann haben die Männer sogar die Nase vorn, weil so ein Abgang fast immer funktioniert, und ein gigantischer Orgasmus vermutlich eher selten ist. Und wenn die Experten besonders volkstümlich agieren wollen, dann sagen sie ´Erguss` dazu. Ejakulation, Samenerguss, Abgang, Spritzen - klingt alles echt bescheiden, wenn man es mit einem Orgasmus vergleichen will.
Dabei maskiert der männliche Höhepunkt eigentlich mehr den Startschuss für Millionen von Spermien auf ihrem Weg in das gelobte Land. Dorthin, wo eine wahrhafte Vereinigung wartet, gegen die ein normaler Fick nur wie ein müdes Petting erscheint. Ein Wettstreit von Langstreckenschwimmern, der oftmals von einem Frühstart eingeleitet und von aufgeputschten Gefühlen begleitet wird, die sich verdächtig nach Doping anfühlen.
Dagegen ist ein Orgasmus pures Gefühl, welches manchmal auch von überflüssigen Handlungen untermalt wird wie das bekreuzigte Amen der Prediger oder das Twittern gewisser Politiker.
Ein Vergleich wäre wohl genauso vermessen, als wenn ein Baggerfahrer seine Zufriedenheit nach verrichteter Arbeit mit

dem Jubeln des Ballonfahrers vergleicht, der hoch über seinem Bagger dahin schwebt. Selbst der dünnste Orgasmus ist wohl immer noch gefühlsgeladener als die gewaltigste Ejakulation. Lassen wir es dabei ...

Wie also kann ich jemals erfahren, was in dieser Nacht mit der Muchacha geschehen ist? Die logische Antwort hierauf wäre: sie fragen! Aber andererseits hat nun gerade sie mich gefragt. Vermutlich denkt das Girl, ich hätte schon viele solcher Erlebnisse gehabt und könnte von dort her vergleichen. Oder sie wollte nur ihrer Überwältigung Ausdruck verleihen und holt sich nun Informationen bei anderen Frauen. Dies erscheint mir im Moment ein möglicher Grund für ihre längere Abwesenheit zu sein.

Tatsächlich sitzt Loreta bei meiner Rückkehr in Begleitung zweier Frauen auf dem Balkon. Sie hatte also nicht nur ihrer Mutter berichtet. Eine der Frauen war ihre ältere Schwester. Fast ebenso attraktiv wie sie, nur nicht so schlank, ein paar Jährchen älter und mit einem gewissen Ausdruck von Erfahrung und Leid in ihren Zügen. Die Zweite war ein ganz junges Girl, das mir sogleich das Signal rüberschickt: ´Hallo, ich bin jetzt auch dabei! Falls also irgendwann mal ein Engpass entsteht oder einfach Bock auf Abwechslung, dann weißt du ja Bescheid.`
Ich frage mich natürlich, warum Loreta so einer Chica von unserer Nacht erzählt hat. Vermutlich hatte sie es unterschiedslos allen Muchachas gesteckt, die ihr über den Weg gelaufen sind. Möglicherweise ist sie zu naiv in gewissen Dingen, oder aber sie ist sich selbst vollkommen sicher und kennt überhaupt keine Eifersucht. Kann ja auch sein. Im Moment erscheint mir vieles möglich zu sein.

Was mich betrifft, nehme ich derzeit eine Auszeit von meinem Status als überzeugter Polygamist und ignoriere die Aufforderungen des koketten jungen Luders. Mehr kann niemand von mir verlangen.

Nachdem mich die beiden Frauen genügend bestaunt haben und mit einer leichten Enttäuschung feststellen müssen, dass überhaupt keine auffälligen Besonderheiten zu erkennen sind, nehmen sie ihr unterbrochenes Gespräch über die Planung einer bevorstehenden Feier wieder auf. Nur Loreta erinnert mich eindringlich an die vergangene Nacht, indem sie mein Hemd öffnet und mit ihrer Zunge die salzige Feuchtigkeit des Meeres von meiner Brust leckt. Danach ziehe ich mich auf das Zimmer zurück, denn zu ihrem Weibergespräch kann ich nun wahrhaftig nichts beisteuern. In dieser Beziehung unterscheidet sich Kuba von keinem anderen Land auf dieser Welt.

Kurze Zeit darauf kommt Loreta in unser Zimmer und bittet mich um 30 Dollar.
»Die beiden organisieren eine Feier in meinem Barrio. Da müssen wir unbedingt dabei sein. Und ich habe versprochen, dass wir uns mit 30 Dollar an den Unkosten beteiligen. Ich hoffe, das ist okay so.«
»Ja klar, 30 sind in Ordnung. Wer wird denn alles dort sein?«
»Meine Familie und noch ein paar andere aus unserem Barrio. Das Geld ist für Bier und die Torten. Ein paar Frauen aus der Nachbarschaft machen etwas zu essen. Und mein Onkel besorgt Wein.«

Gegen Abend fahren wir in ihr Barrio. Loreta besteht darauf, dass ich vorher noch unbedingt von einem ambulanten Verkäufer ein Halskettchen besorge. Das ist für sie wohl so etwas wie ein Statussymbol. Gebügeltes Hemd und Kettchen. Für mich sieht das eher nach Lude aus. Aber nun gut, angesichts meines neuen Status als Monogamist könnte mein neues Outfit ja gewissermaßen einen kleinen Ausgleich schaffen. Nach diesem Tag habe ich das Kettchen allerdings nie wieder getragen. Und ein gebügeltes Hemd nur bei der Fußball WM 2002 zur Übertragung des Finalspiels gegen Brasilien, um für die anschließende Siegesfeier gerüstet zu sein. Hätte ich mir auch ersparen können ...

Die Feier findet nicht in dem Haus der Mutter von Loreta

statt, sondern in dem ihres Onkels gleich nebenan. Der hat einen etwas größeren Vorgarten, in dem ein langer Tisch und ein paar einfache Holzbänke aufgestellt worden sind.

Dieser Onkel ist ein interessanter Mann. Er ist der bekannteste Musiker in dem Barrio. Später sollte er mir noch einen Packen vergilbter Fotos und alter Zeitungsausschnitte zeigen, wo er mit einer Band auf den unzähligen Stationen ihrer Welttourneen abgelichtet ist. Jetzt bildet er die Kids des Barrios an Musikinstrumenten aus, besonders in Perkussion, seiner Spezialtechnik. Die Mädchen erhalten begleitend ohne Ausnahme Unterricht im Tanzen von verschiedenen, in die Jahre gekommenen Tanzkoryphäen und Balletttänzerinnen. Dieses Barrio ist eine gigantische Hinterhofmusik- und Tanzschule in Eigenregie. Später am Abend werde ich noch einige Darbietungen miterleben.

Ich bin der einzige Ausländer bei dieser Feier. Bei unserer Ankunft werde ich den Anwesenden einzeln vorgestellt und erhalte herzliche Glückwünsche von allen Seiten. Überrascht breche ich die Vorstellung ab und ziehe Loreta mit in eine Ecke des Gartens.
»Sag mal, bist du des Wahnsinns? Hast du etwa dem ganzen Barrio von unserer Nacht erzählt?«
»Aber nein, wie kommst du denn darauf?«
»Na, die beglückwünschen mich alle so herzlich.«
»Die beglückwünschen dich doch zu deinem Geburtstag!«
»Wieso das denn? Ich habe heute gar nicht Geburtstag!«
»Das ist doch vollkommen egal. Ich habe allen erzählt, dass wir deinen Geburtstag feiern. Eine bessere Gelegenheit gibt es gar nicht, dich meinen Leuten vorzustellen. Findest du das falsch?«
»Nein. Wenn ich es mir richtig überlege, hast du genau richtig gehandelt. Aber dann möchte ich auch heute Nacht weiter feiern.«

Die Mutter von Loreta hatte überhaupt nichts von einer beobachtenden und lauernden Schwiegermutter in Spe. Die wollte nur selbst einen guten Eindruck machen, wie auch die anderen auf dieser Feier. Das Ganze wurde am Ende ein harmonisches Fest und eindeutig meine schönste Geburtstagsfeier. Mit Live Musik, Tanzshows und kubanischem Essen. Blicke, Berührungen, Scherze, kokette Wortgefechte und all die Fragen und Erzählungen, die aus dem Kontrast zweier Welten geboren werden. Was spielt es da schon für eine Rolle, dass der Tag nicht hinhaut? Nur der Kuchen war reichlich süß, und der hausgemachte Wein ungenießbar.

*

Die Frau hatte sich verändert, das konnte ich bemerken, obwohl ich sie noch gar nicht so lange kannte. Bei einem Spaziergang am Strand von Playas del Este stolperten wir fast über ein kubanisches Pärchen, das wir am hellichten Tage in einer kompromittierenden Situation vorfanden. Mit Loreta habe ich öfter solche Situationen erlebt, alleine ist mir das eigentlich nie passiert. Aber diese Chica hatte gewissermaßen eine Ader dafür. Oder ich habe solche Aktionen alleine einfach nie bemerkt. Doch was heißt schon kompromittierend, so etwas ist ja immer relativ.

Die beiden lagen jedenfalls in der Abendsonne, direkt an der Wasserkante, und amüsierten sich auf französisch. Ihr versteht schon - das ist, wenn der Macho nur faul daliegt und genüsslich die Augen schließt, während seine Muchacha den Mund nicht voll genug bekommen kann. Das war wohl auch so eine Art Protest, ansonsten hätten die sich ja nicht gerade an den Übergang der Tourizone zu dem Strandabschnitt von Guanabo positioniert.

Oder eher eine Show. Eine Demonstration, die besagt: ′seht her, das haben wir euch voraus. Solch ein vollkommener Genuss zu dieser idyllischen Abendstunde ist euch ja wohl versperrt. Ihr bekommt unsere Muchachas ins Bett, weil ihr genug Dollars in der Tasche habt. Aber so etwas werden die nie mit euch machen. Ihr könnt nicht alles mit eurem Geld kaufen.`

Wenn es so gemeint war, hatten die natürlich Recht. Kaum eine Muchacha würde eine solche Aktion riskieren, auch wenn ihr Lover von jenseits des Meeres heiß genug drauf war.

Keine – außer Loreta. An diesem Nachmittag reagierte sie noch leicht geschockt und zog mich weiter auf den Strand, um diesen Sündenpfuhl mit gehörigem Abstand zu umgehen. Dabei fand ich selbst die Aktion dieses Pärchens viel ästhetischer als jene einer wichsenden Bande gefrusteter junger Männer bei meinem letzten Kubabesuch. Die Frau hatte ihre langen Haare so geschickt um ihren Kopf drapiert, dass ein Strandwanderer die eigentliche Handlung nicht auf den ersten Blick erkennen konnte. Hätte zur Not ja auch ein verzweifelter Versuch von Wiederbelebung sein können, der an einer ungeeigneten Körperzone unternommen wird. Auch in diesem Land der Ärzte ist nicht jede Frau mit genauen anatomischen Erkenntnissen gesegnet. Aber gut, das war dennoch eine moralische Entrüstung wert. So etwas tut Frau normalerweise nicht bei Sonnenschein an einem gut besuchten Strand.

Doch in dieser gleichen Nacht startete Loreta selbst ein delikates Spiel bei einem Spaziergang auf dem Plaza la Piragua in Havanna, der damals noch wie ein Baseballfeld aussah und direkt auf den Malecón führt. Wir hatten uns nebeneinander auf einen kleinen Mauerabsatz gesetzt, um das nächtliche Treiben auf der Uferpromenade an uns vorüber ziehen zu lassen.

Unvermittelt öffnet die Muchacha meine Hose, zieht ihren Rock in die Höhe und setzt sich mir rittlings auf den Schoß. Diese Position sieht man durchaus häufiger bei Liebespärchen auf der Ufermauer des Malecón. Aber Loreta steigt schon bald wieder von mir herunter, zieht sich in aller Seelenruhe ihren schwarzen Slip aus und bindet sich mit diesem Teil ihre Haare zu einem gigantischen Knoten zusammen. Dann nimmt sie wieder ihre Reiterposition ein.

So etwas hätte sie früher nie gemacht, zumal unser Zimmer ja praktisch um die Ecke lag. Ein zusätzlicher Kick durch eine kleine Prise Exhibitionismus und eine große Portion Gefahr.

Denn bei solch einer Aktion ist das gemischte Paar eines Ausländers und einer Kubanerin in ungleich größerer Gefahr als ein rein kubanisches Doppel. Zumindest die kubanische Frau, also in unserem Fall Loreta selbst. Und gerade sie war es, die in unserer Sitzposition ´blind` gewesen wäre, weil nur ich aus meinem Blickwinkel den Platz unter Kontrolle haben konnte. Vielleicht wollte sie mir auch ihr Vertrauen demonstrieren.

Ich muss gestehen, dass ich die Situation damals nicht durchstehen konnte und ihre Initiative abgebrochen habe. Leider. Es war dunkel, und der Platz lag verlassen da. Aber nicht ganz verlassen, und völlig dunkel war es auch nicht. Und die Doppelstreifen der kubanische Policia sind des Nachts mit ihren blauen Uniformen erst spät zu erkennen.

Loreta hatte ihr Leben in meine Hand gelegt. Wenn wir bei so einer Aktion hochgegangen wären, hätte sie selbst sich mindestens sieben Jahre wegen Prostitution eingehandelt. Das wäre es dann ja wohl gewesen.

Weniger gefährlich war ihre Honigaktion einen Tag vor meinem Rückflug. Dafür jedoch bedeutend klebriger.

Den ganzen Tag hatte sie mich gelöchert, mit ihr auf Honigsuche zu gehen. Das war in dem Kuba jener Jahre ein schwieriges Unternehmen. Zumindest in Havanna. Nirgends gab es Honig zu kaufen. Am Ende hatten wir jedoch wenigstens original Kunsthonig aus der Dä-Dä-Rä aufgetrieben. Der muss von seiner Haltbarkeit her wohl für die Ewigkeit gemacht worden sein.

Loreta zieht mit mir unter die Dusche, um mich daraufhin im Zimmer auf das große Badetuch zu betten. Dann verteilt sie diesen Kunsthonig schön gleichmäßig auf meine vordere Körperhälfte, um ihn langsam wieder abzuschlecken. Das war schon eine echte Schmiernummer, und sie hat es auch nicht annähernd geschafft, den ganzen Film zu vertilgen. Mit echtem Honig wäre es vielleicht möglich gewesen, aber mit diesem harten Kunstprodukt, das sie ja auch immer wieder erhitzen musste, um überhaupt eine streichbare Masse zu bekommen …

Ich glaube, ihr ist mehrmals übel geworden, weil sie ihre Schleckerei immer wieder unterbrochen hat und in das Badezimmer gestürzt ist. Am Ende hat sie dann nur noch die angesagten Teile abgeleckt, das war ja wohl auch der tiefere Sinn des Unterfangens. Eine honigsüße Bläserei. Es war sicherlich ihre Allererste, sonst hätte sie ja vorher gewusst, dass ein Ganzkörpergeschlabbere mit diesem Produkt völlig unmöglich ist.

So rund herum angenehm war die Aktion übrigens nicht, denn ich musste danach so lange in das Badezimmer, um die süßen Reste abzuwaschen, dass ich notgedrungen auch das anregende Prickeln ihrer Animation mit runtergespült hatte.

Aber darauf kam es am Ende wohl gar nicht an. Ich vermute, die Muchacha wollte mir in diesen letzten Tagen vor meinem Abflug auf ihre Art zeigen, wie sie zu mir stand. So gesehen war dies schon eine deutliche Ansage gewesen.

* * *

Auf meine beiden Briefe aus Spanien nach meiner Rückkehr bekam ich jedoch keine Antwort. Erst eineinhalb Monate später erreichte mich in Spanien ein Brief aus Kuba. Er kam allerdings nicht von Loreta, sondern von ihrer Schwester Sahra. Das war merkwürdig.
Sahra schrieb, dass ihre Schwester schwanger sei. Und dass die Ärzte in ihrem Fall eine routinemäßige Abtreibung verweigert hätten, da sie wegen Anämie keine Narkose riskieren konnten. Ich solle mich umgehend mit ihr in Verbindung setzen.

Schwangerschaft. Eigentlich ganz einfach zu verstehen. Aber dann auch wieder nicht. Da gab es unsere Abmachung. Loreta wollte sich überhaupt nicht vorstellen, an einem anderen Ort als auf ihrer Insel zu leben. Ich hingegen konnte nicht einfach Kubaner werden. Da hatten dann ja wohl die Gebrüder Castro und weitere 10 Millionen Kubaner etwas dagegen, von Bestimmungen und Gesetzen einmal ganz zu schweigen. Und außerdem hatte ich bindende Verpflichtungen und meinen Brotkorb in Europa. Dann gab es da noch die Geschichte meiner Sterilisation aus dem Jahr zuvor, die auch gewisse Fragen offen ließ. Zusammenleben passte überhaupt nicht. Genaugenommen war dies ausgeschlossen.

Anämie ist eine bekannte Mangelkrankheit, dies weiß natürlich niemand besser als kubanische Ärzte. Eisenmangel und Vitamin B12. Und wenn es nicht genug Rindfleisch, Milch, Eier oder Vollkornreis gibt, dann hat dieses Land mit Sicherheit konzentrierte Präparate entwickelt, weil alle derartigen Produkte in den Apotheken Lateinamerikas einen Verkaufsschlager bedeuten. Es musste die Konzentrate auch im Lande geben. Loretas Schwangerschaft, der auf Grund einer relativ einfach überwindbaren Mangelkrankheit eine Unterbrechung verwehrt wird, das ergibt irgendwie keinen Sinn.

Und warum schreibt mir ihre Schwester, und nicht sie selbst? Und warum erst jetzt!

Aber auf der anderen Seite handelte es sich um Loreta, in vieler Hinsicht die unglaublichste Frau, die ich jemals kennengelernt habe. Sie hatte immer und alles rein emotional entschieden. In ihrem Handeln und Denken war für kaltes Kalkül und berechnende Planung überhaupt kein Platz. Und sie hatte mir ihr Leben anvertraut, um mir ihre Gefühle zu beweisen. Ich konnte einfach nicht glauben, dass diese Muchacha in der Lage war, eine windige Komödie abzuziehen.

Meine Versuche, sie an das Telefon des Nachbarn zu bekommen, klappten nicht. Rückruf war ja auch unmöglich, und stundenlanges Warten am Telefon ist bei einer Kubaverbindung nicht zu bezahlen. Also besorge ich die gesamte Palette von Nahrungsergänzungsmitteln und Konzentraten, die bei Anämie als Mangelfaktor überhaupt in Frage kommen können, buche einen Flug nach Havanna und kündige in einem Brief meine Ankunft an.

*

Ich hatte mich auch in der Wohnung gegenüber vom Capri angemeldet. Angel konnte ich ja relativ problemlos über Telefon erreichen. Dieses Mal hatte ich einen Flieger direkt nach Havanna erwischt, und er holte mich mit seinem Tschaika am Flughafen ab. Für mich stellte seine russische Schleuder inzwischen ja beinahe so etwas wie eine Wohlfühloase dar. Das Prunkstück bolschewistischer Autoproduktion war selbst auf Kuba mit all seinen Oldtimern eine Rarität und passte noch besser an den Malecón als die vielen bonbonfarbenen Amischlitten. Das war gewissermaßen majestätischer Schrott auf Rädern.

Diese Wolgalimousine wollte einfach ihren Geist nicht aufgeben. Zäh wie eine Kalaschnikow und elegant wie Ivan der Schreckliche. Schnee-, matsch- und steppenerprobt. Jedes überstandene Schlagloch machte die irgendwie noch erhabener.

Doch das Teil war nicht für tropische Meeresluft gemacht. Hier auf Kuba kämpften die Blechkisten ja nicht mit Väterchen Frost sondern mit Nagerlein Rost, und man musste als Beifahrer inzwischen gut aufpassen, wo man seine Füße hinsetzte. Auf den rückwärtigen Sitzen bestand erhöhte Vergiftungsgefahr durch Abgase, die direkt aus den Auspuffrohren in den Innenraum drangen und aus den hinteren Fenstern wieder nach draußen abgeleitet werden mussten. Aber zum Teufel - die Karre rollte und schwabbelte wie ein Wasserbett auf Rädern.

Angel und Cecilia waren natürlich auf dem Laufenden. In dieser Stadt gab es sowieso keine Geheimnisse, und Cecilia hatte mit dem Arzt gesprochen, der eine Narkose bei Loreta verweigert hatte. Sie checkt die Vitamin und Eisentabletten, die ich mitgebracht hatte und geht mit mir eine Liste von frischen Lebensmitteln durch, die ich in den nächsten Tagen in Havanna auftreiben soll.

Gegen Mittag kam Loreta in die Calle 21. Ich hatte mit Angel an diesem Morgen bereits eine Einkaufrunde absolviert, und wir konnten auf dem Bauernmarkt ´Mercado Virgen del Campo` an der Carretera Central de Cuba in Luyanó, im Süden der Stadt, tatsächlich einige für eine Kur hilfreiche Lebensmittel auftreiben.

Ich hatte mir vorgenommen, die Frau nicht nach den Ungereimtheiten ihrer Schwangerschaft und ihres Informationsverhalten zu fragen. Zumindest vorläufig nicht. Bereits einmal hatte ich sie hart zurückgewiesen und mich damit selbst ins Schleudern versetzt. Zunächst wollte ich ihr helfen, diese typisch kubanische Anämie in den Griff zu bekommen. Das konnte ja nur Mangelernährung sein. Danach könnte sie die von der staatlichen Gesundheitsversorgung garantierte Abtreibungsoption für sich einfordern.

*

Die folgenden zwei Wochen wurden in gewisser Weise die harmonischste Zeit in unserer Beziehung. Wir hielten strikt den Ernährungsplan ein, den Cecilia für Loreta aufgestellt hatte, und liefen jeden dritten Tag bei ihrem Arzt auf, der immer neue Blutuntersuchungen vornahm.

Die restliche Zeit reservierten wir uns für langgezogene intime Stunden und die Teilnahme an verschiedenen Aktivitäten des familiären und sozialen Umfeldes der Muchacha. Wir fuhren jetzt nicht mehr an die Strände von Playas del Este, und zogen auch nachts kaum noch in Diskotheken oder andere touristische Einrichtungen. Wir bewegten uns nun 'innerhalb' der kubanischen Szene dieser Stadt.

'Havanna von innen' hieß in jenen Jahren unweigerlich auch 'Havanna von unten'. Die allermeisten Musik- und Tanzinitiativen des enorm großen Potentials dieser Stadt kommen von diesem 'unten', wie ich bereits früher bei der Theaterszene feststellen konnte. Initiativen und Aktivitäten in Privathäusern und Hinterhöfen, die unter absolut primitiven Bedingungen mit Leidenschaft und Hingabe betrieben werden, denn sie sind das Vermächtnis einer abtretenden Generation an ihre Kinder. Unter den Lehrern beider Geschlechter befinden sich ungezählte Berühmtheiten einer vergangenen Epoche, auf die nach ihrer aktiven Zeit kein privilegiertes und luxuriöses Leben wartet, sondern ein Rückzug in die 'Welt dort unten', aus der sie einst emporgestiegen sind. Ihr Können und ihre Erfahrung sind das einzige Erbe, das sie der jungen Generation vermachen können.

Abseits von touristischen Einrichtungen, den restaurierten Häusern der historischen Altstadt und einigen Prestigeobjekten war Havanna in jenen Jahren jedoch eine rapide verfallende Stadt. Tag für Tag krachten Häuser zusammen. Die (unter Verschluss gehaltene) statistische Zusammenbruchquote lag damals bei eineinhalb Häusern pro Tag.

Die Ursachen dieses Verfalls hatte die Revolutionsregierung zum großen Teil bereits von ihren Vorgängern geerbt oder sie lagen in dem Konstruktionskonzept der kolonialen Stadtanlage begründet. Die Uferzeilen des historischen Zentrums neben Habana Vieja und der entsprechende Abschnitt des Malecóns mit seiner Kaimauer sind auf tausende von Holzpfählen gestellt, die im frühen 18. Jahrhundert dort als Fundament in das Meer gerammt worden sind. Im Laufe der Jahrhunderte ist dieser Teil der Altstadt immer weiter abgesackt und bietet heutzutage dem Atlantik ein ´Einfallstor` in die Stadt, wenn kräftige Winde die Wellen auf La Habana zutreiben. Die erste Reihe der antiken Häuser dieser Zone haben so oft unter Wasser gestanden, dass ihre Bewohner nur noch den ersten Stock bewohnen und bei jeder weiteren Überflutung befürchten müssen, dass es diesmal auch ihr Haus erwischt.

Eine Verschärfung dieser prekären Situation geht allerdings sehr wohl zu Lasten des Revolutionsregimes, das dem Erhalt der baulichen Substanz dieser Stadt bis in die 90er Jahre keine Aufmerksamkeit geschenkt und kaum Ressourcen für den Wiederaufbau zur Verfügung gestellt hatte. Dabei ist Havanna gerade zu Zeiten der problematischen ´Sonderperiode` unverhältnismäßig schnell gewachsen, weil sich in der Stadt stets irgendwelche Möglichkeiten ergaben, ein paar Krümel des unverhofften Kuchens aus den Touristendevisen aufzuklauben. Unbemerkt von den touristischen Massen, die jeden Tag durch Havanna streiften, krachten links und rechts der frequentierten Wege Häuser zusammen, die allerdings oftmals auch noch als Ruinen weiter bewohnt wurden. In diesem Häuserchaos blühte jedoch eine mindestens ebenso vielfältige alternative Kunstszene wie in dem Berlin der 70er oder dem Madrid der 80er Jahre in Europa.

Am 3. Dezember fahren wir kreuz und quer durch die Stadt, um einen Apfel aufzutreiben. Wir sind zu einem Fest eingeladen und müssen ein paar Peso-Scheine und diesen ominösen Apfel mitbringen.
»Was ist das denn für eine abgefahrene Feier, Loreta, und wieso brauchen die unbedingt einen Apfel? Ich habe in La Habana bislang noch nie Äpfel gesehen.«
»Aber heute um Mitternacht beginnt doch Santa Barbara! Die

Jungfrau braucht den Apfel.«

»Du meine Güte, das ist also ein religiöses Ding. Da gab es irgendwann einmal eine Geschichte mit einem Apfel, glaube ich. Aber die Frau hieß Eva, und Jungfrau war die wohl auch nicht mehr. Oder nicht mehr lange. Meinst du diese Story?«

»Nein, nicht Eva. Die heilige Barbara.«

*

Tatsächlich treiben wir irgendwie irgendwo einen Apfel auf und machen uns nach Einbruch der Dunkelheit auf den Weg zu dieser Feier, um die Jungfrau Barbara zu ehren. Weit im Bezirk ´Plaza de la Revolución`, hinter Vedado und fernab des Malecóns finden wir in einer Seitenstraße ein Haus, aus dem die rhythmischen Schläge eines Trommelwirbels erschallen, der nach Batátrommeln, Blechtopf, Holztisch und vielen Kochlöffeln klingt. Diesen Sound hatte ich schon einmal vernommen. Doch damals hatte er nach einer aufbrausenden Ovation zum Geburtstag geklungen. Nun erscheint der Rhythmus eher wie eine auf- und abschwellende Welle, die sich nicht so anhört, als wenn sie in dieser Nacht noch einmal verebben wird. Dazwischen sind die Töne eines Pianos zu vernehmen.

Das Gebäude war eigentlich nur ein halbes Haus, denn die andere Hälfte war schlicht weggekracht, und wir konnten bereits von der Straße aus problemlos in sein Inneres sehen. Dort tummelte sich im ersten Stock die ganze Kindergang des Percussion - Onkels von Loreta, ihre Schwester, und halb verdeckt von anderen jungen Frauen und Männern ein riesiger Schwarzer, der ein Piano bearbeitete. Als wir über eine Hühnerleiter in den ersten Stock klettern, erkenne ich zwischen weiteren Personen eine uralte Oma in ihrem Schaukelstuhl, die mit geschlossenen Augen vor sich hin döst und den Lärm und Trubel um sich herum vollständig ignoriert. In einer Ecke steht eine nahezu lebensgroße, traumhaft kitschige Heiligenfigur, die bereits reichlich mit Geschenken beladen ist. Niemand braucht mir zu erklären, dass es sich hierbei um die besagte Jungfrau handelte, die von Loreta Pesoscheine und einen Apfel verlangt hatte.

Dass dieser ganze Bau mit solch einer Belegung nicht zusammenkracht, muss wohl auch an Jungfrau Barbara liegen, vermute ich mal. Die paar schiefen Stützbalken und Seilverspannungen zum Nachbarhaus können doch unmöglich die Stabilität einer fehlenden Wand ersetzen. Zumal die ja schließlich auch aus irgendeinem Grund umgefallen ist. Aber ich sage mir, dass die Oma in ihrem Schaukelstuhl sicherlich der beste Seismograph in ihrer eigenen Hütte sein wird und uns rechtzeitig warnen kann, bevor ihr Haus noch eine weitere Wand verliert. Zur Not kann sie ja mit den vielen bunten Ketten klappern, die ihr um den Hals hängen und die verschrumpelten Hände in ihrem Schoß überdecken.

Ich bin der einzige Ausländer in dieser Runde und werde von den Männern sofort in etliche Diskussionen verwickelt. Das ist mir sehr recht, denn so kann ich mich gut vor dem obligatorischen Mahl mit Wein und Kuchen drücken und gleich zu den Bierflaschen greifen. Außerdem sind diese jungen Kubaner über Gott und die Welt informiert und weisen meist ein breites Wissen auf, denn nahezu alle haben irgend etwas studiert. Und weil sie mit ihren akademischen Titeln nur in den seltensten Fällen auch praktisch etwas anfangen können, studieren sie dann ein zweites und ein drittes Mal. Von daher haftet ihrem Wissen jedoch etwas ´rein Theoretisches` an, so wie ein Abiturient in Deutschland häufig nur ein ´theoretisches Wissen` vom dem realen Alltag des beruflichen und gesellschaftlichen Lebens besitzt. Jedoch relativiert sich solch eine ´Theorielastigkeit` eines jungen Intellektuellen in Europa spätestens nach dem Ende der Studienzeit recht schmerzhaft und schnell, während ein Kubaner die Dominanz der ´Nur-Theorie` oftmals ein ganzes Leben lang nicht abschütteln kann oder muss.

*

Später in dieser Nacht stemmt sich zögerlich die winzige, zerbrechliche Oma aus dem Schaukelstuhl, ergreift ihren Gehstock und macht vorsichtig ein paar unsichere Schritte vor der Statue der Jungfrau mit dem vergeistigten Himmelsblick. ´Wir haben die mit diesem Getrommel und unseren lauten Reden aufgeweckt`, denke ich und biete dem Mütterlein galant meinen Arm zur Stütze an. ´Die sucht bestimmt ihr Bettchen und stolpert dabei womöglich noch über die Figur, weil sie es gewohnt ist, sich immer an der Wand entlang zu hangeln und nicht mit einer versteinerten Heiligen rechnet`.

Aber sogleich fallen mir mehrere Hände in den Arm und ziehen mich zurück. Und nun erkenne ich auch, dass die holprigen Bewegungen der Alten durchaus gewollt sind und sich immer mehr als die festgelegte Choreographie eines Tanzes entpuppen. Der Onkel von Loreta gebietet mit einer schnellen Geste seinen Knirpsen, einen Stopp einzulegen, und übernimmt mit vorsichtigen leichten Schlägen auf seinen Trommeln den Rhythmus der tanzenden alten Lady vor der Statue, bis auch der schwarze Pianist sich eingestimmt hat. Dann gibt er mit einem harten Schlag den Einsatz seiner Bande wieder frei.

Die Neonröhren sind inzwischen erloschen, und in dem gesamten Raum werden Kerzen entzündet. Sie stehen vor den Wänden auf dem Boden, verspritzen ihren Wachs bei jedem Trommelwirbel auf der langen Tafel, tropfen der heiligen Barbara auf den Kopf und laufen in langen weißen und roten Bahnen über das Antlitz der steinernen Jungfrau.
Die zittrige kleine Oma scheint in diesem Flackerlicht zu wachsen und jeden Moment mehr an Kraft und Größe zu gewinnen. Sie schreitet nach ihrer Soloeinlage mit einem erhabenen Gang zu ihrem Schaukelstuhl, setzt sich majestätisch nieder und gibt mit ihrem Stock einen energischen Takt vor. Einer nach dem anderen dieser zufälligen Gruppe, die sich nun durch die Musik, den Tanz, die weinende Madonna mit ihren wächsernen Tränen und durch die machtvolle Magie dieser Alten in eine gleichfühlende Masse von Gläubigen verwandelt, zieht es auf die freie Fläche des Tanzes. Die koketten Frauen

und all die wissensdurstigen jungen Männer, mit denen ich über Stunden geredet habe, mutieren in kürzester Zeit samt und sonders zu willenlosen Gestalten, die sich wie in Trance dem Rhythmus hingeben. Selbst die ganz jungen Trommlerknirpse legen bald ihre Stöcke beiseite und zwängen sich ebenfalls in den engen Kreis der verzückten Tänzer.

Ich sehe nur noch den Onkel in dem Flackerlicht der Kerzen auf dem Tisch weiter auf seine Batás schlagen und den Rücken des Pianisten, der unbewegt wie ein gewaltiger Felsbrocken vor seinem Instrument ausharrt. Loreta ist irgendwo in diesem tanzenden Zombie-Haufen aufgegangen und hat sich längst meiner Sicht entzogen.

Unser Piano-Mann spielt seit geraumer Zeit immer den gleichen langsamen Rhythmus, und ich vernehme von irgendwo her einen dumpfen Chor, der sein Spiel mit Sprechgesang untermalt.

´moliendo café - dum, dum, dumdum, dum; moliendo café - dum, dum, dumdum, dum`.

Dieser Titel kommt mir bekannt vor, jedoch zu einem modernen Rumbasong verarbeitet, mit flüssigen wechselnden Rhythmen und einem melancholischen Liebestext. Jedoch was hier gespielt wird, klingt so wie das Skelett einer Urfassung, die noch die zähe Arbeit auf den Kaffeeplantagen und das nie enden wollende Leid der afrikanischen Sklaven besingt.

´moliendo café – dum, dum, dumdum, dum`

So langsam verliere ich den Überblick bei dieser mystischen Feier und fühle mich wie ein Besucher von einem anderen Planeten. Ein leuchtender Stern der Rationalität - gelobt sei meine aufgeklärte Erziehung, das Ende des Mittelalters und das Verbot aller Hexenprozesse. Ich fühle mich gegen solche Magie immun und gewappnet bis in alle Ewigkeit.

Und bei klarem Verstand. In dieser Nacht sagt mir meine abendländische Logik, dass die Bude hier gleich zusammenkrachen wird, bei den Schwingungen des Bodens, die diese weggetretenen Kubaner mit ihrem stampfenden Synchrontanz hervorrufen und meine Muchacha, den Pianisten, die geheimnisvolle Alte, den großartigen Onkel von Loreta und all die anderen jungen Kubaner, die anscheinend sowieso bereits in anderen Regionen schweben, ohne Ausnahme unter sich begraben wird.

Ich suche Loreta in dieser Geisterrunde und ziehe sie zu der rettenden Hühnerleiter. Sobald ich jedoch den Abstieg begonnen habe, dreht sich die Frau hinter mir um und gesellt sich wieder zu den anderen Tänzern. Wie in Trance wird sie von den Trommelschlägen und diesen tanzenden Seelen im Kerzenschein magisch angezogen.

´moliendo café – dum, dum, dumdum, dum`.

Bei meinem zweiten Absetzversuch schiebe ich die Frau vor mir her die Leiter hinunter, was einigermaßen riskant ist, weil die Muchacha nur ganz zögerlich ihre Füße voreinander setzt und sich wieder und wieder umdreht. Doch dann bemerkt sie ein Feuer vor uns auf dem düsteren Nachbargrundstück, wo ebenfalls eine Gruppe von nächtlichen Gestalten nach den Klängen aus unserer Häuserruine tanzt und den Chor bildet, dessen Refrain ich bereits von oben her vernommen hatte.
´moliendo café – dum, dum, dumdum, dum`.

Loreta klettert jetzt behende von dem Leiterbrett und schlüpft durch eine Lücke im Zaun auf das Nachbargrundstück. Als ich das qualmende Lagerfeuer aus glimmenden Balken und auflodernden Brettern erreiche, ist sie bereits wieder in einen verzückten Kreis schemenhafter Tänzer eingetaucht.

*

Die Rückkehr zu unserer Wohnung wird für mich zu einem tastenden Orientierungsmarsch in den dunklen Gassen dieses Viertels, in dem jede Straßenbeleuchtung und auch das elektrische Licht der einzelnen Häuser komplett ausgefallen ist.

Kein Taxi ist anzutreffen, und keine lebendige Seele bewegt sich auf den Straßen. Selbst die sonst auf allen Wegen herumlungernden Köter haben sich in dieser Geisterstunde verzogen. Ab und zu kommen wir an weiteren Plätzen vorbei, auf dem sich ebenfalls feiernde Gruppen in den unterschiedlichsten Stadien der Euphorie oder Trance befinden und meine Mulata wie ein Magnet in ihren Bann ziehen.

Ich orientiere mich an einem etwas helleren Schein des sternlosen Nachthimmels, von dem ich hoffe, dass er von den großen Hotels Nacional und Habana Libre in Vedado oder vom Malecón herrührt, denn die Muchacha ist mir keine Hilfe bei der Suche nach unserem Rückweg. Ich muss eher darauf achten, dass sie nicht plötzlich in der Dunkelheit verschwindet, angezogen und verführt von den Trommeln und Gesängen schattenhafter Gestalten, die zu dieser späten Stunde alle in den gleichen Rhythmus gefallen sind.

´moliendo café - dum, dum, dumdum, dum; moliendo café - dum, dum, dumdum, dum`.

Erst auf der Avenida 23 finden wir wieder eine spärliche Beleuchtung und ein wenig Verkehr auf der Straße vor. Das Habana Libre erstrahlt wie stets in voller Lichterpracht, und Loreta bekommt mehr und mehr einen klaren Blick. Anscheinend kommt sie so langsam wieder runter von ihrem Voodoo-Trip.

In diese Nacht geschieht es das erste Mal, dass wir nicht miteinander schlafen. Loreta ist immer noch in ihrer religiösen Verzückung gefangen, und mich selbst überkommen massive Zweifel, ob wir uns tatsächlich irgendwann einmal in der gleichen Welt aufhalten werden. Muchas gracias, mi valiosa virgen Barbara!

»Ich mache mir Gedanken über die alte Frau in dem Haus. Nach dem Fest wird diese Ruine bestimmt bald vollständig zusammenbrechen. Wenn das mal nicht heute Nacht bereits passiert ist.«

»Du meinst die Santera? Sie wohnt nicht dort. Es ist nicht ihr Haus.«

»Und wer wohnt dort?«

»Niemand. Das ist ein aufgegebenes Haus.«

»Und die Möbel, das Piano, die Statue – woher sind die dann gekommen?«

»Die Leute haben sie natürlich gestern am Tag dort hingebracht, nachdem die Santera dieses Haus für das Fest ausgewählt hatte.«

»Und woher wussten all die Leute, dass dies Haus nicht während der Feier endgültig zusammenkracht?«

»Weil die Santera es ihnen gesagt hatte. Und außerdem hat die Jungfrau Barbara über uns gewacht. Es konnte überhaupt nichts passieren. Du stellst aber auch seltsame Fragen! Lass uns jetzt bitte schlafen, wir müssen morgen früh rechtzeitig aufwachen.«

»Noch eine letzte Frage, Loreta. Wurde die Santera eigentlich für diese Nacht bezahlt?«

»Nein, eine Santera nimmt kein Geld. Aber sie kann natürlich die Scheine behalten, die alle Leute der Heiligen gespendet haben. Sie ist ja auch die Hüterin der Santa Barbara.«

»Verstehe. Und was ist mit dem Apfel. Kann sie den auch behalten?«

»Aber nein, der ist nur für die Santa. Ein Apfel bedeutet Fruchtbarkeit. Er gibt ihr Kraft, die Wünsche nach Fruchtbarkeit zu erfüllen. Du verstehst aber auch gar nichts!«

*

Loreta hatte sich in letzter Zeit angewöhnt, mich morgens ziemlich frühzeitig zu wecken. Um 8 Uhr oder 9, ich weiß es nicht mehr ganz genau. Jedenfalls hat sie jeden Morgen das Radio eingeschaltet und so einen kubanischen Wald- und

Wiesenkanal gesucht. ′De nuestros campos y ciudades`, also ′vom Land und aus der Stadt`. Sorry, in der Possessiv-Form, also ′unser` Land und ′unsere` Stadt. Ist ja gut, meinetwegen sollten die ja auch beides behalten, wenn ich nur in der Zwischenzeit etwas ausschlafen könnte.

Und ebenso langweilig, wie dieser Name klingt, ist die Sendung dann auch. Flotte Musik, okay, aber dann beantworten kubanische ′Experten` Fragen ihrer Hörer. Die fragen natürlich nicht, warum es in Kuba nur eine einzige Partei gibt, was Fidel zu Mittag isst oder wie es in Miami eigentlich so aussieht. Oder vielleicht doch, aber dann hat der Sender derartige Fragen sicherlich aussortiert und den DI (Dirección de Inteligencia – kubanischer Geheimdienst) informiert, denn jede Frage muss unter genauer Angabe von Namen und Adresse des Absenders eingeschickt werden. Geht ja auch niemanden etwas an, was der Comandante en Jefe sich mittags so reinpfeift.

Also da kommen dann eher Fragen aus dem täglichen Leben: ′Warum kotzt mein Baby mir immer dann auf den Schoß, wenn ich gerade meinen besten Rock angezogen habe und mit meinem Verlobten ausgehen möchte?`, fragt uns Isabel B. aus Matanzas. Wir reichen diese Frage an unseren Experten, den Psychologen Alfredo Águilar weiter. Also bitte, Alfredo!

′Liebe Isabel. Wie wäre es denn, wenn du einmal ein anderes Hemd zu diesem Rock anziehen würdest? Oder das nervöse Zittern deiner Oberschenkel ein wenig mehr unter Kontrolle bekommen könntest, wenn du an deinen Verlobten denkst. Nicht immer spielen tiefenpsychologische Gründe bei einem Baby eine entscheidende Rolle. Du musst auch nicht unbedingt gleich nach außerirdischen Einflüssen suchen, vielleicht wird dein Kleines ja nur seekrank bei den Vibrationen. Oder es findet dein T-Shirt zum Kotzen. Halt also die Füße still und denk an etwas anderes, dann wird das schon. Aber wenn die Symptome trotzdem nicht aufhören, dann rate ich dir, demnächst einmal einen Arzt aufzusuchen. Und vergiss bitte nicht, dass wir immer für dich da sind!`

So ungefähr. Es gibt solche Radiosendungen ja auch in Deutschland, die sind genauso dröge. Der einzige Unterschied liegt darin, dass ein deutscher Sender Verkehrsmeldungen einstreut, das können sich die Kubaner ja getrost ersparen. Vermutlich gibt es solche Programme in allen Ländern dieser Welt. Wegen so einer Sendung hat mich Loreta die letzten Tage nun regelmäßig geweckt.

Normalerweise bin ich dann ziemlich schnell wieder eingeschlafen. Aber ausgerechnet an diesem vierten Dezember lässt die Frau das nicht zu. Sie schüttelt mich heftig und stammelt aufgeregt:
»Papi, Papi wach endlich auf und hör zu. Heute bin ich dran! Die haben das eben angekündigt.«

Sie hatte denen doch tatsächlich einen Brief geschrieben und von ihrem urgewaltigen Orgasmus mit einem Ausländer berichtet. Schön detailliert und lebensnah. Einschließlich des Vorspiels mit Tanzeinlage. Und weil das so eine Ratgeber-Sendung ist, musste sie ja am Schluss auch eine Frage stellen: ʹUnd meine Frage ist nun, was ist überhaupt ein Orgasmus?ʹ Tja, mein lieber Alfredo, das ist ja nun mal ein Pfund! Weiß der natürlich nicht. Wusste ja nicht einmal die Chefaufklärerin Krause-Fuchs, und dem Comandante kann man mit solchen Fragen auch nicht kommen. Also muss sich der Radio-Psychologe selbst etwas aus den Fingern saugen. Ich habe vergessen, was der im Detail geantwortet hat. Irgendwas mit Sexualität, Höhepunkt, großen Gefühlen und einem erfüllten Leben. Genau bekomme ich das nicht mehr zusammen. Ist auch egal, richtig zugehört habe ich sowieso nicht. Das ist ja auch zu viel, solche Ergüsse früh am Morgen, nach so einer bewegten Nacht.
»Papirriqui, wie fandest du das?«
»Ich finde, dein Experte war ein wenig überfordert. Du hättest vielleicht besser die Santera letzte Nacht fragen sollen.«
»Aber ich wollte doch, dass es alle wissen!«
»Das ist dir prima gelungen, Loreta. Jetzt üben die bestimmt auch in dem kleinsten Dorf auf dem Lande. So gesehen war das rundherum ein Erfolg. Ich bin stolz auf dich.«

* * *

Alle Harmonie zerbrach bei dem letzten Arztbesuch. »Tut mir leid«, sagte der, ohne überhaupt eine neue Blutprobe zu entnehmen, »jetzt sind die drei Monate vergangen, die uns das Gesetz zwingend bei einer Schwangerschaftsunterbrechung vorschreibt. Ab jetzt darf keine Abtreibung mehr vorgenommen werden. Die Frau muss nun ihr Kind zur Welt bringen.«

Mit solch einer Wendung hatte ich überhaupt nicht gerechnet. Wir waren in den letzten Wochen nur auf eine Verbesserung der Blutwerte konzentriert gewesen, und der Arzt hatte uns ja auch durchaus Hoffnung gemacht. Loretas Blutbild hatte sich kontinuierlich verbessert, und sie stand laut ärztlicher Aussage ganz knapp vor Erreichen der vorgeschriebenen Werte. Und jetzt dies.

Ich wusste natürlich, dass für eine legale Schwangerschaftsunterbrechung nur ein dreimonatiges Zeitfenster zur Verfügung steht. Das war ja schließlich die allererste Information, die ich mir sofort besorgt hatte. Diese drei Monate waren jedoch noch nicht vergangen, Loreta hatte noch mindestens zwei Wochen - oder ich konnte nicht der Erzeuger gewesen sein.

Ich bespreche die Geschichte zunächst mit Cecila und danach auch mit Angel, weil ich unbedingt Meinungen von (relativ) unbeteiligten Kubanern zu der neuen Situation einholen will. Mit Cecila rede ich zuerst über das mysteriöse Zeitfenster für Eingriffe, das ja nun geschlossen sein soll. Sie ist immerhin Ärztin und kann mir vielleicht erklären, wie in dem gegebenen Fall überhaupt die Zeit gemessen wird.

Und tatsächlich rechnen auch in Kuba die Ärzte anders als

der Rest der Welt. Männer und Frauen in einem weißen Kittel haben wohl immer und überall ihre eigene Logik. Ich Ahnungsloser hätte vermutet, dass der Ausgangspunkt dieser Drei-Monats-Spanne mit dem Zieleinlauf der cleversten Spermien identisch wäre. Also, dass von dem Moment an die Uhr tickt, wenn der Schnellste von denen die wandernde Eizelle aufspürt und der seine DNA anbietet.

Aber offensichtlich rechnen die Mediziner anders. Da geht es nach ′Zyklen` und ′Perioden` und nicht nach langweiliger Logik. Genau habe ich die Erklärungen von Cecilia nicht verstanden, aber es wird nun zumindest klar, dass die Zeit abgelaufen ist, und wir nichts mehr unternehmen können. Loreta wird ihr Kind bekommen.

Mit Angel verbindet mich inzwischen so etwas wie eine rustikale Männerfreundschaft. Er warnt mich vor einem Frauenkomplott, wobei er die Mutter, die Schwester und andeutungsweise auch seine eigene Frau mit einschließt.

»Pass auf, das ist eine Falle. Die wollen dich festnageln.«

»Ich kann das nicht so richtig glauben, mein Freund. Loreta hat nie etwas von mir verlangt. Und zur Not gibt es ja auch DNA-Proben. Aber irgendwie merkwürdig ist die ganze Geschichte dennoch. Ich muss darüber nachdenken.«

Das Hotel Nacional am Ende der Calle 21 hatte inzwischen eine Bankfiliale, wo ein Ausländer mit seiner Visakarte Dollars erhalten konnte. Mein Kartenlimit lag bei 200 Dollar pro Abhebung und zwei Abhebungen am Tag. Ich schaffte es also in den letzten drei Tagen vor meinem Rückflug, noch 1200 Dollar auf die Hand zu bekommen. Damit zahlte ich meine Rechnung bei Angel und überließ der Frau den Rest.

»Damit musst du erst einmal klarkommen, Loreta. Du weißt ja, dass ich kein reicher Mann bin. Aber ich verspreche dir, dass ich mir etwas einfallen lasse.«

»Mach dir keine Sorgen, Papi, hier auf Kuba bekommen die Mütter vom Staat Unterstützung. Dies Geld kann ich trotzdem gut gebrauchen. Ich kann damit meine Wohnung besser einrichten. Das macht alles leichter. Wann wirst du wieder kommen?«

»Ich weiß es noch nicht. Frühestens in einem halben Jahr, denke ich.«

*   *   *

Es sollte dann doch keine 6 Monate dauern, bis ich wieder in Havanna war.

In Spanien erhielt ich im Herbst des gleichen Jahres ein Angebot, auf Kuba ein Business aufzubauen, das ich in dieser Situation aus den gegebenen Gründen heraus annahm. Vielleicht würde es mir ja gelingen, auf diese Art eine dauerhafte Einnahmequelle für Loreta zu erschließen.

Der kubanische Staat, der sich verzweifelt bemühte, neue Investoren ins Land zu bekommen, bot ausländischen Unternehmern verschiedene Geschäftsmodelle auf der Insel an, die alle in der einen oder anderen Form von Gemeinschaftsunternehmen, sogenannten 'Empresas Mixtas` umgesetzt werden sollten.

Im Klartext hieß dies, dass der ausländische Kapitalgeber eine Geschäftsidee sowie das notwendige Startkapital mit in eine neu zu gründende Gemeinschaftsfirma einbrachte, während der kubanische Staat als Eigner des kubanischen Anteils dieses gemeinschaftlichen Unternehmens sämtliche Arbeitskräfte und Gebäude zum Geschäftsbetrieb beisteuerte. Derartige Unternehmensformen wurden zunächst bevorzugt beim Ausbau einer erweiterten Infrastruktur für den Tourismus eingesetzt, blieben jedoch im weiteren Verlauf nicht nur auf diesen Sektor beschränkt. Denn bald schon wurde den kubanischen Wirtschaftslenkern bewusst, dass eigentlich alle rein kubanischen Betriebe nach den Kriterien der Marktwirtschaft defizitär arbeiteten. Doch nach dem Ausfall der russischen Hilfsleistungen musste sich nun auch die isolierte 'sozialistische' Wirtschaft dieses kleinen Landes den Konkurrenzmechanismen der Weltwirtschaft stellen, wenn sie Bedarfsgüter aus anderen Ländern importieren wollte oder musste.

Der Deutsch-Holländer, der mich wegen einer Initiative auf Kuba angesprochen hatte, kam nun nicht aus dem Big Business. Der hatte auch keine eigene Firma in der Hinterhand. Was er hatte, war ein Batzen Schwarzgeld, das er in den letzten Jahren in Spanien mit sogenannten 'Kaffeefahrten' eingenommen hatte. Diese bekannten Kauft-Gefälligst-Übertheuerten-Mist Rentnerfallen waren ja im Prinzip nicht illegal, jedoch lief dessen Initiative ohne irgendeine legale Erwerbsform im Hintergrund und somit ohne Gewinnversteuerung. Ich werde den im Folgenden der Einfachheit halber nur noch als den 'Holländer' bezeichnen. Dabei wäre ein astreiner Holländer wohl charmanter, cleverer und wendiger gewesen. Ein durchschnittlicher Deutscher auch. Aber diese spezielle Friesenmischung haute bei dem überhaupt nicht hin, das war grenzüberschreitender Käse.

Sein Partner in Deutschland war gerade wegen Steuerhinterziehung hopsgegangen, und dem Holländer ging der Arsch auf Grundeis, weil er befürchten musste, dass der deutsche Kollege den Ermittlern steckte, mit wem in Spanien er seine Geschäfte getätigt hatte. Also wollte er sein gebunkertes Bargeld schön weit weg außer Sicht und Reichweite von irgendeiner europäischen Steuerstelle anlegen. Kuba, dachte der sich, könnte da doch ganz gut passen.

Nur konnte der das nicht alleine hinbekommen. Er kannte Kuba überhaupt nicht und mit seinem Spanisch war es auch nicht so besonders weit her. Außerdem war dieser Holländer ein reichlich bequemer Zeitgenosse. Rentner zu Bescheißen war ja nun nicht allzu arbeitsintensiv gewesen, aber ein ganzes Geschäft auf der anderen Atlantikseite aufzubauen, ist dann doch ein anderes Kaliber. Er brauchte einen geeigneten Partner, der durchblickte und die Arbeit machen würde. Und ich hatte mir durch meine Reportagen einen gewissen Ruf als ´Kuba-Kenner` eingehandelt. Also machte er mir ein Angebot, welches für mich eine Geschäftsbeteiligung an dem zukünftigen Unternehmen vorsah.

*

Die Idee war, eine Produktionseinheit für Lederkleidung nach Kuba zu schaffen. In Katalonien standen etliche Kleinfabriken dieses Gewerbes still, weil die Preise von Fachkräften in diesem Metier zu sehr gestiegen waren, um weiterhin konkurrenzfähig produzieren zu können. Von daher ergab sich die Möglichkeit, eine komplette Produktionsanlage mit sämtlichen Maschinen und Werkzeugen günstig aufzukaufen und nach Kuba zu schaffen, falls wir dort annehmbare Produktionsbedingungen aushandeln konnten.

Außerdem konnten wir in Kuba hemmungslos attraktive Schnitte von Frauen- oder auch Männerkleidung kopieren, die wir aus Spanien oder Italien geklaut hatten, denn auf Kuba hatte der übliche Modellschutz wenig Bedeutung. Ebenso wenig wie in China, wie man ja inzwischen weiß.

Ein Markt für diese Produkte – und das war der Kern der Geschäftsidee – könnte sich durchaus auf dieser Karibikinsel selbst herausbilden, auch wenn raffinierte und feine Lederkleidung für die kubanische Bevölkerung zunächst einmal unerschwinglich wäre.

Aber nicht für den Touristen, der seinem kubanischen Girl so ein Teil kaufen muss, weil es ansonsten nicht hinhaut mit den richtig heißen Nächten. Die attraktivsten Muchachas würden zweifelsohne sehr schnell begreifen, wie sehr ihre Chancen auf den heimischen Pisten anstiegen, sobald sie in sexy Lederbekleidung dort auftreten würden. Und falls es uns gar gelingen sollte, Rücknahme und Wiederverkauf bei Lederklamotten anzukurbeln, dann könnte langfristig aus dieser Initiative durchaus so etwas wie eine Parallelwährung in Leder auf Kuba entstehen.

*

Drei Monate nach meinem letzten Aufenthalt stehe ich bereits wieder in Havanna vor dem Haus in der Calle 21. Ich war alleine nach Kuba geflogen, um abzuklären, ob sich diese Idee dort überhaupt umsetzen ließe. Der Holländer konnte in der Zwischenzeit einigermaßen entspannt seine Kaffeefahrten weiterführen. Nun, da sich ihm endlich eine Perspektive auftat, wo er seine heiße Knete in Zukunft gewinnbringend unterbringen würde. Kaffeefahrten, das konnte der. Vermutlich träumte er davon, am Ende Kaffeefahrten in die Karibik zu organisieren, um den Leuten überteuerten Rum, Zigarren und Lederjacken anzudrehen.

Angel ist mit im Boot, falls wir eine Kooperation mit einer kubanischen Gesellschaft hinbekommen sollten. Wer derart elegant eine renitente Skandalnudel vor die Tür setzten kann, wird ja wohl auch noch andere Qualifikationen besitzen. Außerdem ist er früher einmal Direktor einer kubanischen Fabrik gewesen. Ich habe nie gefragt, in welcher Produktionsanlage dies gewesen ist. Aber ich wusste, dass er damals hingeschmissen hatte, um sich unbelasteter der Jagd nach dem Dollar widmen zu können. Denn auch mit seinem Direktorengehalt konnte er ja nicht einmal den Sprit für sein Luxusschiff bezahlen, wenn er eine seiner Witwen aufsuchen wollte.
Aber mit diesem Posten ändert sich die Situation grundlegend. Es kann für einen Kubaner nichts Besseres geben, als bei einem Gemeinschaftsunternehmen bei der ausländischen Seite eingebunden zu sein, weil er dann ganz legal von dieser Seite in Dollar bezahlt werden kann. Wir hatten über 250 bis 300 Dollar im Monat gesprochen, je nach dem Aufwand, den er auf dem noch zu schaffenden Posten betreiben müsste.

Er brachte auch gleich noch einen älteren Kollegen mit ein,

der früher einmal im Range eines Vizeministers eine gewisse Rolle in der kubanischen Wirtschaftsplanung gespielt hatte. Der Titel 'Vizeminister' oder noch verschwommener 'im Rang eines Vizeministers' heißt nun nicht viel in Kuba; ich sollte in den nächsten Monaten etliche aktuelle oder ehemalige 'Vizeminister' kennenlernen. So einen Titel kann man als Ausländer ja auch schlecht nachprüfen. Aber dieser Kandidat kannte in der Tat Gott und die Welt in Kuba und hat sich in der Folge als ein regelrechter 'Türöffner' bei den kubanischen Behörden erwiesen. So gerüstet unternahmen wir einen ersten Anlauf, um die Chancen für das geplante Geschäft in Kuba zu erkunden.

*

Das Zauberwort bei unseren Gesprächen mit den entsprechenden staatlichen Stellen war 'Produktion'. Produktion im Lande selbst, also 'die Erschaffung von Mehrwert' und nicht einfach nur Wiederverkauf ausländischer Produkte im Lande. Das war der Schlüssel. An diesem Angebot kam kein Funktionär in den 90er Jahren in Fidels Imperium so einfach vorbei. Denn die meisten nationalen Produktionseinheiten auf Kuba erwirtschafteten in jenen Jahren überhaupt keinen Mehrwert, sondern sie verbrannten eher Werte der Volkswirtschaft und trugen somit ihren Teil zum ökonomischen Niedergang der Insel bei.

Auch die Initiative für die gemischten Gesellschaften, also der 'Empresas Mixtas' läuft im Bereich der Produktion weitgehend ins Leere. Der Grund liegt an den Kosten für das benötigte Personal. Zwar verdient ein kubanischer Arbeiter oder Angestellter der 'Empresas Mixtas' nur um die 200 Pesos (ca. 10 US Dollar) im Monat, so wie jeder Kubaner. Aber er wird in jedem Fall vom kubanischen Staat bezahlt, der dieser Empresa die Personalkosten in Dollar in Rechnung stellt und zwar zu einem Umrechnungskurs von 1:1,6.

Dies bedeutet, dass eine gemischte Gesellschaft für jeden Angestellten 320 Dollar abdrücken muss, der jedoch sodann mit einem Verdienstanreiz von 10 Dollar im Monat arbeitet.

Eine zusätzliche direkte Entlohnung von Seiten der Empresa für ihre Angestellten, um eine größere Arbeitsmotivation zu erzielen, ist vertraglich verboten und führt zur sofortigen Auflösung des Gesellschaftsvertrages.

Wenn auch die besondere Situation des kubanischen Modells als reine 'Subventionswirtschaft' diesen staatlichen Zugriff auf jegliche Devisen und die produktiven Kräfte im Lande verständlich macht, so nimmt auf der anderen Seite genau dieses Modell einer ausländischen Kapitalinvestition in den produktiven Sektoren von Kuba den Anreiz. In anderen Ländern der Welt (und auch in der südlichen Hemisphäre) lässt es sich billiger produzieren. Der ganz spezielle kubanische Versuch, das große Kapital ins Land zu locken, ohne die Mechanismen des wirtschaftlichen Kapitalismus zu erlauben, ist abseits des touristischen Sektors zunächst einmal zum Scheitern verurteilt.

Doch die Kubaner haben außer dem System der 'Empresas Mixtas' noch ein zweites Modell der Zusammenarbeit mit ausländischen Partnern auf Lager, die sogenannte 'Maquila'. Dieses System, das ursprünglich aus Mexiko stammt und einen (ausgelagerten) Zwischenschritt im Produktionsprozess eines Unternehmens bezeichnet, wurde nun für uns passend gemacht.

Ursprünglich bedeutete 'Maquila' ja, dass ein ausländisches Unternehmen Produkte in einem bestimmten Fertigungsstadium ins Land schafft und nach der Weiterverarbeitung wieder in sein Ursprungsland bringt. Bei diesem Verfahren muss der Produzent die Maschinen für die Weiterverarbeitung stellen sowie die erfolgten Fertigungsschritte bezahlen. Das ist schon alles.

Aber wir wollten ja im Lande verkaufen, das war das Kernstück unserer Geschäftsidee. Also lag der Schwerpunkt meiner Verhandlungen auf einem mit der Produktion gekoppelten Verkauf unserer zukünftigen Lederkleidung in Kuba selbst.
Eigene Verkaufsboutiquen wollten uns die Kubaner nicht

zugestehen, obwohl zwei oder drei Verkaufsstellen ja ausreichend gewesen wären. Gestehen die niemandem zu, der gesamte Verkauf im Lande ist staatlich. Aber wir sollten zu bestimmten Bedingungen unsere edle Ware über die vorhandenen Boutiquen in den Verkauf bekommen. Das war zwar nicht die Ideallösung, war aber immerhin vorstellbar. Nach einer Woche unter kubanischen Funktionären in allen möglichen Behördengebäuden flog ich mit dem Vorschlag eines machbaren Geschäftsmodells nach Spanien zurück.

Loreta hatte ich während dieser hektischen Woche auf Kuba nur des Nachts zu Gesicht bekommen. Ich selbst raste tagsüber im feinen Zwirn durch Havanna, während sie in dem Haus ihrer Mutter entspannt vor sich hin schwängerte. Natürlich war mein ´Zwirn` nicht so richtig fein. Gebügelte Hosen sind mir immer schon ein Greuel gewesen, und eine Krawatte zu binden hatte ich ja nie gelernt. Für ein Jackett ist es auf Kuba meist auch zu heiß. Aber ihr versteht schon – hinter den Ohren gewaschen, den Stoppelbart rasiert, die Fingernägel gesäubert, Haare gekämmt und jede Art von sichtbaren Knutschflecken vermeiden.
Abends war ich normalerweise zum Ausgehen dann doch zu geschafft, und Loreta konnte man nun bereits deutlich ihre Schwangerschaft ansehen. Obwohl sie selbst natürlich behauptete, dass sie noch genauso tanzen und rummachen könne, als wenn sie keine runde Kugel vor sich hertragen würde. Aber für meinen nächsten Aufenthalt auf dieser Insel, der ja nun demnächst für einen Vertragsabschluss vorgesehen war, musste ich ihr schon noch einmal eine richtige Sause durch die angesagten Läden versprechen. Sie war sichtlich stolz auf ihren Zustand.

*

Zwei Wochen darauf laufe ich bereits erneut in Havanna auf. Diesmal mit meinem holländischen Partner, der das erste Mal dieses Land betritt. Das ist so ein Etepetete-Ästhet, und er hat auch prompt erst einmal einen gelungenen Einstand hingelegt.

Aus dem grandiosen Wolgakreuzer unseres Vermieters ist er schon auf der Fahrt vom Flughafen nach Vedado auf halbem Wege einfach ausgestiegen. Okay, da ziehen einem auf dem Rücksitz ein paar Abgase ins Hosenbein – gut, verstanden, das ist nun nicht jedermanns Sache. Er ist also ausgestiegen, um sich ein Taxi zu suchen. Ich hatte dem schnell noch Telefonnummer und die Zieladresse aufgeschrieben und war mit Angel weiter gedüst, weil in seinem Haus schon unser zukünftiger Lobbyist (im Range eines Vizeminister) wartete, um uns mit den neusten Informationen zu dem Behördentreffen am nächsten Vormittag zu versorgen.

Und der Kollege trudelt einfach nicht ein. Ist aber erst einmal egal, der kann ja sowieso kaum spanisch. Kurz vor Mitternacht kommt dann sein Anruf. Er ist wieder auf dem Flughafen, und wir sollen ihn dort abholen.

»He« sage ich, »wie soll das denn gehen? Wenn Angel dich da abholt, dann steigst du doch unter Garantie wieder auf halbem Wege aus. Bodenblech und Auspuff von seiner Kiste hatten inzwischen ja noch ein paar Stündchen mehr, um weiter zu rosten. Und wenn wir hier noch länger telefonieren ...«

»Nein, um Himmels willen, ihr müsst sofort herkommen. Ich bin echt geschafft. Wir mieten uns dann von hier ein Auto. Aber ich kenne mich doch in dieser Stadt überhaupt nicht aus. Du musst fahren.«

Na, das nenne ich doch mal einen Partner! Der hatte tatsächlich ein Taxi gefunden, nachdem er aus Angels Rostlaube geflüchtet war. Aber dieses Taxi qualmte genauso stark, und schon war er wieder raus. Doch nun befand er sich in einer Zone des Stadtteils Miramar, wo man zwar mit einem Auto durchfahren durfte, jedoch nicht zu Fuß herumspazieren konnte, weil ganz in der Nähe der Maximo Lider wohnt. Und - schwupp - wurde er von einer Streife mitgenommen.

Auf dem Revier der Milicia wurde den Bullen schnell klar, dass so ein ´nix verstehen - nix verstehen – Gringo` wohl kaum ein Attentäter sein konnte.

»Camaradas, lleven este yuma a la parada del guagua. Y dale a él un peso. Este gringo solo tiene dólares.«

(Genossen, bringt diesen Ausländer zur Bushaltestelle. Und gebt dem einen Peso. Dieser Gringo besitzt nur Dollar.)

Die haben ihn dann zu einer Bushaltestelle gebracht und ihm sogar eine Pesomünze für den Fahrpreis in die Hand gedrückt. Aber natürlich ist er dann in die falsche Richtung gefahren und schließlich wieder am Flughafen gelandet. In Plastik gegossener Käse. Keimfrei und preiswert aus den Vereinigten Provinzen der Niederlande.

*

Wir hatten dann also einen Mietwagen und kutschten damit am nächsten Morgen nach Habana Vieja. Der Treff mit den kubanischen Offiziellen fand in dem Versammlungsraum der Habalear S.A. statt, einem Betrieb für Lederverarbeitung in der Obispo/Obrapia, der dem Innenministerium unterstellt war. Das Haus war ein beeindruckendes historisches Gebäude, auf einer Linie zwischen der Bogedita del Medio und dem alten Hafen gelegen, das früher einem Tabakbaron gehört haben muss, der hier Produktion und Wohnbereich in einem gigantischen Komplex zusammengelegt hatte.

Habalear benutzte hier eine halbe Etage zur Gürtel- und Schuhproduktion. Die arbeiteten nur mit festem Kuhleder, und auch dieses Material war immer noch recht knapp im Lande, weshalb die tatsächlich angefangen hatten, Schuhe aus Kunstleder herzustellen. Arbeitskräfte mit Erfahrung zur Verarbeitung von weichem Schafsleder hatten die keine, aber ihr Direktor versicherte uns, dass sie in der Lage wären, einige ältere Fachkräfte zu reaktivieren, die zu Batistazeiten mit diesem Material gearbeitet hätten und ihr Personal anlernen könnten. Dieser Direktor war natürlich auch Vizeminister, logisch.

Bei dem Treffen war die gesamte Führungsetage von Habalear versammelt. Bis auf die Vizedirektorin, die durch Abwesenheit glänzte, was sich im weiteren Verlauf als ein schwerwiegendes Problem herausstellen sollte.
Aber zunächst waren alle Anwesenden enthusiastisch dafür, die neue Initiative einer Produktion von Lederkleidung zu unterstützen. Wir hatten ein paar Modelle aus Spanien mitgebracht, damit klar wurde, um welche Art von Produktion es sich handeln würde. Diese Teile ließen wir bei Habalear, damit sie dafür die Maquilakosten berechnen konnten. Bis zur folgenden Woche sollten wir ein Ergebnis vorliegen haben.
In der Zwischenzeit mussten wir eine unabhängige Gesellschaft gründen, mit der Habalear S.A. überhaupt einen Vertrag abschließen konnte. In Havanna gab es praktischerweise so ein Maklerbüro einer undurchsichtigen Anwaltskanzlei von den Bahamas, die derartige Briefkastenfirmen für 300 Dollar verkaufte. Von denen bekamen wir innerhalb von 10 Tagen eine steuerfreie Offshore Firma mit Sitz in Nassau. Ganz easy.

Schwieriger waren die Verhandlungen um das Verkaufsrecht für unsere Produktion in Kuba selbst.
Diesen Teil hätten unsere zukünftigen Partner gerne abgekoppelt, weil er nicht in die Kompetenz von Habalear fiel. Doch genau auf diesem Zusammenhang mussten wir bestehen, weil er ja letztendlich den Kern unserer Geschäftsidee darstellte. Ohne Verkauf im Lande keine Produktion in Kuba. Am Ende bekamen wir noch einen zweiten Vertrag versprochen, der mit dem Maquilavertrag gekoppelt sein würde. Dieser Vertrag gestattete uns den Verkauf unserer Ware in einer Reihe von Boutiquen, die den Touristen auf Kuba mit importierten Produkten versorgen, und er regelte die Gewinnprozente, die eine Boutique bei jedem Verkauf erzielen würde.
Am Schluss dieser ewig langen Sitzung erhielten wir noch eine Reihe von gestempelten Formularen, mit denen unsere beiden kubanischen Mitarbeiter die benötigten Spezialpapiere

für uns zwei Europäer und eine internationale Telefonlinie für einen Faxanschluss in der Wohnung von Angel beantragen konnten.

*

In den nächsten Tagen haben wir nichts weiter zu tun, als zu warten, bis die Berge von Papier geschrieben, kopiert, geprüft und nochmal geprüft sind, bevor sie zur Unterschrift freigegeben werden können.
Ich fuhr mit dem holländischen Kollegen nach Playas del Este, damit der etwas lockerer werden und sich ein wenig mehr mit der Insel anfreunden könne. Aber umsonst, er bleibt ein Fremdling in diesem Land. Irgendwie steril, wie in Plastik gegossen, ich sagte es ja schon.
Zugegebenermaßen war dieser Tag auch nicht so wirklich ideal, um sich in ein Land wie Kuba zu verlieben. Das Wetter war ungewöhnlich kühl und der Strand von einem andauernden Nieselregen durchnässt. In den Strandbars hingen an diesem Tag hauptsächlich italienische Möchtegerngigolos herum, die verzweifelt darauf hofften, dass hier endlich kubanische Muchachas auftauchten. Und dass die Sonne wieder scheine, damit sie ihre Muckies vorzeigen könnten, bevor sie sich ihre Bizeps und Sixpacks verkühlten und sie diese wieder in Pullover und Jacken einpacken müssten.
Und dann kamen die Muchachas tatsächlich noch zuhauf in Bussen angerollt. Gleich drei überladene Guaguas hielten auf der asphaltierten Straße oberhalb des Strandes, und eine Traube von Chicas quirlte aus diesen Bussen, um durch den lichten Hain bis zu dem Strand herunter zu rennen. Hinter den Bäumen lauerten allerdings Uniformierte, denen die Massenankunft der Chicas offensichtlich bereits angekündigt worden war. Sie versuchten, die Muchachas auf dem Weg zum Strand abzufangen. Die Szene ähnelte ungemein den bekannten Bildern eines verzweifelten Runs von gerade aus ihren Eiern geschlüpften Schildkrötenjungen zum Wasser, um den rettenden

Ozean zu erreichen, bevor sie von den lauernden Seevögeln aufgepickt würden. Die Strategie der Massenflucht.

´Solange die mit meiner Nachbarin beschäftigt sind, ist für mich die Bahn frei.` Kannte jede Jungfrau des Mittelalters, wenn die Landsknechte mal wieder ihre Stadt erstürmten, und die Vergewaltigungen begonnen hatten. You better run for your life if you can, little girl …

Diese Muchachas mussten einen Touri erreichen, bevor sie von den Bullen weggefangen wurden. Bei dem hängten sie sich ein, setzten sich auf seinen Schoß, knutschten ihn ab und flüsterten ihm ins Ohr: »Me llamo Cristina y soy tu novia.« (Ich heiße Christina und bin deine Verlobte). Oder so etwas Ähnliches. Sobald die einen Touristen erreicht hatten, waren sie SAVE, und die Moralwächter konnten nicht mehr einschreiten.
Die anderen wurden in eine kubanische Minna gesteckt und auf das Revier gefahren. Hier erhielten sie einen Eintrag in ihrem Ausweis. Falls bereits so ein Eintrag vorlagt, kamen sie direkt in Verwahrung.

Die beiden Girls, die sich zu uns an die Strandbar gerettet hatten, wurden heftig mit uns intim, als weitere Uniformierte den Strand nach unbemannten Chicas absuchten. Und genau jetzt musste sich doch mein Holländer von seinem Girl distanzieren, indem er sich abmühte, die Muchacha von sich weg zu stoßen. Ich trete dem ans Bein, und würge zwischen den Umarmungen und Küssen meiner Chica noch schnell die Warnung raus, dass er dies jetzt bloß unterlassen soll, weil er ansonsten riskiert, dass dieses Girl hops geht.

Was ein Glück, dass hier niemand deutsch versteht. Seine Muchacha nimmt ihn sich wieder vor, denn sie muss vor den misstrauischen Bullen Punkte sammeln. Aber dieses Mal agiert sie vorsichtiger, um den mimosenhaften Ausländer, an den sie geraten ist, nicht wieder zu verschrecken. Doch sobald die Ordnungshüter verschwunden sind, löst sie sich von dem Kollegen, um ihm eine gepfefferte Ohrfeige zu verpassen. Mit einem bedauernden Achselzucken befreit sich auch ihre Freundin aus meinen Armen und folgt ihrer davon stürmenden Kollegin. Ich erhalte nicht einmal den obligatorischen Zettel mit einer Telefonnummer und ihrem Namen.

Die nächsten Tage verzog sich der Holländer nach Varadero, da passte er wohl auch besser hin. Vielleicht erinnerte den die Gegend ja an Ameland im Hochsommer. Touristen aus ganz Westeuropa, gepflegte Strände, feine Hotels und kaum Kubaner. Oder an Marbella. Der Vorschlag kam von Angel, nachdem alle Versuche, ihm eine Muchacha unterzuschieben, gescheitert waren. So etwas versuchen die Kubaner immer mit einem Gringo, wenn sie länger mit jemandem zu tun haben. Normalerweise haut das ja auch problemlos hin. Nur leider nicht bei meinem Partner.
»Was ist denn bloß los mit deinem Kollegen, ist der schwul, oder was?«
»Nein, ich glaube nicht. Also, nicht dass ich wüsste. So wie ich das sehe, ist er nur blöde.«

Dabei sah der Bursche recht adrett aus. Schlank, groß gewachsen, sportlich – es war für die Eingeborenen überhaupt kein Problem, ein Girl für den zu organisieren. Loreta hatte es sogar einmal geschafft, nachts eine Freundin mit in unsere Wohnung zu bringen, die zu dem schlafenden Kollegen ohne Umstände gleich unter die Bettdecke gekrabbelt ist. Und dabei hatte sie den Nachttisch noch mit einer Schachtel Präser dekoriert, falls dies das Problem des Holländers sein sollte. Aber bei dem war nichts zu machen. Der war in der Tat in Varadero besser aufgehoben. Oder in Disneyland.

*

Die nächsten Tage verbrachte ich viel Zeit mit Loreta. Am Wochenende starteten wir die versprochene Sause durch sämtliche Discotheken und Läden mit Live Musik, die wir früher des öfteren aufgesucht hatten. Für Loreta war diese Rundtour so etwas wie eine neuerliche Präsentation auf ihrer früheren Aktionsbühne: ´Schaut alle her, da bin ich wieder, und dies ist mein Zustand. Und das ist Er!` Sie hatte sich extra ein straffes T-Shirt übergestreift, damit auch jeder ihre wachsende Kugel erkennen konnte. Und natürlich stieg sie auch wieder mit auf die Bühne. Sie machte den Eindruck einer glücklich geschwängerten Frau.

In dieser Nacht gestand sie mir, dass sie damals den Arzt mit 20 Dollar bestochen hatte, damit der das Märchen von ihrer Anämie auftischte. 20 Dollar, und der Typ hat seine wissenschaftliche Seele verkauft und mich zwei Wochen lang kreuz und quer durch die Stadt gejagt! Dabei musste sie es mir überhaupt nicht beichten, ich hätte doch nie im Leben ihre Anämie in Frage gestellt. Wohl hatte ich im Stillen meine Vaterschaft angezweifelt und hätte irgendwann bestimmt auf einer DNA Probe bestanden. Aber auf den Arzt-Dreh wäre ich nie gekommen. Es erschien alles so logisch. Havanna – keine Früchte – kein Gemüse – keinen Bock auf Untersuchung - keine Ahnung – Mangelernährung. Doch jetzt war es geschehen. Nun musste ich auf die neue Situation reagieren.

* * *

Thaimi

Am Sonnabend vor unserem letzten Treffen zum Vertragsabschluss mit Habalear fuhr ich das erste Mal seit geraumer Zeit wieder zu einem Livekonzert. Zwei junge Spanier, die im Nachbarhaus Unterschlupf gefunden hatten, luden mich ein, sie zu diesem Konzert zu begleiten. Ein Auftritt der Gruppe Charanga Habanera, die ich schon lange einmal erleben wollte, auf einer großen Freiluftbühne. Ich erinnere mich nicht mehr an den Namen des Veranstaltungsortes, weil die Spanier die Hinfahrt organisiert hatten. Es war jedoch ein gutes Stück von Vedado entfernt, sofern der Taxifahrer nicht die Dunkelheit benutzte, um über Schleichwege im Kreise zu fahren und Kilometer zu schinden.

Loreta hatte noch in der Nacht unserer großen Auseinandersetzung ihre Sachen ergriffen und war zu ihrer Mutter gefahren. Sie ging nicht ʹbeleidigtʹ, denn eine Frau wie sie kennt überhaupt nicht das erniedrigende Gefühl von Beleidigung. Doch sie ging betroffen und in einer Atmosphäre tiefer Traurigkeit.
Ich war mir einigermaßen sicher, dass ich sie so schnell nicht mehr wiedersehen sollte, denn unser Flieger Richtung Spanien startete kurz nach dem letzten Termin bei Habalear.
Die Partner in einer Beziehung können unterschiedlicher Meinung sein, sind sie ja sowieso meistens. Aber dann redet Mann (und Frau). Und wenn es um die großen Themen geht, die ein gemeinsames Leben entscheidend beeinflussen, redet man besonders intensiv. Vielleicht heftiger, mit Tränen, Beleidigungen, harten Worten, zuschlagenden Türen und fliegenden Tassen. Doch man redet.

Falls es sich bei einer Auseinandersetzung jedoch herausstellt, dass eine rote Linie existiert, deren Beachtung für den einen Partner eine unabdingbare Selbstverständlichkeit darstellt, während der andere diese Linie überhaupt nicht erkennen kann, dann verlieren Worte ihren Sinn.

»Wie konntest du so eine Show mit dieser angeblichen Krankheit abziehen? Und dazu noch einen Arzt bestechen. Weißt du noch, wie wir damals kreuz und quer durch die Stadt gejagt sind, um das entsprechende Obst und Gemüse aufzutreiben? Und dann ewig zur Gesundheitsstelle, um wieder und wieder Blutproben zu nehmen. Dieser Arzt muss mich doch für einen kompletten Idioten gehalten haben!«

»Hast du wirklich geglaubt, ich würde ein Kind der Liebe abtreiben lassen? Estas loco, loco! Dieses Kind habe ich in dem Moment meiner tiefsten Verbindung mit den Heiligen empfangen. Von dem Mann, den ich liebe. Das ist ein Glückskind. Du musst verrückt sein, wenn du glaubst, ich könnte so ein Kind abtreiben lassen!«

»Loreta, lass uns bitte vernünftig über die Geschichte reden. Und ich muss dir auch sagen, dass ich mich schon vor Jahren einer Sterilisation unterzogen habe. Ich bin mir zwar nicht völlig sicher, ob diese Operation auch hingehauen hat, aber die Wahrscheinlichkeit … «

»Es ist von dir, das weiß ich doch genau. Ich habe es gefühlt, genau während dieses ungeheuren Glücksgefühls. Ich wusste sofort, dass ich schwanger werde. Es kommt von dir, aber es ist mein Kind. Und ich kann es auch ganz alleine versorgen. Ich brauche keine Hilfe. Ich bin eine kubanische Frau, uns machen Kinder nur stärker.«

Ich hatte Loreta verloren. Später habe ich verstanden, dass dieser Gegensatz und Kontrast unserer Welten, der so ungeheuer spannend und bereichernd für unsere Beziehung gewesen ist, uns nun auseinandergebracht hatte. Die gleiche zwingende Notwendigkeit, die einst dazu führte, dass wir uns ineinander verliebt hatten, führte uns jetzt zu einem Ende. Es war gewissermaßen der Preis für unsere Intensität. Im Grunde hatten wir wohl nie eine Chance auf Dauer gehabt.

In dieser Nacht konnte ich auf gar keinen Fall alleine bleiben. Der Auszug von Loreta hatte in meinem Inneren ein abgrundtiefes Loch hinterlassen, und ich wusste ganz genau, dass es meine Schuld gewesen ist. Ich bin hier in Kuba mit dieser vermaledeiten Rationalität, und stauche mit meinem germanischen Quadratschädel die empfindlichen Seelen von Menschen zusammen, die mir inzwischen ans Herz gewachsen sind. Und wenn es nun Orishas gibt? Vielleicht bin ich ja nur der unsensible Ungläubige. Ein überheblicher Rechthaber und Zyniker.

In der Nacht nach ihrem Verschwinden hatte ich mir geschworen, von nun an jeden Heiligen, alle Gottheiten und besonders die ineinander verwobene Vielfalt von Geistern und ´Fantasmas` mit Toleranz und Freude zu begrüßen, sobald sie wieder einmal meinen Weg kreuzen sollten.

*

Als unser Taxi endlich den Veranstaltungsort erreicht, ist dieses gigantische Freilufttheater bereits reichlich gefüllt, und die ersten Bands heizen die Stimmung ein. In dem Kessel direkt vor der Bühne ist absolut kein Platz mehr zu bekommen, doch die Veranstalter schaffen immer mehr Tische und Stühle heran und leiten die später angekommenen Zuschauer auf den erhöhten Platz nahe des Eingangs. Von hier aus sind die Künstler nicht mehr zu erkennen, doch auch diese Ebene wird von riesigen aufgestellten Lautsprechern bestrahlt.

Ich frage mich unwillkürlich, wo in einem Land wie Kuba eine derartige Technik herkommt. Aber das ist wohl eine müßige Frage, wenn man an die gigantischen Auftritte des Comandante en Jefe denkt, dessen stundenlange Reden ja wohl auch irgendwie für Hunderttausende von Zuhörern übertragen werden müssen. Auf diesem technischen Gebiet ist Kuba sicherlich recht ordentlich ausgerüstet.

Wenigstens steht auf der Erhöhung ein langer Tresen, den ich mit den spanischen Kollegen aufsuche, um zumindest erst einmal einen Drink zu ergattern. Mit einem Auge verfolgen wir die Helfer des Veranstalters, die immer noch neue Stühle und Tische heranschaffen. Aber ebenso schnell wie sie aufgestellt werden, sind sie auch bereits wieder mit Beschlag belegt. Die Traube der wartenden Neuankömmlinge wird auch zu dieser fortgeschrittenen Stunde immer noch größer.

Unvermittelt spricht mich eine elegant gekleidete Schwarze an und fragt, ob wir uns nicht zusammen einen Tisch sichern wollen. Dabei zeichnet sie mit ihrer Hand einen Kreis, der die beiden Spanier an dem Tresen und zwei große schlanke Girls mit einschließt.
»Wir sind Sportler« sagt sie, »die Federación hat uns die Eintrittskarten besorgt. Aber wenn ich zu einem Konzert gehe, dann möchte ich mich auch mal setzen können. Diese Veranstaltung wird heute bis spät in die Nacht andauern.«

Meine spanischen Freunde sind nicht so richtig begeistert, als ich ihnen den Vorschlag unterbreite. Sie sind beide einen Kopf kleiner als ich, und diese Muchachas sind tatsächlich ziemlich riesig. Schlank, attraktiv, durchtrainiert, beweglich – aber eben auch ewig lang. Auch das Girl, das mich angesprochen hatte, ist extrem schlank, doch nur ungefähr ebenso groß wie ich selbst. Vielleicht ein klein wenig größer, aber das könnte schon passen. Während wir noch am Tresen debattieren, haben die Chicas inzwischen einen neu aufgestellten Tisch mit Beschlag belegt und winken uns heran. Die Sache ist entschieden.

Die beiden hochgewachsenen Girls gehören zu der Volleyball-Nationalmannschaft, die dritte, die mich angehauen hat, ist Leichtathletin. Früher 400 Meter, nun jedoch von dem Nationaltrainer der Kubaner auf Weitsprung umgestellt, wie sie mir erklärt hat. Diese Sportskanonen waren jedoch nicht auf Anmache oder Männersuche, wie es mir zunächst erschienen war, sondern die brauchten tatsächlich einen Tisch mit Belegung, an dem sie ihre Taschen mit Ausweis, Schminke, Haarbürste und Bargeld deponieren konnten, während sie sich auf die Piste begaben. Frauen benötigen ja immer eine Unmenge an Utensilien, wenn sie ausgehen, ob nun in Kuba oder anderswo. Und mit so einer Tasche um den Hals tanzt es sich einfach nicht gut. Wir sind also deren Garderobenhüter und Platzhalter zugleich.

Aber sie sind auch Frauen mit Rhythmus im Blut und einer schwelenden Glut im Körper, wie alle Muchachas auf solch einer Veranstaltung in Kuba. Auch wenn diese drei nicht einen einzigen Tropfen Alkohol angerührt haben. Aber wer sagt denn, dass Spitzensportlerinnen nicht auch scharf werden können? Die hier haben sich wiederholt beim Tanzen selbst aufgegeilt und kommen an unseren Tisch zurück, um eine körperliche Nähe zu verspüren, die sie wieder in die reale Welt zurückbringt. Wir Männer sind den Frauen in dieser Nacht ganz offensichtlich bereits durch unsere schlichte Anwesenheit dienlich.

Für mich ist es dennoch ein ziemlich abgefahrenes Gefühl, als sich die schwarze Leichtathletin völlig unvermittelt zwischen Tisch und meinen Stuhl drängt, um sich mit ihrem Oberkörper auf den Tisch zu stützen und ihr Hinterteil in Schwingungen zu versetzen, nachdem sie erhitzt aus dem Pulk der tanzenden Menge wieder aufgetaucht war. Möglicherweise hat solch eine Aktion bei den Locas einen leichten Hauch von vulgärer Aufforderung, besonders, wenn sie in Stretchhosen und einer vor der Brust verknoteten Bluse ausgeführt wird. Mit hochhackigen Schuhen jedoch und einem eleganten langen Rock entsteht aus diesen Schwingungen eine ästhetische Darbietung, die irgendwo zwischen Kunst und Versprechen angesiedelt ist. Ich stand auf und legte meine beiden Hände leicht auf die Hüfte der Muchacha, zum Zeichen, dass ich verstanden hatte und - für was auch immer - zur Verfügung stehe. Den holperigen Versuch einer eigenen Hüftbewegung, wie damals in dem Palacio habe ich mir erspart. Der wäre sowieso nicht auf der Höhe der Situation gewesen.

Doch ich habe die Frau geküsst, als sich mir einmal kurz die Gelegenheit hierzu eröffnete. Die elegante Springerin hat sich nicht dagegen gewehrt, aber sie hat nach dieser Aktion doch ein wenig befremdet in die Runde geschaut. Derartige Demonstrationen in der Öffentlichkeit stehen im kubanischen Ranking delikater Intimitäten bei einer sexuellen Annäherung noch um einiges höher als eine gemeinsamen Nacht oder der erste Fick, ich weiß. So ungefähr auf gleicher Stufe wie eine gepflegte Bläserei. Und auf der Straße wird sowieso kaum geküsst. Es sei denn, Mann und Frau müssen einem Bullen gerade einmal etwas beweisen. Auch dies ist mir bereits vor Jahren klar geworden. Dieser ungewöhnliche Verhaltensmodus ist ein Relikt aus der kolonialen Vergangenheit des Landes, mit ihrem strengen Kodex an der Oberfläche der Gesellschaft und der tolerierten Praxis von häufiger Vergewaltigung und Promiskuität in der Abgeschiedenheit von Privatgemächern. Es machte für den Patron keinen Sinn, eine Untergebene mit Küssen zu verführen, wenn er ihr sexuelle Hingabe einfach befehlen konnte.

Inzwischen wusste ich sehr wohl, dass die Leckaktion von Carolina vor ein paar Jahren auf der Treppe des Habana Libre eine absolute Ausnahme gewesen war. So etwas wie eine Überrumpelung eines ahnungslosen Gringos auf öffentlicher Straße. Gewissermaßen eine von dem Besucher der Insel nicht registrierte Vergewaltigung mit Rollentausch.

Wenn ein kubanisches Paar auf der Straße demonstrieren will, dass sie zusammen gehören, wird nicht geküsst. Die halten höchsten einmal Händchen, dann weiß auf der Insel sowieso jeder, dass diese beiden ins Bett gehören.

Ich hatte die elegante Schwarze geküsst, um wenigstens einmal in dieser Nacht die Initiative zu ergreifen. ´Mach du nur weiter, ich werde ebenfalls einen aktiven Teil in die weiteren Intimitäten zwischen uns einbringen!`

Jedoch war ich mir nicht ganz sicher, ob die Muchacha verstanden hatte. Vielleicht hatte sie diese unpassende Vertraulichkeit auch in die Kategorie ´Blödheit und Unverständnis eines Fremdlings` eingestuft. Das würde sich erst im Bett herausstellen. Doch dort mussten wir zunächst erst einmal hinfinden.

Die beiden Volleyballerinnen kopieren nun das Verhalten ihrer Freundin, und warten auf eine Reaktion der spanischen Kollegen. Aber die waren bereits schon vorher von den ewig langen Beinen und der beachtlichen Körpergröße dieser Muchachas verschüchtert gewesen, und kapitulieren nun vollständig vor der geballten Ladung sexueller Präsenz an unserem Tisch. Sie ziehen nach unten vor die Bühne und verabschieden sich bald darauf von uns.
»Kein Problem« sage ich, »ich bleibe noch. Ich suche mir dann ein eigenes Taxi. Außerdem muss ich ja diese ´Bonboncitas` nach Hause begleiten.«

*

Nach dem Auftritt von Charanga machen wir uns auf den Weg. Eine der beiden Langbeinigen hat sich im Getümmel verloren. Oder besser gesagt, die hat wohl eher jemand Passenden gefunden und sich mit dem verkrümelt. So eine gigantische Frau kann ja wohl schlecht verloren gehen. Vielleicht einen Hochspringer oder einen von der Boxstaffel, falls die Basketball-Mannschaft sich gerade wieder einmal in einem Trainingslager aufhält. Oder auch einen mutigen Gringo, so welche gibt es ja mitunter auch.

Die zweite Volleyballspielerin steigt vorne mit ein und bringt den Taxifahrer ins Schwitzen, weil der mit dem ausgeleierten Gestänge seines russischen Lada schalten muss, und sich dauernd in den langen Beinen der Frau verhakt. Die denkt wohl, der macht das extra, und schlägt mehrmals krachend mit ihrer gestählten Schmetterhand auf die Ablage seiner Limousine. Vielleicht ist dem ja auch manchmal seine Hand ausgerutscht, kann auch sein. Beim letzten Schmetterschlag gehen die Lichter der Karre aus und wir fahren im Dunkeln weiter. Der geschockte Driver schimpft vor sich hin und traut sich kaum noch, die Gänge zu wechseln. Eine romantische Atmosphäre geflüsterter Zärtlichkeiten und frivoler Angebote zum Beischlaf will bei dieser chaotischen Schleichfahrt quer durch die Stadt nun leider nicht mehr aufkommen.

Ich warte also, bis Pippi Langbein den Wagen verlässt und wir in der Calle 29 anhalten, wo die schöne Springerin wohnt. Nun frage ich direkt, ob sie nicht diese Nacht mit mir in meiner Wohnung verbringen möchte. Sie zögert mit ihrer Antwort, ich hatte vermutlich zu lange mit meiner Initiative gewartet.

»Ich bin keine Jinetera.«

»Nein, natürlich nicht.«

»Warum treffen wir uns nicht an einem Tag in der nächsten Woche?«
»Das geht nicht. Montag startet mein Flieger nach Europa. Aber ich komme wieder, ich bin ja nicht als Tourist nach Kuba gekommen.«
Die Frau überlegt einen Moment. »Ich weiß nicht, vielleicht. Ich gehe jetzt erst einmal in mein Haus. Wenn ich in einer Viertelstunde nicht wieder da bin, komme ich nicht mehr. Willst du solange warten?«
Ich sage: »Klar, kein Problem. Der Fahrer ist ja sowieso noch mit seinen Drähten unter dem Armaturenbrett beschäftigt. Es könnte sogar sein, dass wir mit voller Lichtpracht nach Vedado chauffiert werden.«

*

Genau 15 Minuten später taucht das Girl wieder auf und kommt über die Straße gehüpft. Sie hatte sich geduscht und umgezogen, und trägt nun weiße Turnschuhe und ein helles Kleid. Ich sehe erst jetzt, wie jung sie eigentlich ist. Und zu dieser späten Stunde noch voller Energie. Sie schlüpft in den Wagen und bemerkt noch einmal: »Nicht vergessen, ich bin keine Jinetera!«

»Ich weiß. Sag mir doch bitte noch einmal deinen Namen, ich hatte den vorhin nicht richtig verstanden.«

»Ich bin Kami.«

Sie hieß Thaimi, aber in der verwunschenen Stunde dieser Nacht klang ihr Name wie ´Kami`. Ein Kami, und wirklich sieht sie in dieser Finsternis aus wie ein schattenhafter Geist, der sich in einem Kleid und leuchtenden Schuhen versteckt hat. Ich rede pausenlos während unserer unwirklichen Taxifahrt, um sie zum Lachen zu bringen. Lustige Anekdoten aus fernen Ländern und typische Peinlichkeiten aus Kuba selbst, um den Kami in diesem Kleid hüpfen zu sehen und die strahlenden Zähne in der Dunkelheit zu erkennen. Erst unter der Eingangslampe meiner Wohnung in der Calle 21 verschwindet die Vision einer ´Himegami` und verwandelt sich wieder in meine Begleiterin der Nacht. Aber ich bin immer noch von der Erscheinung gefangen und grübele darüber nach, ob sich dieser Berggeist wie einst Fidel in die Sierra Maestra zurückgezogen hat oder mit uns in die Wohnung geschlüpft ist. In meinem Zimmer greife ich mir eines von den Modellen der Lederkleidung, die ich in der Reisetasche mit mir führe, und bitte das Girl es einmal anzuprobieren, während ich mich kurz unter die Dusche stelle.

»Du hast genau die richtige Figur für diese Kleidung. Tue mir den Gefallen und probiere dies einmal an. Ich möchte sehen, wie du damit aussiehst.«

Als ich kurz darauf aus dem Bad komme, bietet sich mir der atemberaubende Anblick einer eleganten jungen Dame, die mit ihrer erotischen Ausstrahlung das große Zimmer dieser Wohnung in eine Bühne verwandelt hat. Die braune Lederkombination aus Rock und einem knappen Top sitzt auf der ebenholzfarbenen Haut wie angegossen und mit einer natürlichen Selbstverständlichkeit. Buchstäblich wie eine zweite Haut, als hätte diese Frau nie etwas anderes getragen. Ich selbst komme mir steif und ein wenig unbeholfen vor, denn ich war nach der Dusche wieder in meine Jeans geschlüpft, wie ich es beim ersten Date immer mache, weil sich meine Barschaft in der Hosentasche befindet und ich ja niemanden in Versuchung führen möchte. Doch in dieser Nacht habe ich auch deshalb meine Hose wieder angezogen, weil ich mir unsicher bin, ob ich ein schüchternes junges Girl, eine elegante Dame oder ein koboldartiges Fantasma in meinem Zimmer vorfinden werde.

Der Anblick wirft mich aus der Bahn. Meine Selbstsicherheit hat sich plötzlich in Luft aufgelöst, und ich weiß überhaupt nicht mehr, wie ich mich verhalten soll. Das war mir das letzte Mal zu Studienzeiten in Berlin passiert, als mich meine frauenbewegte Ex mit in eine Sauna genommen hatte, die von der lokalen Lesbenszene betrieben wurde. Unter lauter nackten Weibern, von denen sich mehr als die Hälfte eindeutig 'queer' outet, fühlt man sich als entblößter Schwanzträger nicht gerade wie ein umworbener Pascha.

Auf Kuba jedoch war mir immer das Gegenteil passiert. Ob nun mit oder ohne Kleidung. Dort ist ein europäischer Mann ja auch in erster Linie Dollarträger. Von daher hatte mich nichts auf diese Verunsicherung vorbereitet. Es ist wohl einfach die Klasse und natürliche Eleganz dieser Frau, neben der ich mich selbst in jener Nacht wie ein biederer 'Normalo' fühle. Nur ihre übergroßen Füße stören ein wenig das harmonische Gesamtbild. Ziemlich groß, sehnig und mit einer beeindruckenden Schicht von Hornhaut überzogen. Irgendwie rustikal, aber schließlich sind das ja auch ihre Arbeitsinstrumente.
Nobody is perfect.

Ich fordere das Girl auf, ein paar Schritte zu gehen. Und tatsächlich schreitet sie wie auf dem Laufsteg im Zimmer hin und her mit diesem unnachahmlichen Gang der Mannequins, der bei jedem Schritt und bei jeder Wendung eine kunstvoll betonte Erotik und gleichzeitig eine unnahbare Distanz ausdrückt. Wo und warum diese Muchacha solche Bewegungen erlernt hat, will ich in dieser Nacht lieber nicht fragen. Dafür müssen professionelle Modelle jahrelang hart an sich arbeiten, habe ich gehört. Aber möglicherweise gehört das in Kuba ja zum Trainingsprogramm der Leichtathletinnen. Vielleicht steigt sie ja mit solch einem Gang nach jedem Sprung aus ihrer Sandgrube, um die Konkurrentinnen zu düpieren. Psychologische Kriegsführung, US-Läuferinnen fegen doch seit Jahren mit grell neonfarbenen Fingernägeln über die Tartanbahn. Oder mit künstlichen Zöpfen. Ein springendes Mannequin, das hätte doch auch etwas!

Als ich sie schließlich zum Lager geleiten will, entzieht sich sie mir und verschwindet erst einmal im angrenzenden Bad. Nun, das war ja mal wieder klar gewesen. Ich entledige mich meiner restlichen Textilien und schlüpfe erwartungsfroh unter das Laken. Vorfreude soll ja angeblich die schönste Freude sein.

Heißt es. Kann ja auch sein. Aber wenn es nach solch einer durchfeierten Nacht mit zu viel Alkohol und zu viel Hin und Her mal wieder zu lange dauert, dann kann es schon passieren, dass sich das Gehirn und die hoch gepushten Sinne eine kurze Auszeit nehmen und den Körper urplötzlich in einen Tiefschlaf versenken. Und genau dies passiert mir in jener Nacht, bevor die Frau wieder in das Zimmer kommt. Möglicherweise schnarche ich dazu auch noch. Kein wirklich überzeugender Beginn einer charmanten Zweierbeziehung.

Zum Glück erwache ich wieder, als sie sich auf das Bett legt, und bin gleich wieder voll da. Deshalb erkenne ich auch den Ausdruck tiefer Enttäuschung auf ihrem Gesicht und reagiere sofort mit einem improvisierten Scherz, bevor sich die libidinösen Schwingungen vollständig verflüchtigen:
»Engañado! Te he engañado.« (Reingefallen! Ich habe dich reingelegt.)

Schon eine etwas rustikale Art, unsere romantisch - erotische Nacht einzuleiten. Und darüber gelacht hat die Frau ja nun auch nicht. Aber ich bedecke sofort ihren athletischen Körper mit Zärtlichkeiten, bevor sie zu lange darüber nachdenken kann, worauf sie sich hier eigentlich eingelassen hat. Mit meinen Lippen und meiner Zunge erreiche ich jeden Winkel ihres schwarzen Bodys - bis auf die Monsterfüße natürlich – und kann die steigende Erregung dieser Frau in meinen Fingerspitzen verspüren.

Thaimi war anders als alle Kubanerinnen, die ich kannte. Sie hatte eine genaue Vorstellung davon, was sie konnte und was sie erreichen wollte. Sie war keinen Deut biegsam oder gar formbar, wie die meisten Kubanerinnen, die ich bis dahin kennengelernt hatte. Für sie gab es keine Kompromisse. Sie wollte bei jedem ihrer Lebensziele ein absolutes Maximum erreichen, mit weniger war sie nicht zufrieden.

Natürlich wusste sie sehr wohl, dass nicht immer die Spitze eines Berges erklommen werden konnte, denn diese Frau war in hohem Maße selbstkritisch, phantasiebegabt und intelligent. In solch einem Fall jedoch brach sie sofort ihren Aufstieg ab - um bei diesem Bild zu bleiben – und wandte sich anderen Lebenszielen zu, die den Aufwand ihrer geballten Kraft und ihre Mühen lohnenswerter erscheinen ließen.

Sie wollte ihre Sportkarriere mit einem Knaller krönen und einmal ganz oben auf dem Treppchen stehen. Weltmeisterin, Olympiasiegerin oder Weltrekordhalterin – möglichst alle drei Titel, jedoch zumindest einen musste sie erreichen und sie war bereit, sich für dieses Ziel bis an ihre Grenzen zu schinden. Und möglicherweise auch darüber hinaus.
Sie musste ihrer extremen Armut in Kuba entfliehen, wo sie zusammen mit ihrer Mutter nahezu ohne Möbel in einer düstern winzig kleinen Zwei- Zimmer- Wohnung hauste, die in einem verschachtelten Barackenkonstrukt nur einen Ausgang auf den 'Pasillo` (Innengang) besaß und kein einziges Außenfenster aufweisen konnte.
Sie brauchte eine feste Beziehung zu einem Ausländer, der ihr ein komfortables Leben ohne die Mühsal fremdbestimmter

Arbeit erlauben und sie in die Lage versetzen würde, sich mit all ihrer Energie der inneren Reise in die Tiefen von Mystik und religiösen Erschütterungen zu widmen, die ebenfalls einen Teil ihrer Welt ausmachten.

Und - sie hatte diesen Ausländer bereits gefunden. Einen italienischen Modezar, der Studios in Italien und Frankreich betrieb, sich ewig auf Reisen befand und ihr hier auf Kuba bereits einen Heiratsantrag gemacht hatte.

*

An jenem Tag, als ich Thaimi kennengelernt habe, wusste ich natürlich noch nichts von alledem.
In dieser Nacht wollte sie Sex. Sie wollte genießen, wie auch später in jeder Nacht, die sie mit mir zusammen verbracht hat. Dass es dann eine komplett durchfeierte Nacht geworden ist, ohne Pause oder Schlaf, hatte sie bestimmt so nicht erwartet. Und ich selbst ehrlich gesagt auch nicht. Das war wohl für uns beide eine neue Erfahrung.

Heute denke ich, es war Thaimi ziemlich egal, was ich dabei empfand. Sie wollte nicht gefallen oder kokettieren, und sie musste keinerlei Kompromisse eingehen. Jeder nimmt sich, was er bekommen kann, so gut und so lange es geht – und Tschüss! Das war es dann gewesen.

Ich lag mit meinem vorsichtigen Taktieren zu Beginn natürlich wieder einmal voll daneben. Das passiert mir mit den Muchachas in diesem Land leider viel zu oft. Immerhin hatte ich inzwischen gelernt, schneller zu reagieren und mein Verhalten zu korrigieren.
Der Anblick dieser schlanken, durchtrainierten Kubanerin erweckte bei mir zunächst eher sportlichen Ehrgeiz als geile Gefühle. Also schon beides, denn sie besaß den perfekten Körper der amerikanischen ´black is beautiful` Filmstars mit kleinen, aber wohlgeformten Brüsten, langen, von geschmeidigen Muskeln definierten Beinen und Armen, einer Wespen-

taille und – etwas salopp ausgedrückt - einem sensationellen Arsch. Auf diesem Body ohne ein einziges Gramm Fett, in der Farbe von polierten Ebenholz, thronte ein Kopf mit den fein geschnittenen Linien jener afrikanischen Frauen, deren Gene durch gelegentliche Zugaben spanischer Chromosomen ins Europäische geturnt worden sind, und eine mit Salben und Tinkturen gezähmte Löwenmähne.

Ein - von ihren Riesentretern einmal abgesehen – perfekter Körper, der trotz der gerade erfolgten Dusche bereits wieder einen leichten Geruch sexueller Animation verströmte. Und außerdem bestimmt noch jede Menge von diesen heimtückischen, unsichtbaren und geruchlosen Pheromonen, die bei Männern unweigerlich einen Ständer hervorrufen.

Aber dennoch sah die Situation in dieser Nacht für mich nicht so sehr nach liebevoller Umarmung, tiefen Blicken und gehauchten Beschwörungen aus. Hier ging es jetzt um Sex pur auf hohem Niveau, ´sexo duradero`, Worte waren vollkommen überflüssig. ´Hier bin ich, und nun mach etwas daraus – aber gib dir verdammt noch mal Mühe!` So ungefähr, als wenn man mit gespannter Energie eine Muckiebude voller blitzender Geräte betritt, die einem allesamt zur Verfügung stehen, aber ihren Sinn und Nutzen nur aus der eigenen persönlichen Anstrengung entwickeln können. Nicht Quatschen, sondern Machen!

*

Jeder Mann kann einen sexuellen Akt beliebig in die Länge ziehen und/oder eine sofortige Wiederholung anstreben, behaupte ich einmal. Vielleicht geht so etwas nicht immer, und schon gar nicht bei einer schnellen Routinenummer, aber ein umherschweifender Macho mit weit gestreuter Erfahrung sollte sich oft genug in einer entsprechenden erotischen Situation befunden haben, in der er seine eigenen Möglichkeiten ausloten konnte.

Ich selbst hatte für mich die Technik der 'Negativen Fantasie' entwickelt. Also noch während der Warmlaufphase des erotischen Vorspiels, bevor die Mechanismen einer alles überspülenden geilen Flutwelle außer Kontrolle geraten, die Augen schließen und im Kopf einen Gruselfilm ablaufen lassen, damit das Sexualzentrum im Zwischenhirn ins Trudeln gerät. Zum Beispiel so lange intensiv an eine deutsche Kanzlerin oder an eine eiserne First Lady denken, bis sich der Samenleiterstrang verknotet und Millionen von Spermien in einen Dauerstreik treten. Zur Not musste ich diesen 'Horrorschocker' einige Male wiederholen, um einen steifen, seiner Eigendynamik beraubten Prügel zu erhalten, den ich nun lange genug an den erwünschten Stellen einsetzen konnte.

Zum besseren Verständnis möchte ich diese Technik hier als 'Angieschocker' bezeichnen, obwohl dieses perfekte Synonym vollkommener sexueller Neutralität in jenen Jahren noch nicht zur Verfügung stand. Vielleicht hatte ich damals ja an das ehrenwerte Fräulein Schmitz gedacht, meine alte, nette und vertrocknete Deutschlehrerin, die ein Leben lang ihre Jungfernschaft zu verteidigen gewusst und allerhöchsten einmal den leidenden jungen Werther von Goethe mit in ihr Bett genommen hat. Oder auch an Mutter Theresa oder Alice Schwarzer, ich weiß es nicht mehr so genau. Ist ja auch egal. Wichtig war allein das Wechselspiel von erschreckender Zwangsphantasie und beglückender Realität. Augen zu - Augen auf, Hormone und Pheromone, Horror und Glückseligkeit, Himmel und Hölle - Hölle und Himmel.

So ein Ritt auf Messers Schneide ist ganz schön langwierig und anstrengend, aber er kann eine zum Orgasmus bereite Frau zu mehr Höhepunkten führen, als die verbliebene Nacht Stunden hat. Und nach solch einer langen Nudelei kennt Mann genau die sensiblen Zonen und erotischen Vorlieben seiner Partnerin, und verabschiedet am Morgen wohl möglich eine anhängliche Frau, deren neu erweckte Gefühle irgendwo zwischen finaler Zufriedenheit und Wiederholungswunsch liegen.

Mein Kami wollte mich jedenfalls wiedersehen, oder mich zumindest gebührend verabschieden, bevor ich am Montag nach Spanien zurückfliegen würde. Doch mir war ein neuerliches Treffen am Montag zwischen den unvermeidlichen Auseinandersetzungen mit meinem Holländer, den Vertragsunterzeichnung bei Habalear und schließlich den Vorbereitungen unseres Abflugs am späten Abend zu delikat. Und den Sonntag brauchten wir beide ja nun dringend zum Ruhen und Ausschlafen. Außerdem musste ich zunächst einmal bei Angel nachfragen, ob die lustvollen Schreie dieser Nacht irgendeinen Aufruhr oder eine Beschwerde nach sich gezogen hatten.

Doch in Kuba sind solche Sorgen gegenstandslos. Mein Vermieter hat einzig darauf bestanden, dass ich ihm bei meinem nächsten Besuch auch so eine Potenzmedizin aus Spanien mitbringen solle. Dem hatte vermutlich irgendwann einer seiner Mieter etwas von Viagra oder ähnlichen Rohrverstärkern geflüstert. Er hat mir wohl nicht abgenommen, dass ich noch niemals von diesen Wundermitteln gekostet hatte.

Jedenfalls hatte ich mit Thaimi die Adressen ausgetauscht und ein erneutes Treffen in einem halben Jahr ausgemacht, bevor sie am Sonntagvormittag in ihr Taxi stieg.

Sonntagnachmittag trudelt der Kollege aus Varadero wieder ein, und am nächsten Vormittag unterschreiben wir bei Habalear die Verträge unserer Maquilavereinbarung. Das Kuba - Abenteuer in Sachen Leder konnte beginnen.

* * *

In Katalonien führt parallel zur ´Autopista de la Mediterrània` die alte Nationalstraße C 35, auf der sich zwischen der Stadt Granollers und dem mittelalterlichen Flecken Hostalric weiter im Norden die kleinen Lederproduzenten aneinander reihen. Die meisten Fabriken hielten ihre Produktion bereits seit einigen Jahren auf Sparflamme oder hatten sie vollständig eingestellt. Mit der Türkei war ihnen seit längerem eine neue Billigkonkurrenz erwachsen, und aus Pakistan und Indien tauchten die ersten Produkte auf dem Sektor der Lederverarbeitung zu Schleuderpreisen auf.

Hierhin führte uns ein Experte aus dem Küstenort Malgrat an der Costa del Maresme, der jahrzehntelang in der Lederverarbeitung gearbeitet und sich bereits vor dem großen Exodus dieser Industrie zur Ruhe gesetzt hatte. Dieser Fachmann stellte eine lange Liste von Maschinen und Geräten für die erste komplette Einheit unserer geplanten Produktion zusammen und begleitete uns auf den verschiedenen Einkaufstouren in den Lederfabriken. Industrielle Nähmaschinen, Materialpressen, Zuschneidetische, Scheren, Messer, Nadeln, Fäden und tausenderlei Geräte mehr, denn die Kubaner verlangten laut Vertrag das komplette Gerät bis hin zu den Spezialstiften, mit denen die Schnittmodelle auf das Ledermaterial übertragen werden.

An dieser Straße liegen auch die Hallen für den Verkauf der Rohmaterialien. Riesige Berge von fertig bearbeiteten und gefärbten Schaffellen, sowie kleinere Posten von Ziegenfellen. Diese Verkaufshallen wurden weiterhin gut von Materialeinkäufern besucht, auch wenn die lokale Produktion von Lederkleidung einen Tiefstand erreicht hatte, denn hier in Katalonien wird weltweit die beste Qualität von Schafleder hergestellt. Und so erfuhren wir so ganz nebenbei, dass Kleidung aus Schafsleder wohl gerade in Asien ´En Vogue` war, denn die meisten Aufkäufer von aufbereiteten Schaffellen kamen aus Japan oder Südkorea.

Zumindest die Quelle der Rohmaterialien, die wir nach Kuba schicken würden, lag also ganz in der Nähe meines

Wohnortes in Spanien. Ende Juli konnten wir den ersten 40-Fuß-Container mit Maschinen und Materialien nach Kuba auf die Reise schicken.

Mitte März des darauffolgenden Jahres bekamen wir Nachricht, dass der Container in Havanna gelandet war. Unser spanischer Experte hatte sich bereit erklärt, nach Kuba zu fliegen, um beim Aufbau der ersten Produktionseinheit und der Ausbildung der Spezialisten für die anstehenden handwerklichen Arbeiten mit diesem Material behilflich zu sein. Diese Reise nach Kuba wurde auch für diesen älteren Herrn zu dem Abenteuer seines Lebens, denn er war vorher noch niemals aus Spanien herausgekommen.

Im Oktober sollte ich sodann alleine nach Kuba fliegen, neue Modelle von Lederkleidung nach Havanna bringen und die kommerzielle Seite ankurbeln. Mein holländischer Partner konnte im Oktober nicht mitfliegen, denn im Herbst ist Hochsaison für seine Kaffeefahrten. War mir ja auch ganz Recht so.

*

Ich hatte Thaimi einen detaillierten Bericht von meinen Gefühlsverwirbelungen während unserer gemeinsamen Nacht geschickt. Eingestreut in diesen Brief waren Hinweise auf einen gewissen Zustand von Trance, dem ich in jener Nacht mehrfach verfallen war, die bei ihr einen sensiblen Punkt getroffen haben mussten, denn sie hatte mir sofort ebenso detailliert und präzise geantwortet. Und in der Tat war sie selbst in jener Nacht viel zu tief in ihre Selbsterforschung eingetaucht gewesen, um noch irgend etwas außerhalb ihres eigenen Erlebens wahrnehmen zu können. Doch nun hatten wir uns gegenseitig offenbart und würden uns unter einem anderen Vorzeichen wiedertreffen.

Das wäre jedenfalls logisch gewesen. Aber Angel hatte kein einziges Lebenszeichen von der Frau erhalten, obwohl wir in unseren Briefen einen Treff am Tage meiner Ankunft in dieser

Wohnung verabredet hatten. Ich bat Angel noch am Tag meiner Ankunft in Havanna mit mir zu der Adresse von Thaimi zu fahren. Ich selbst konnte mich nur recht ungenau an den Weg erinnern, aber ich erkannte die Straße wieder, wo damals der Taxifahrer seine Kabel zusammengeflickt hatte. Hier fragten wir uns bei den Anwohnern nach ihrer Familie durch und werden zu diesem ´Pasillo` geführt, wo an einer Tür der gesuchte Nachname stand. Doch niemand öffnete.

Bevor wir wieder zurückfahren, schreibe ich auf das Papier mit der Adresse von Thaimi noch eine kurze Bemerkung über meinen Besuch, hinterlasse die Telefonnummer der Wohnung in der Calle 21 und unterschreibe mit ´Shango`. Von Shango hatte ich damals auf jener denkwürdigen Feier am vierten Dezember erfahren und ich benutze nochmals die gleiche mystische Gottheit, um eine Kubanerin aufzurütteln. Das war vielleicht nicht besonders einfallsreich, aber in dieser Situation war es der einzige Name einer ´Orisha`, der mir einfiel. Und Angel konnte ich nach solchen Details ja wohl schlecht fragen.
»Du solltest dir eine Halskette besorgen, wenn du als Shango unterschreibst,« meinte er, »Das sind die Farben weiß und rot.« Also ein wenig hatte er sich wohl auch mit dem Thema beschäftigt. Aber vermutlich trifft das auf alle Kubaner zu. Rot/weiß - werde ich mir merken.
Doch es hat auch so hingehauen, denn kaum waren wir wieder in der Wohnung angekommen, rief Thaimi an, und wir düsten nochmals zu ihrer Wohnung, um die Muchacha abzuholen.

*

Am nächsten Morgen hat die Frau mir noch beim Frühstück das ganze Panorama der kubanischen Götterwelt erklärt. Ihre Hierarchie mit Olódumaré an der Spitze, über die Orishas der unterschiedlichen Kategorien, den Eigenheiten unserer Ahnen, die als Reinkarnationen in den Neugeborenen wiedererstehen können. Den Einfluss von Amuletten, die magischen Kräfte von

Kräuterpflanzen und die Bedeutung der Kaurischnecken beim Orakel. Die Initiation des Gläubigen, seine Lehrzeit als Novize und die Rituale seiner Ernennung zum Santero (Priester). Diese 'Regla de Ocha' ist ein kompliziertes Geflecht von Wechselwirkungen zwischen Göttern, Menschen, Priestern und Ahnen, ein gegenseitiges Geben und Nehmen, das von vielen Ritualen und symbolischen Gegenständen begleitet wird. Thaimi war offensichtlich tief von dieser Parallelwelt berührt, die sich ihr mit einer weit klareren Logik von Kräften und Gegenkräften, Handlungen und Reaktionen eröffnete, als sie es bei dem 'normalen' Lebensablauf und den üblichen Verhältnissen unter den Menschen ihrer Insel entdecken konnte.

Ich selbst hatte ja bereits früher den mächtigen Einfluss der westafrikanischen Yoruba - Götter, jener Orishas, die hier in Kuba durch eine Verschmelzung mit katholischen Heiligen in der Santeria wiedererstanden sind, auf mich und meine Beziehungen verspürt. Für mich jedoch sind dies lokale, listige und wendige Götter, die hierzulande hinter jedem Baum, unter jedem Stein und selbst in einer Suppenschüssel, dem Salzstreuer oder auf dem Lokus lauern können. Keine allmächtigen Gottheiten, die weise, allwissend und gelangweilt auf einem unerreichbaren Himmelsthron sitzen und die Menschheit als Ganzes betrachten. Die Orishas sind wie die Menschen auf dieser Insel, temperamentvoll und aufbrausend, musikalisch und kreativ, die meiste Zeit jedoch selbstgenügsam, träge und bequem.

Sie brauchen eine physische Person, also einen Menschen, in den sie hineinschlüpfen, um aktiv zu werden und ihre Eigenarten ausleben zu können. Und das bedeutet: einen Gott für eine Person. Oder anders ausgedrückt: wenn ein Orisha in einen Menschen schlüpft, dann ist er für die Zeit dieses Wirkens erst einmal vom Brett genommen. Diese sympathischen Götter können immer nur einen Menschen zur gleichen Zeit verwandeln oder beeinflussen. Und sie können selbst durch Rituale, durch Musik, Trommeln, Rauch, geheimnisvolle Pulver, durch Beschwörungen und Puppen bei ihrer Suche nach einer physischen Person beeinflusst werden.

Mir erschien das hauptsächliche Bemühen der kubanischen Santeria aus Methoden und Versuchen der Manipulation dieser Götter zu bestehen. Manchmal werden sie gerufen, um wie eine Droge in dem eigenen Körper zu wirken, aber meistens werden sie getäuscht und auf die Rolle geschickt, um in einer dritten Person ohne deren Wissen oder Wunsch zu wirken.

Allerdings wird ein 'Besessener', also eine Person, die von einem Orisha zeitweilig 'in Besitz genommen' wird, nicht für seine Handlungen verantwortlich gemacht. So ähnlich, wie in anderen Kulturen ein unterbelichteter Depp für 'schuldunfähig' erklärt oder wie dem Betrunkenen eine gewisse Narrenfreiheit zugestanden wird.

Die Orishas der Santeria sind sympathisch und oftmals menschlich – allzu menschlich, woraus im Umkehrschluss die Logik erwächst, dass die Menschen göttlich sind. Oder zumindest von Zeit zu Zeit gottgleich sein können. Und man kann diesen Göttern ausweichen, indem man die Orte und Zeremonien meidet, wo sie sich aufhalten, oder bei denen sie gerufen werden. Allerdings muss ein Bewohner dieser Insel stets darauf achten, dass ihn nicht andere Personen mit unerwünschten Fantasmas bombardieren, was wohl recht häufig geschieht. Aber dann muss man eben öfter mal sein Zimmer oder seine Truhen kontrollieren, ob sich da nicht irgendwelche magischen Puppen versteckt haben, und dann und wann auch mal sein Schuhwerk oder seine Strümpfe nach verdächtigen Pulvern absuchen. Das sind doch eigentlich keine zu großen Mühen, um ein ganzes Seelenheil im Gleichgewicht zu halten. Und wenn es einem Kubaner einmal gelingt, das Land für eine Zeit zu verlassen, dann weiß er mit Sicherheit, dass die Orishas auf seiner Insel verbleiben werden. Ebenso wie die PCC, die CDRs, der Mini-Kolibri Zunzun oder die versilberte Königspalme.

Vermutlich hat ein Kubaner eine andere Vision der Orishas. Aber ich behaupte einmal, dass diese wendigen Gottheiten desto agiler und machtvoller werden, je intensiver die Menschen an sie glauben wollen. Und von daher ist es gut möglich, dass auch jeder Kubaner die Götter unterschiedlich empfindet und es überhaupt kein ´objektives` Kriterium für das Wirken und die Stärke des alten Yoruba-Ahnenkultes auf einer Insel in der Karibik geben kann.

In meine widerspenstige Atheistenseele hätten es diese Kobolde jedoch wohl eher nicht geschafft, wenn sie nicht den Umweg über die Personen genommen hätten, die mir auf Kuba inzwischen ans Herz gewachsen waren. Gegen diese Heimtücke war wenig Kraut gewachsen, und von daher hatte ich mich bereits vor längerer Zeit entschlossen, lieber bei diesem Spiel mitzuspielen und dabei meine eigenen Karten zu verwenden.

*

Die Belegschaft von Habalear hatte mit einem erstaunlichen Elan die ungewohnte Arbeit an der Produktion von Lederkleidung aufgenommen. Und dies, obwohl die allgemeinen Arbeitsbedingungen als auch die Entlohnungen nur gemäß den kubanischen Richtlinien vorgenommen werden konnte. Auch im Rahmen eines Maquila-Vertrags ist es dem ausländischen Auftragsgeber nicht gestattet, noch irgendwelche Zuschüsse auf den nationalen Arbeitslohn draufzupacken, um eine höhere Identität der Angestellten mit ihren Beschäftigungen zu erzielen. Selbst geringfügige Anreize wie Prämienzahlungen oder Weihnachtsgeld verstoßen gegen den nationalen Gleichheitsgrundsatz und führen zu einer automatischen Auflösung der Kooperationsverträge mit dem Staat, falls derartige Belohnungen trotzdem unter der Hand zugesteckt werden. Der katalanische Hotelmogul Guitart kann ein feines Liedchen von davon singen, seitdem er 1996 wegen einer Extrazahlung von 100 amerikanischen Dollar an seine lokalen Hotelmanager das gewaltige Habana Libre an die Konkurrenz der spanischen Meliá Gruppe verloren hat. Einzig Arbeitskleidung, ein Pausenbrötchen und die Aufstellung von Trinkwasserspendern dürfen von dem ausländischen Partner einer solchen Kooperation finanziert werden.

Unser 'technischer Leiter' der Produktionsabteilung ist ein großer Schwarzer im fortgeschrittenen Rentneralter, der bereits vor der kubanischen Revolution mit weichem Leder gearbeitet hatte und von unserem katalanischen Experten in die Feinheiten moderner Verarbeitung von Schafleder eingeführt worden war. Habalear hatte den Mann wie versprochen reaktiviert und diesen Oldie zum Produktionschef befördert, was ihm ganz offensichtlich gut gefallen hat.

Man stelle sich einmal einen Steiger des deutschen Kohlebergbaus vor, der die zweite Hälfte seines Berufslebens als Hausmeister der örtlichen Grundschule arbeiten musste, weil die Gruben in seiner Region samt und sonders geschlossen worden sind und die restliche noch benötigte Kohle als Billigimport aus dem Ausland eingekauft wird. Und plötzlich wird er bekniet, noch ein paar Jahre in den wiedereröffneten Schacht einzufahren, weil die nationale Kohle wieder gebraucht wird und er der einzige ist, der sich mit den Tücken dieser Grube auskennt. Der wird doch auch zu seiner Ollen sagen: 'Lass mal, Lisbeth, das verstehst du nicht. Ich muss wieder runter, die brauchen mich doch,' wenn den seine Elisabeth mit dem Hinweis auf sein Alter, die Rückenschmerzen und das fortgeschrittene Gelenkrheuma von seinem Vorhaben abzubringen versucht. Und dabei kann das 'nationale Argument' in Deutschland heutzutage doch keinen Hund mehr hinter dem Ofen hervorlocken, weil Kaiser und Führer diese Motivation in hunderten von Schützengräben verschüttet haben. Mit dem Slogan 'Deutschland braucht dich' gehen heutzutage doch nur noch die Werber für die Bundeswehr hausieren – und niemanden interessiert das wirklich.

Auf Kuba jedoch dürften die Argumente des nationalen Notstandes und Gefahr für die Errungenschaften der Revolution besonders für die ältere Generation noch einiges an Gewicht haben. Die neuen Mitarbeiter waren also gut bei der Sache und ich überlege, durch welche Tricks und Kniffe wir die ganze Produktion noch etwas 'nationaler', noch identitätsstiftender gestalten können. Meinen Vorschlag, die Kopfbedeckung für

Frauen, also die geplante Lederkappe aus Schnittresten mit einer Münze zu dekorieren, die das Konterfei von Che Guevara trägt, lehnt die Leitung von Habalear jedoch entrüstet ab. Es handele sich ja schließlich hierbei um ein gültiges nationales Zahlungsmittel, versehen mit dem Bildnis einer Revolutionsikone. Das ginge nun überhaupt nicht.

Gut, okay. Ich verspreche alternativ, bei meinem nächsten Besuch ein paar Modelle von Damentaschen aus Leder mitzubringen, die ebenfalls aus Schnittresten hergestellt werden können. Die könnten wir doch in verschiedene Produktionslinien aufteilen, die nach den Orishas benannt werden und jeweils kleine Kettchen in den dazugehörigen Farben angehängt bekommen. Obatalá, Elegguá, Yemayá, Ochún, Changó, Oggún – warum nicht?

Fanden die auch nicht gut und ich begreife so langsam, dass hier in Kuba auch auf dem Gebiet des Konsums die Uhren anders ticken. Es existiert offensichtlich noch eine Linie von nationalen oder religiösen Werten, die nicht dem Diktat von Produktion und Verkauf geopfert werden dürfen. Sei es drum, das ist ja eine gute Sache und bringt mich wieder einmal über unsere westliche Welt ins Grübeln, wo ja nun rein gar nichts mehr heilig ist, wenn es um Verkauf und Werbung geht. Also lasse ich diese Fisimatenten, kümmere ich mich um die praktischen Geschichten wie Material- und Preiskalkulationen und organisiere eine allererste Fotosession, um das Bildmaterial für unsere Kataloge und Poster zu erhalten. Angeblich haben die hier bei Habalear mit ihrer Vizedirektorin ja so eine Verkaufskanone. Soll die sich doch um eine Vermarktung in Kuba bemühen.

Angel treibt einen Fotografen auf, der mit seiner uralten Hasselblad-Kamera in dem Garten des Hotel Nacional Fotos von der Modesession mit Thaimi und einer weiteren schwarzen Sportlerin schießt. Die beiden waren ebenso fotogen wie die halbprofessionellen Modegirls, die Labatida, der Direktor von Habalear S.A. uns geschickt hatte. Dabei hatte ich ausdrücklich dunkle Models gewünscht, aber die Kubaner konnten sich in jenen Jahren noch schwer schwarze Mannequins vorstellen, ebenso wenig wie einen schwarzen Polizeichef oder Gerichtspräsidenten. Soweit war die hochgelobte Rassenintegration in ihrem Lande nun doch noch nicht fortgeschritten.

Dreihundert Jahre Sklaverei hinterlassen auf einer abgeschotteten Insel wie Kuba eine gesellschaftliche Hierarchie und eine grundlegende Wertestruktur, die kein Gesetz so einfach aufheben kann. Selbst die nahezu 40 Jahre, die nun seit der kopflosen Flucht des Fulgencio Batista und der Konstitution einer sozialistischen Republik ins Land gegangen waren, haben daran bislang wenig geändert. Zumal es auf dieser Insel keine Rassenunruhen gegeben hat/geben konnte, in deren Verlauf sich die schwarzen Bewohner des Landes emanzipieren, neue gesellschaftliche Positionen und eine erweiterte Anerkennung erkämpfen konnten. Kuba ist – ich schreibe dies ungern und werde mit dieser Aussage viele Bewunderer des Landes vor den Kopf stoßen - immer noch ziemlich rassistisch. Aber es ist die Wahrheit und gerade wir, die internationalen Freunde Kubas haben die verdammte Pflicht, bei solchen Themen nicht rumzueiern, sondern Klartext zu reden.

In den wirtschaftlich-politischen Entscheidungsgremien sitzen nahezu ausschließlich die weißen Bewohner des Landes. Auch der einzige schwarze Minister der Regierung in den 90er Jahren (der Arbeitsminister) änderte wenig am gesellschaftlichen Gesamtbild. Überhaupt machte der im Kreise seiner Ministerkollegen eher den Eindruck von Dekoration oder Täuschung, eine fotogene Camouflage des Regimes.

Kuba ist in seiner Selbstsicht weiß und das gilt insbesondere für Havanna; eine reale Gleichberechtigung ist bislang (zumindest bis zur Jahrtausendwende) noch nicht über die Anerkennung und Integration der (hellhäutigen) Mulatten hinausgekommen. ´Die Neger taugen für Musik und zum Prügeln (Sport),` ist die vorherrschende Meinung der Hauptstädter und es wird wohl noch eine zweite (soziale) Revolution auf dieser Insel brauchen, bis eines Tages die Türen zu einer wirklichen Rassenintegration offenstehen.

Aber unsere Klienten sollten ja Touristen sein, die von ihren kubanischen ´Novias` dazu verleitet werden, ein besonderes Geschenk zu kaufen. Und die meisten dieser heißen Feger mit den umwerfenden Argumenten waren nun einmal schwarz. Unser Fotograf schießt also eine Unmenge von Fotos von Thaimi und ihrer Kollegin in den unterschiedlichen Posen und Bekleidungen, stets misstrauisch beäugt von einem Angestellten des Nacional. Es scheint so, als hätte vor ein paar Jahren eine ausländische Modelinie in diesen Gärten einmal so etwas wie anzügliche Fotos oder halbe Pornos mit kubanischen Muchachas in Latexbekleidung abgelichtet. Zumindest war dies die Erklärung unserer hoteleigenen Aufpasser bei der Fotosession gewesen.

*

Die Frau war inzwischen mit in meine Wohnung gezogen, nachdem sie die ersten Tage des Morgens zunächst immer einen Lift in die Calle 29 gebraucht hatte, um von dort aus ihre Tagesaktivitäten zu starten. Doch mit diesem dauernden Hin und Her verloren wir zu viel Zeit und Energie, die uns bei unserem jeweiligen Tagesprogramm fehlte, oder die wir des Nachts schmerzhaft vermissten. Die lang ausgedehnten körperlichen Vereinigungen wurden immer mehr zu dem ´normalen` Standard einer Routine, die auch für den Einsatz des Tages eine enorme Kraft freisetzen konnte. Thaimi teilte sich ihre Zeit zwischen dem Sportstudium an der Universität und ihrem physischen Training im Leichtathletikstadion der panamerikanischen Spiele oder in einem angeschlossenen Kraftraum auf.

Sie stand unter der persönlichen Anleitung des nationalen Sprungtrainers, der auch weiterhin von ihren Möglichkeiten überzeugt war, obwohl sie die geforderten Normen des nationalen Verbandes in offiziellen Wettkämpfen bisher nicht erreicht hatte. Übergetreten, verkrampft – ein Zuviel an Ehrgeiz und Nervosität. Doch ihr Mentor kannte ja ihre Trainingsleistungen und versuchte gerade mit einem gesteigerten Pensum seine Schülerin zu ihrem endgültigen Durchbruch zu führen. Ich weiß das, weil ich einmal lange mit ihm geplaudert habe, als ich die Sportlerin zu ihrem Training im Stadion begleitet hatte. Thaimi selbst hat eigentlich selten einmal über ihre Sportkarriere geredet.

Eventuell war das auch meine Schuld, weil ich ja nie mein vorlautes Mundwerk im Zaum halten konnte. Einmal hatte sie mir erzählt, dass sie mit 17 Jahren ihre vielversprechende Karriere als 400 Meter Läuferin beenden musste, weil sie einen Kollaps ihrer Niere erlitten hatte. ′Hallo`, hatte ich dazu bemerkt, ′das sieht aber verdammt nach Dopingschäden aus. Wie sieht es eigentlich aus mit dem staatlichen Doping in Kuba?`

Natürlich hatte sie das abgestritten und jede Form von Doping von sich gewiesen. Doch so ein wenig kenne ich mich auf dem Gebiet ja auch aus und hatte ihr noch einmal die Symptome aufgezählt, zu denen neben gewissen körperlichen Verformungen manchmal auch so eine sexy dunkel-rauchige Stimme gehört, wie sie mich bei ihr schon in unserer ersten Nacht fasziniert hat.

*

Ich selbst bin in diesen Tagen bemüht, so etwas wie ein System in die anlaufende Lederproduktion hineinzubekommen. Wir hatten ja kaum eine Ahnung, wie viel Ledermaterial in jedem einzelnen Fertigprodukt steckte, wie viel Verschnitt beim Zuschneiden auftrat und mit welchen Materialkosten wir folglich bei jedem Teil rechnen mussten. Welche Lederteile sich letzten Endes am besten verkaufen würden, konnte wir nur der realen Verkaufspraxis entnehmen, aber zunächst mussten ja erst einmal die Preise festgelegt werden, die unsere Produkte später in den Boutiquen des Landes erzielen mussten. Das gesamte Unternehmen war gerade am Anfang reichlich abenteuerlich mit vielen unbekannten Faktoren und ist als Gesamtkonzept immer noch gut am Schwimmen.

In dieser Zeit halte ich mich tagsüber in der Fabrik auf oder verbringe meine Zeit in ungezählten Behördenzimmern. Das Kuba jener Jahre hatte eine überbordende bürokratische Verwaltung, weil jeder Funktionär sich drei- und vierfach absichern muss, um ja nicht für irgendeine Entscheidung als persönlich Verantwortlicher zu zeichnen. Falls dennoch einmal jemand für eine Entscheidung verantwortlich gemacht wird, die der staatlichen Ökonomie einen Verlust beschert hat, dann geht es für den Betroffenen ans Eingemachte. Der Funktionär 'schuldet' fortan dem kubanischen Staat eine Summe, die er niemals wieder ausgleichen kann. Er ist dann gewissermaßen 'verbrannt'.

Diese Methode einer 'internen Disziplinierung' fördert nun nicht gerade die Eigeninitiative und Entschlussfreudigkeit der Funktionäre. Sicher fühlt sich nur, wer überhaupt nichts entscheidet und eine delikate Akte immer wieder in den endlosen Behördenkreislauf zurückschickt, bis sie am Ende entweder endgültig versandet oder zu den höchsten Entscheidungsträgern des Staates hochgespült wird.

Doch alles in allem schien die Organisation der Produktion unserer Lederkleidung sich so langsam aus den gröbsten Irrungen und Fehlern zu befreien und begann Fahrt aufzunehmen. Einen großen Anteil an dieser Entwicklung hatte der Leiter von Habalear selbst, der ganz offensichtlich über mehr Mut verfügte, als andere Funktionäre in seiner Position und sich nicht scheute, eigenständige Entschlüsse zu vertreten. Dass sich die entscheidenden Hindernisse und Schwierigkeiten erst noch zeigen sollten, war jedenfalls für mich in dieser Frühphase noch nicht zu erkennen. Und mein Holländer, der die nächsten Visite in zwei Monaten übernehmen wollte, war ja sowieso ein Blindfisch der Extraklasse.

Drei Tage vor meinem Rückflug ist Thaimi sofort wieder in unsere Wohnung zurückgekommen, nachdem sie sich wie gewöhnlich in der Frühe aufgemacht hatte, um zu ihrem Training oder Studium zu gelangen. Sie konnte in dieser kurzen Zeit überhaupt nicht bis in die Uni oder in das Stadion gelangt sein. So etwas hatte sie zuvor noch nie gemacht und auch die nächsten Tage lässt sie ihr Training weitgehend schleifen.

Ich sage an diesem Tag alle meine Termine ab, um mich in der etwas sonderbaren Situation ein wenig mehr mit ihr befassen zu können, aber die letzten Tage musste ich dann weiterhin das geplante Arbeitspensum einhalten. Mir ist nicht so richtig wohl bei dem Gedanken an eine in sich gekehrte Frau in meiner Wohnung, weil ich ja inzwischen weiß, wie sehr Thaimi an ihrer Unabhängigkeit und an ihren Aktivitäten hängt. Mir erscheint die momentane Situation mit einer gehörigen Menge an Sprengkraft für unsere Beziehung beladen zu sein. Und so erledige ich meine Treffen und weiteren Aufgaben zunehmend nervöser und gehetzter, um so schnell wie möglich wieder in die Calle 21 zu kommen.

An meinem letzten Tag auf der Insel frage ich die Muchacha, ob sie mich begleitet, wenn Angel mich mit seinem Tschaika zum Flughafen bringt. Doch Thaimi wollte sich nur verkriechen und lässt sich zu ihrer Wohnung in die Calle 29 kutschieren. Dort springt sie ohne irgendein Wort des Abschieds aus Angel`s russischem Cadillac und verschwindet in dem Barackenkonstrukt. Ich stürze hinterher, denn so konnte ich die Sache unmöglich stehen lassen. Auf den ersten Blick mag solch eine Kurzschlusshandlung ja nach Liebeskummer und Trennungsschmerz aussehen, aber bei Kubanerinnen ist die Situation selten einmal so ein einfach gestrickt, wie es zunächst erscheinen mag. Das zumindest hatte ich in all den Jahren bereits zur Genüge erfahren. Jedoch auch dieses Mal konnte ich die wirklichen Beweggründe für das außergewöhnliche Verhalten dieser sensiblen Chica nicht erkunden. Die Frauen hier sind immer für eine Überraschung gut und legen selten einmal alle Karten auf den Tisch. Das ist zumindest meine Erfahrung, aber ein solches Verhalten kann natürlich auch an meiner eignen Person liegen. Eventuell verdiene ich mir ja kein vollständiges Vertrauen, das wäre immerhin auch möglich.

*   *   *

Elba

Erst im nächsten Herbst kam ich wieder in die Karibik. Wir hatten ja nun zwei lokale Mitarbeiter, mit denen wir über unsere Faxlinie in Verbindung standen. Doch nun stand in Havanna eine Messe an, auf der unsere neuen Lederprodukte zusammen mit dem übrigen Sortiment von Habalear ausgestellt werden sollten. Die FIHAV im Herbst jedes Jahres ist die einzig bedeutende Industrieausstellung auf Kuba.

Anfang Oktober flog ich zunächst alleine über den Atlantik, mein Partner wollte erst zwei Wochen später zum Start dieser Messe in Kuba auflaufen. In Havanna musste ich feststellen, dass bislang noch kein einziges Kleidungsstück in einer der vorgesehenen Boutiquen gelandet war. Deshalb ist folglich auch noch kein Teil verkauft worden, irgendwie logisch!

Aber dieses Versäumnis ist gegen unsere Verträge und Abmachungen, und widerspricht auch den finanziellen Interessen des Landes, denn für den Verkauf, also für die staatlichen Boutiquen hatten wir die größte Gewinnspanne ausgehandelt. Warum zum Teufel ist der Beginn einer Kommer-zialisierung dann noch nicht eingeleitet worden? In diesen ersten beiden Tagen dämmert es mir, dass die Schuld an diesem Versäumnis nicht so sehr unsere beiden lokalen Mitarbeiter trifft, denn ganz offensichtlich werden die von der staatlichen Habalear schlicht und einfach ignoriert. Für die offizielle kubanische Seite sind ihre beiden Landsleute reine Privatiers und haben bei kommerziellen Angelegenheiten des Landes kein Votum mehr. Völlig egal, was wir in den Statuten unserer Offshore-Firma oder in den Verträgen mit Habalear verankert hatten. Sie sind verbrannt und ´out`. Wer konnte denn so etwas ahnen? Allerdings hatten die beiden uns über ihren realen Status in ihrem Land auch immer im Unklaren gelassen, weil sie ganz offensichtlich um die finanziellen Zuwendungen bangten. Ich muss nun dringend einen Termin bei der Vizedirektorin von Habalear S.A. bekommen. Schließlich ist diese Dame ja für Verkauf und Kommerzialisierung zuständig.

Zwei Tage später sitze ich zum ersten Mal Elba, der Verkaufsleiterin, gegenüber. Mittleres Alter, intelligent, sprachgewandt, gepflegt, von kühler Attraktivität und unnahbar. Nichts von der einnehmenden Offenheit und gewohnten Herzlichkeit unser kubanischen Partner bei diesem Projekt. In Europa hätte ich auf eine harte und erfolgreiche Karrierefrau getippt, doch hier auf Kuba konnte so ein Charakter ja eigentlich nur in der Parteihierarchie geformt worden sein.

Sie empfängt mich mit neutraler Distanz und verdächtigen Worthülsen bei der Begrüßung ('Señor Inversionista`). Vermutlich sieht sie in mir nur einen weiteren Klassenfeind und Ausbeuter aus dem fernen Europa, womit sie nach der reinen Lehre genaugenommen ja auch Recht hat. Aber die sozialistische Überlebensstrategie verlangt in der Theorie ja auch eine universale Revolution mit dem Endergebnis einer weltumspannenden Planwirtschaft, um sich langfristig behaupten zu können. Und danach sah es nach dem Zusammenbruch der Sowjetunion und der wirtschaftlichen Neuorientierung Chinas nun nicht gerade aus. Hugo Chavez stand in Venezuela noch vor seinem ersten ernsthaften Anlauf auf die Präsidentschaft des Landes, und Arnoldo Alemán verpulverte in Nicaragua gerade die letzten ökonomischen Reserven des Landes. Und nur mit Nordkorea oder dem zerrissenen Angola ließ sich ganz offensichtlich keine weltumspannende Austauschwirtschaft aufbauen. Deshalb hatte ja der 'Maximo Lider` Investitionsmodelle für ausländische Initiativen angeboten.

Ich vermute, die hat sich gesagt: 'Nun gut, wenn der Jefe das meint, dann müssen wir das wohl so machen. Aber Fidel hat ja nicht gesagt, dass wir die Kapitalisten auch umarmen müssen!` Sie bestätigt mir, dass unsere beiden Mitarbeiter mehrfach wegen Verkauf vorstellig geworden sind. Aber sie könnte das Votum von kubanischen Privatleuten nicht akzeptieren. Nun habe ich also quasi aus erster Hand, dass unser Firmenkonstrukt mit kubanischen Mitarbeitern nicht funktionieren kann.

Immerhin verspricht sie mir, dass nun die ersten Kleidungsstücke in die Boutiquen ausgeliefert werden, falls wir uns im Gegenzug dazu verpflichten, gleich nach der Messe ein breit angelegtes ´Lanzamiento` (Vorstellung/ Marktplatzierung) für unsere Produkte zu finanzieren.

Ich hinterlasse der Frau einen Stapel unserer neuen Plakate, Flyer und Prospekte, die ich aus Spanien mitgebracht hatte, und verlasse dieses Treffen mit einem befriedigten Gefühl. Nun scheint sich ja endlich etwas zu bewegen.

*

Thaimi zog nur zögerlich wieder mit in die Wohnung Calle 21 ein. Am ersten Abend erzählte sie, dass sie nur gekommen sei, um mir von ihrer Verbindung mit diesem italienischen Modespezialisten zu berichten. Ich glaube, der hat damals Modeshows in Turin und Paris organisiert. Oder irgend etwas Ähnliches im Umfeld dieser unwirklichen Welt von Reichtum, High Society und Haute Couture. Richtig Modeschöpfer konnte der nicht sein, die sind - soweit ich weiß - doch alle rundum schwul, und könnten mit einer in ihre Sexualität verliebten Kubanerin ja wohl nicht allzu viel anfangen.
Ich sage: »Weiß ich doch alles, Thaimi. Du hattest mir doch von deinem Italiener erzählt.«

»Ja, aber er ist damals nach deinem Rückflug in Havanna aufgetaucht. Gleich am Tag danach. Das wurde richtig schwierig für mich. Emotional und auch sonst. Ich konnte mich mit ihm an keinem Ort aufhalten, wo wir beide zusammen gewesen sind. Ich bin nicht wirklich bei ihm gewesen, und das hat er natürlich gemerkt.«

»Dann lass ihn doch einfach sausen.«

»Wirst du mich dann heiraten?«
»Warte ... ich muss dir von Loreta erzählen. Und von dem Grund, weshalb ich überhaupt in diese Ledergeschichte eingestiegen bin.«

Sie ist dann doch in der Wohnung geblieben, und so langsam stellte sich in den nächsten zwei Wochen auch unsere gewohnte Vertrautheit wieder ein. Jedenfalls solange, bis kurz vor dem Beginn der Messe mein sensibler Geschäftspartner auftauchte und darauf bestand, dass wir zusammen eine Wohnung in La Habana del Este mieten sollten. Der Holländer wollte auf gar keinen Fall in dieser versifften und stinkenden Stadt wohnen, wie er meinte. Ganz offensichtlich ist der ernsthaft um seinen gepflegten Teint und die verwöhnten Schleimhäute besorgt gewesen.
Mit Angels Hilfe hatten wir tatsächlich noch am selben Tag ein Häuschen am Strand von Guanabo gefunden, dessen Besitzer in ein Nachbarhaus zogen und sich so auch weiterhin um Küche, Wäsche und Reinigung kümmern konnten. Natürlich wurde unser Logis am Ende dann ein wenig teuer, jedenfalls gemessen an vergleichbaren Preisen in jenen Jahren. Aber eine verwöhnte Luxusnase hat eben ihren Preis, und außerdem hatte Angel sich bestimmt eine prozentuale Beteiligung ausgehandelt. Ist doch logisch, der musste ja schließlich auch seinen Verdienstausfall kompensieren.

Unser Ortswechsel schuf jedoch gleich wieder eine gewisse Distanz in der Beziehung zwischen Thaimi und mir, obwohl die neue Wohnsituation für sie als Leistungssportlerin eigentlich recht vorteilhaft war. Nun konnte sie ein morgendliches Fitnesstraining am Strand in ihren Tagesablauf mit einplanen, und auch das Stadion in der Villa Panamericana war für sie jetzt einfacher und schneller zu erreichen. Doch durch die Anwesenheit dieser sterilen holländischen Gurke im gleichen Haus schlich sich eine gewisse Kühle in unsere Beziehung, die Berührungen neutralisierte, unsere Münder verschloss und die Blicke verdächtig oft in die Ferne lenkte. Mit dem Mitbewohner hatte auch die ´Peinlichkeit` in unser Verhältnis Einzug gehalten, die wir jede Nacht aufs Neue bekämpfen mussten, um zueinander zu finden. Und am Morgen saß uns dann doch ein Hauch von 'ertappt' im Nacken, sobald wir den Holländer erblickten.

Eine ähnliche Wirkung hatte mein Partner auf viele Kubaner, obwohl die meisten von ihnen eher darüber feixten oder sich mit einem ironischen Schmunzeln begnügten, und den Ball somit in sein Ausgangsfeld zurückbeförderten. Mein Holländer machte sich so langsam lächerlich auf dieser Insel der körperlichen Nähe und Sinneslust und fühlte sich zunehmend unverstanden. Bis er am dritten Tag seines Aufenthaltes schließlich Elba vorgestellt wurde.

Das war Liebe auf den ersten Blick. Natürlich keine richtige Liebe mit Erröten, Herzflattern und feuchten Händen, sondern eher so etwas wie das plötzliche Erkennen einer Seelenverwandtschaft.

'Wir beide verstehen uns auf Anhieb und unterscheiden uns doch sehr von dem Massenmenschen mit seinem ach so vulgären Triebverhalten. Wir sprechen die gleiche Sprache.'

Einige deuteten in diese überraschende Symbiose aus holländischer Sterilität und kubanischer Geschlechtsneutralität sicherlich mehr hinein als den Ritt auf einer platonischen Wolke-Sieben.

»Vaya, observa esto! Jetzt hat unser Kollege endlich auch eine!« war die Reaktion von Angel, nachdem er dem Holländer die Vizechefin vorgestellt hatte.

»Oije, la Elba ya tiene un novio. Enfin! Ahora a la cama! A ver, si este gringo convierte a esta maquina en un ser humano,« (Hör mal, Elba hat jetzt auch einen Mann. Endlich! Jetzt ab ins Bett! Mal sehen, ob der Ausländer diesen Roboter in ein menschliches Wesen verwandeln kann), war die erleichterte Reaktion vieler Mitarbeiter von Habalear, die Zeuge dieser überraschenden Wandlung ihrer knüppelharten Lady wurden.

Ich persönlich glaube allerdings nicht, dass zwischen den beiden eine richtige Lovestory abging. Jedenfalls keine, die mit Bett, intimen Berührungen und dem Austausch von Körperflüssigkeiten zu tun hat. Dazu schwebten diese zwei Sonderlinge viel zu hoch über den lasterhaften Abgründen der triebhaften Masse. Außerdem war für mich schon alleine eine zärtliche Kommunikation mit dem Gemisch aus holperigem Englisch und brockenhaftem Spanisch, in dem sie sich unterhalten mussten, schwer vorstellbar. Aber dennoch lief da irgend etwas, das war eindeutig zu erkennen. Und warum auch nicht?

Vielleicht bereicherten die sich ja gegenseitig. Der scharfe Verstand und die erprobte Raffinesse einer kubanischen Macherin ergänzte sich doch recht gut mit der Naivität des galanten Nichtsnutzes, der sich von nun an bereitwillig und erfreut von dieser resoluten Dame leiten ließ. Welche unheilvolle Wirkung diese neue Konstellation jedoch auf unser Lederprojekt haben würde, sollte sich bereits in der allernächsten Zukunft offenbaren.

*

In der Diplomatie ist Reden Silber und Schweigen Gold, heißt es. Ich selbst habe nun leider überhaupt kein diplomatisches Geschick. Eher schon ein loses Mundwerk, das ich nur in seltenen Fällen im Zaum halten kann, wenn ein klares Statement gefordert ist; ich sagte es bereits an anderer Stelle. So ein Verhalten ist nicht immer clever, und vermutlich war ich ungewollt der Auslöser des kommenden Desasters, weil mir mal wieder ein Satz zu viel aus dem Mund geschlüpft ist. Könnten auch zwei oder drei gewesen sein.

Es war dieser Tag mit Fidels strammem Auftritt zur offiziellen Eröffnung der Messe. Die erste Woche der FIHAV ist nicht für das breite Publikum, sondern nur für die Aussteller, Geschäftsleute, Politiker und geladenen Gäste. Das ist wohl bei allen

Messen auf diesem Planeten so ähnlich. Doch der hochoffizielle Akt einer Eröffnung war in jenen Jahren auf Kuba schon eine Show der besonderen Art.

Fidel höchstpersönlich eröffnete – wer auch sonst? Aber Castro hielt auch den Weltrekord unter allen lebenden Staatsmännern in punkto Attentate, beziehungsweise in punkto vereitelte Attentate, daran gibt es wohl keinen Zweifel. Darunter waren einige fantasievolle Versuche, wie Attentate mit explodierenden oder vergifteten Zigarren, präparierten Muscheln oder mit Sprengstoff geladenen Bällen beim Baseballspiel. Seine Ex aus Bremen sollte ihm Giftpillen in den Drink und ein Kellner des Habana Libre Zyankali in seinen Erdbeershake mischen. Hat ja alles nicht hingehauen, wie man weiß, denn Fidel Castro war auch der am besten beschützte Staatsmann der westlichen Hemisphäre.

Bei der Eröffnung seiner Messe steht der kubanische Lider jedoch einer gewissen Anzahl von ausländischen Kapitalisten gegenüber, welche von seinen Sicherheitsorganen wohl kaum vorher einzeln, einer nach dem anderen, durch eine Schleuse mit Röntgen und Körperabtastung geschickt werden können, weil es erwünscht ist, dass die auch im nächsten Jahr noch einmal wiederkommen.
Also lassen sich die flinken Jungs von der Sicherheit etwas anderes einfallen. Die Eröffnung findet nicht in einer Halle, sondern draußen auf dem Gelände statt. Der ganze Pulk von geladenen Gästen wird von den jeweiligen kubanischen Begleitern jeder Gruppe zu einer Stelle geführt, wo zwischen zwei Pfosten ein Schneid-mich-durch-Band aufgestellt ist und sich ringsherum hinter Mülltonnen und auf den Dächern der umgebenden Ausstellungsgebäude Gewehrläufe zeigen.
Ähnlich wie in einem Westernfilm der 50er/60er Jahre.

Doch die Hauptfigur im Militärlook und mit Rauschebart erscheint nicht. Jedenfalls noch nicht.
Plötzlich geht ein Raunen durch die wartende Menge, und die Kubaner flüstern ihren zugeordneten Kapitalisten einen neuen

Ort auf dem weitläufigem Messegelände zu und traben sogleich im Laufschritt mit ihrem Anhang los. Dort wiederholt sich das gleiche Spiel. ´Schneid-mich-durch` aufgestellt, sowie Dächer und Mülltonnen mit den schweren Jungs von der Staatssicherheit bemannt, und wieder warten. Dann ein erneutes Geflüster und Gemurmel und der nächste Spurt.

Ich flitze also an jenem Morgen neben Labatida, dem Leiter von Habalear S.A. hin und her und mache so meine Bemerkungen. Dann endlich, nach dem letzten Ortswechsel, sieht die Geschichte ein wenig ernsthafter aus, denn dieses Mal ist auch ein Rednerpult aufgestellt und eine Absperrung mit Bändern markiert, die uns gewöhnliche Sterbliche in einem gehörigen Abstand von diesem Pult zurückhält.

Fidelito, es kann losgehen …

Im nächsten Augenblick kommt hinter der Wand eines Pavillons eine hoch gewachsene Gestalt im Military Look hervor, schreitet stramm auf das Band zu und lässt sich von einem HiWi eine Schere reichen.
Eine kurze Verzögerung mit starrem Blick auf die gigantische Schere (die nicht explodiert) und schnipp, das Band sinkt zu Boden, und die Messe ist eröffnet. Jetzt schreitet der Military Mann mit drei erhabenen Schritten zum Rednerpult und stellt sich in strammer Position und mit verschränkten Armen neben das Mikro, während der kubanische Parlamentspräsident eine gehörig lange Rede hält, so wie sich das für eine wichtige Eröffnung ja schließlich auch gehört.

Ich sage zu Labatida: »Señor José, das ist doch niemals Fidel Castro dort neben dem Pult. Das kann doch wohl nur ein Double sein. Gleiche Größe, ähnliche Nase und der Rest hinter Uniform, Rauschebart und Militärkappe versteckt. Aber dass Fidel irgendwo in Kuba auftritt und dann kein einziges Wort sagt … und dann noch stramm eine Stunde neben dem Redner stehenbleibt? Der hat ja sogar noch die Schere in seinen verschränkten Armen!«

Hat Labatida natürlich abgestritten und mir etwas von Erkältung, speziellen Massagen und Spezialernährung erzählt. Das war natürlich auch keine Glanztat von mir, solch einen Verdacht einem Vizeminister zu stecken. Schließlich musste der das auch selber erkennen. Über solche Themen spricht man in gewissen Kreisen wohl besser nicht. Dennoch wäre meine vorlaute Bemerkung wohl ohne Folgen geblieben.

Jedoch am Nachmittag dieses selben Tages werde ich von Elba auf dem Messegelände zu einem Kaffee eingeladen. Das hatte sie noch nie gemacht, und im ersten Moment vermute ich, dass die eigentlich mit unserem Holländer plaudern will und den nur nicht auftreiben konnte, weil er an diesem Tag gar nicht mit auf das Messegelände gekommen ist. Sie sitzt mit einer älteren Dame in dem Café des kubanischen Pavillons, stellt mir die andere Lady vor und treibt ein wenig Smalltalk. Doch sehr rasch kommt sie auf ihr eigentliches Anliegen zu sprechen.

»Wir hatten uns gerade darüber unterhalten, dass sich hier gefertigte Lederjacken doch recht gut für die Delegationen eignen würden, die Kuba in viele Länder schickt. Die sind ja oftmals auch in kälteren Gegenden unterwegs. Natürlich müssten die Jacken für Offizielle einen anderen Schnitt aufweisen als die bislang ausgestellten Stücke. Was meinen Sie dazu?«

»Si Señora, ... podemos (machbar ist das schon). Aber wir müssten natürlich wissen, wer am Ende bezahlt. Also, wer könnte solche Jacken bezahlen? Die Touristen werden sich wohl kaum auf Kuba mit Lederjacken eindecken, die sie zuhause günstiger erwerben können.«

Jetzt mischt sich die andere Lady ein: »Warum kann auf Kuba denn nicht genauso billig produziert werden?«

»Nun, das liegt an dem doch sehr viel teureren Rohmaterial, das wir zur Zeit verarbeiten. Verstehen Sie, wir kaufen unsere Felle zur Zeit in Spanien ein. Die sind von der Qualität her die besten der Welt, aber leider nicht die preiswertesten. Material aus der Türkei oder aus Marokko wäre sehr viel billiger, und vermutlich gibt es in Indien oder Pakistan noch einmal günstigere Quellen.«

»Aber wenn das so ist, dann sind die jetzt angebotenen Kleidungsstücke ja auch zu teuer! Jedenfalls im internationalen Vergleich. Wer soll die denn kaufen?«
»Im Wesentlichen ausländische Besucher, die hier auf Kuba eine Freundin haben. Also ausländische Männer für ihre kubanischen ´Novias`. Da spielt der Preis dann nicht so eine entscheidende Rolle, das liegt doch auf der Hand. Wir brauchen ein Straßenbild mit attraktiven kubanischen Frauen in Leder. Leder aus kubanischer Produktion. Später werden wir sicherlich die Preise senken können, wenn wir an günstigere Basismaterialien kommen. Dann werden wir auch international ... «

»Moment« unterbricht mich Elba, »das haben Sie doch sicherlich nicht im Ernst gemeint. Wer soll die Sachen kaufen? Würden Sie das bitte noch einmal wiederholen!?«

Aber ich habe jetzt genug. Die beiden hatten sich wohl gerade ausgemalt, wir würden exklusiv für die staatlichen Funktionäre produzieren und die dann für lau ausrüsten. Oder zu einem symbolischen Preis. Dabei hatten wir unser ganzes Businessmodell am Anfang in allen Einzelheiten präsentiert und ewig lange Diskussionen mit den unterschiedlichsten Partei- und Staatsinstanzen darüber geführt, ob sich solch ein Modell mit dem Selbstverständnis dieses Landes vereinbaren ließe.
Zunächst Produktion und Verkauf im Lande, danach erweiterter Export. Kuba first. Wir hatten ausgiebig die unausweichlichen Anfangsschwachpunkte dieser Produktion erläutert, fehlendes Know-how und Materialschwierigkeiten einkalkuliert und Berechnungen offengelegt. Ich hatte mit einem höheren Funktionär des Innenministeriums eine stundenlange Debatte darüber geführt, ob unser Projekt eventuell die Prostitution im Lande fördern oder dem kubanischen Staat Gelder aus den Einnahmen des Tourismussektors entziehen könnte. Wir hatten Papiere und Statements verfasst und alle ´nach oben` eingereicht und am Ende eine offizielle Bestätigung erhalten und seitenlange, detaillierte Verträge unterzeichnet, bevor wir losgelegt haben.

Und jetzt kommt die Vizechefin von Habalear und stellt das gesamte Projekt wieder in Frage. Die war während der Anlaufphase überhaupt nicht im Lande gewesen und ist offensichtlich auch später nie richtig informiert worden.

»Natürlich habe ich das ernst gemeint! Die Käufer werden im wesentlichen Ausländer sein, die hier auf Kuba mit einer Frau liiert sind. Das war doch von Anfang an klar, und so ist das Projekt auch vorgestellt und geplant gewesen.«

An diesem Tag konnte ich mit Elba nicht mehr weiterreden. Genaugenommen konnte ich überhaupt nicht mehr mit ihr reden, und wenn sie in den folgenden Tagen irgendein Anliegen hatte, das die Produktion oder den Verkauf betraf, hat sie sich an den Holländer gewandt. Was der zu ihrem Erkenntnisstand beitragen konnte, blieb mir unergründlich. Der hatte ja nun mal gar keine Ahnung!

Ich selbst dachte bei mir, die würde jetzt mit ihrer Empörung gegen Wände prallen. Schließlich war dieses ganze Projekt bis in die Details abgesprochen, durchgeplant und vertraglich abgesichert. Am Ende würde sich auch Elba mit den Realitäten abfinden. Schließlich und endlich diente unsere Initiative ja auch in erster Linie dem Land selbst als Devisenquelle.

Doch ich hatte mich in dieser Kubanerin getäuscht – wieder einmal. In der Folgezeit versuchte Elba mit List, Tücke und ihrem Einfluss in der omnipotenten Regierungspartei, dieses Projekt so schnell wie irgend möglich zu beerdigen. Und sie hatte Erfolg damit. Die ´Verkaufskanone` von Habalear S.A. hat es am Ende tatsächlich erreicht, dass kein einziges Produkt der neuen Produktion in den realen Verkauf kam. So etwas ist wohl nur in dem Kuba jener Jahre möglich gewesen.

Zunächst hat es Thaimi erwischt. Als sie am späten Nachmittag auf der Messe erscheint, wird sie von der ´Sicherheit` kontrolliert, die gleich ihren Ausweis einbehält. Dabei verfügte sie über eine spezielle Besucherkarte, die an Begleiter von Messeausstellern verteilt werden. Ihr ´Delikt` bestand offensichtlich darin, dass ihr Konterfei von unseren großen Verkaufsplakaten herunterstrahlte. Unser firmeneigener ´Vizeminister` brauchte einen geschlagenen Tag, um den Ausweis von Thaimi wiederzubeschaffen.

»Verlange bitte so etwas nie wieder von mir«, war seine Reaktion, als er dann völlig geschafft mit dem Dokument wieder aufgetauchte. Thaimi zog es nach dieser Aktion vor, nicht wieder auf der Messe zu erscheinen.

Dann verschwanden die Modegirls, die Labatida organisiert hatte, um in wechselnder Lederkleidung durch die Messehallen zu steifen.
Danach flüsterte mir mein Holländer zu, dass jetzt das Geld alle wäre. Keine weiteren Investitionen mehr. Das war nun ganz merkwürdig, denn wir hatten uns erst kurz vor Messebeginn über den aktuellen Stand der Finanzen unterhalten, da es nun klar wurde, dass dieses Projekt eine längere Anlauffinanzierung brauchen würde als vorgesehen. Und der Kollege meinte, das wäre kein Problem, wir hätten genug Luft. Und jetzt sollte ganz plötzlich Ebbe sein ...

Ich selbst hatte zu diesem Zeitpunkt noch nicht begriffen, dass Elba hinter dieser ganzen Entwicklung stand. Auch dann noch nicht, als der Leiter von Habalear immer seltsamer wurde, und aus unerfindlichen Gründen unser Produkt aus dem Messewettbewerb für das innovativste kubanische Produkt zurückzog, denn die Messekontakte selbst liefen äußerst erfolgreich für uns. Eine Verkaufskette wollte mit uns über Exklusivrechte für Frankreich verhandeln, und eine italienische Initiative gar das gesamte Projekt abkaufen, um ihre eigene Modellreihe zu produzieren. Ein windiger Geschäftsmann von den Kaimaninseln bot uns an eine Verkaufsschiene in die USA zu organisieren, über die wir – Boykott hin, Boykott her – getürkte Harley Davidson-Kleidung in die Staaten bringen könnten.

Und der ganz große Erfolg stellte sich bei unserem ʹLanzamientoʹ (Produkteinführung) in dem berühmten ʹLa Maisonʹ der Hauptstadt gleich nach Beendigung der Messe ein, als vor einem ausgewählten Publikum und vor den laufenden Fernsehkameras mehrerer Länder die genialen kubanischen Mannequins zu Livemusik und tanzend unsere Lederkollektion

präsentierten. Noch während dieser Show wurde ich an den Tisch des kubanischen Industrieministers gebeten, der nicht glauben wollte, dass diese Produktion in seinem Befugnisbereich überhaupt existierte.
»Aqui nadie me engaña. Quiero ver esta producion con mis propio ojos. Nos vemos mañana por la mañana en la fabrica!« (Niemand bescheißt mich hier. Ich will diese Produktion mit meinen eigenen Augen sehen. Wir sehen uns morgen früh in der Fabrik.)

Der wusste von gar nichts, und ich musste am nächsten Morgen in aller Frühe bei der Fabrik aufkreuzen und Zukunftspläne für die neue kubanische Lederindustrie schmieden. Und das mit bohrenden Kopfschmerzen, weil wir am Abend zuvor etwas zu ausgiebig unseren grandiosen Erfolg gefeiert hatten. Aber dennoch war die Welt bis dahin noch in Ordnung.
Auf meiner Rückfahrt nach Guanabo kam mir jedoch die Idee, mal kurz bei einer der Boutiquen vorbeizuschauen, die während der Messe unsere Kollektion mit in ihr Sortiment aufgenommen hatten. Doch nun war nichts mehr zu aufzufinden. Die gesamte Ware war weg, Prospekte verschwunden und unser riesiges Verkaufsplakat hing nur noch in zerrissenen Fetzen an den Scheiben. Bei der nächsten Boutique dasselbe Bild. Am Ende suchte ich ´La Maison` auf, wo erst am Vortag unser Lanzamiento seinen enormen Erfolg gehabt hatte. Auch aus der angeschlossenen Boutique waren Prospekte und Ware verschwunden, aber wenigstens konnte ich den Verkaufschef erwischen, mit dem ich noch am Vortag die Verkaufsstrategie für die Lederkleidung besprochen hatte. Der meinte, sie hätten die Ledersachen in die Fabrik zurückschaffen lassen, weil sie keine Garantie dafür übernehmen könnten, falls irgendjemand während der Nacht bei ihnen einbrechen und die Sachen klauen würde. Und wo die Prospekt sind, wüsste er nicht …

Doch inzwischen kannte ich ja diese typischen kubanischen Ausweichfloskeln und wusste, wie ich derartige Eiertänze beenden konnte. Ich fasse den also bei seinen ´Cojones`, und wir reden Klartext.

»Ich habe heute morgen die gleiche Situation in anderen Boutiquen vorgefunden. Wie soll denn irgendetwas verkauft werden, wenn es weder Ware noch Prospekte in den Läden gibt? Also will jemand den Verkauf sabotieren. Wer hat die Anweisung gegeben, alles wegzuschaffen? Wer ist das gewesen, verdammt?«

»Elba, sie ist extra heute früh vorbeigekommen. Ich habe das ja auch nicht verstanden, nach dem großen Erfolg gestern bei dem Lanzamiento. Und ich bedaure das auch, wir hatten ja gestern schon Nachfragen. Pero – que puedo hacer yo? (Aber was kann ich denn machen?)

Also Elba! Woher sie die Befugnis für solche Eingriffe und Entscheidungen herbekommen hatte, ist mir immer schleierhaft geblieben. Nicht einmal der zuständige Minister wusste ja davon. Doch wer kennt sich schon aus in den Machtstrukturen der kubanischen Führung? Heute vermute ich, dass diese Frau damals einen Alleingang gestartet hat. Also auch ohne Absicherung nach oben, denn sonst hätte ja zumindest der Minister etwas davon geahnt und nicht noch irgendwelche Pläne mit uns geschmiedet. Ich denke, sie hat sowohl Untergebene wie Vorgesetzte mit ihrer Interpretation der reinen (fidelschen) Lehre erpresst, und da traute sich dann einfach niemand zu widersprechen, um sich nicht dem Vorwurf auszusetzen, eventuell ja auch ein ´Revisionist` zu sein. Dem kompromisslosen Verfechter der ´reinen Lehre` bieten sich in Fidels Reich sicherlich gute Karrierechancen.

*

Thaimi saß ganz in weiß gekleidet auf unserer Terrasse, als ich an diesem Nachmittag in Guanabo aufkreuzte. Sie hatte den Tag bei ihrer ´Madrina` verbracht, die sie bereits auf eine weitere Stufe auf dem Weg des Initiationsrituals der kubanischen Santeria in der kommenden Nacht vorbereitet hatte. Die Zeremonie sollte an einem geheimen Ort außerhalb der

Hauptstadt stattfinden und schloss kategorisch jede Teilnahme von Ungläubigen und nicht eingeweihten Zeugen aus.

Ich gab ihr noch das Taxigeld für die Rückfahrt mit, falls sie sich rechtzeitig dort würde loseisen können, denn dies war meine letzte Nacht auf Kuba. Am nächsten Morgen würden wir mit unserem Mietwagen nach Varadero fahren, um dort am frühen Abend unseren Rückflug zu erreichen. Doch ich sollte die Frau erst 5 Jahre später in Paris wiedersehen.

*

Das ist es dann gewesen. Zunächst hatte ich vermutet, dass mich mein holländischer Kollege aus dem Projekt ausbooten und sich einen neuen Partner an Land ziehen wollte, den er nach Belieben dirigieren und beherrschen konnte. Daraufhin habe ich ihm meine Unterstützung und eine 'begleitende Mitarbeit' verweigert.
So konnte der dieses Projekt nur gegen die Wand fahren. Alle Kontakte, jegliche Absprachen, die gesamte Kenntnis technischer Abläufe, Details, Kalkulationen und die weitergehende Projektplanung hatte ich persönlich unter meiner Kontrolle. Der Holländer selbst verstand von dem kubanischen Projekt ungefähr soviel wie der Papst vom Tiefseetauchen.

Doch bald schon stellte sich heraus, dass Elba dahinter steckte. Sie hatte eine klassische Intrige aufgezogen, um zunächst einmal meine Person aus der Initiative Lederproduktion in Kuba herauszuschießen. Vermutlich hatte sie befürchtet, dass ich auf die Erfüllung bestehender Verträge bestanden hätte. Und dazu gehörte auch der Zusatzvertrag zur Regelung der Verkaufsmodalitäten unserer Produkte in Kuba selbst. Ich konnte hierauf bestehen und zumindest einen feinen Skandal entfesseln, falls sich die zuständige (kubanische) Gerichtsbarkeit dem politischen Willen einer Einzelkämpferin beugen und die Verträge für nichtig erklären würde. Derartige Skandale konnte sich die Insel in ihrer damaligen prekären Situation nicht allzu viele erlauben. Und wer weiß, ob Fidel nicht doch eher als Pragmatiker in solchen Fragen entschieden hätte. So hoch durfte diese ganze Welle wohl nicht gespült werden. Mit einer holländischen Gurke jedoch konnte sie nach Belieben verfahren.

*   *   *

Begegnungen

Eine bestimmte Person auf dem weitläufigen Domplatz von Mailand zu erkennen, ist wohl auch unter normalen Umständen nicht so ganz einfach. Aber ich vermute doch stark, dass ´una coppia Milanese`, also ein einheimisches Pärchen, den Treffpunkt ein wenig genauer bestimmt hätte. Zum Beispiel vor dem Palazzo Reale oder dem Palazzo dell`Arengario, von dem Benito Mussolini so gerne nach dem Ende des großen Krieges den Sieg seiner ´Republik von Salò` verkündet hätte. Doch die Republik hat nicht gesiegt, und selbst der deutsche Oberbefehlshaber in Italien, der SS-General Karl Wolff, hatte am Ende die Faxen dicke und wollte nicht mehr weiterkämpfen.
So wurde der Duce 1945 auf seiner Flucht am Comer See von Partisanen gestellt, erschossen und auf dem ´Piazzale Loreto`, ein wenig nördlich des Domplatzes, an das Dach einer Tankstelle gehängt. Mit dem Kopf nach unten, damit ihm jeder vorbeiflanierende Fußgänger noch einmal kurz eine runterhauen konnte. Sein ambitionierter Palazzo dell`Argengario war zu jener Zeit ja sowieso noch nicht fertiggestellt gewesen.

An jenem grauen Herbsttag des Jahres 2002 war mir die geschichtsträchtige Kulisse dieses Platzes allerdings reichlich egal. Ich wollte eine Frau auf dem gigantischen ´Piazza del Duomo` treffen, die ich seit nunmehr 5 Jahren nicht mehr gesehen hatte. Und eine Kubanerin auf einem großen und belebten Platz auszumachen ist niemals ganz easy.

Loreta hatte diesen Treffpunkt vorgegeben. Ich selbst hatte natürlich überhaupt keine Vorstellung, wie riesig und unübersichtlich der Platz vor dem Dom dieser Stadt ist, denn es war mein erster Aufenthalt in der norditalienischen Metropole. Aber die ´Bella Donna Cubana` hätte unseren Treffpunkt ja auch etwas genauer bestimmen können. Schließlich war sie mit einem Einheimischen verheiratet und lebte nun seit einigen Jahren in dieser Stadt. Wenigstens hätte sie ihren Gang und ihr Havanna-Outfit bewahren oder zumindest pünktlich dort auftauchen können. Aber so sind sie nun einmal, die Muchachas aus Kuba, wenn sie in die Fremde ziehen. Sie übernehmen recht schnell Kleidung, Aussprache, Auftritt und selbst den Gang der Frauen des Gastlandes und kultivieren nur ihre kleinen Gesten und großen Verspätungen.

Bei Einbruch der Dämmerung leerte sich der Platz zunehmend von heimwärts eilenden Männern mit Aktentaschen und Frauen, die mit ihren Einkaufstüten den Stationen der Mailänder U-Bahn entgegen strebten. Ein plötzlicher Regenschauer vertrieb auch die letzten flanierenden Müßiggänger, und ich konnte eine junge Frau erkennen, die mit völlig durchnässter Kleidung und triefenden Haaren zwischen der Reiterstatue des Vittorio Emanuele II und der Eingangstreppe zur Metro ausharrte. Sie schüttelte sich, wischte sich das Wasser aus dem Gesicht und ergriff mit beiden Händen ihre Löwenmähne, um die Haare wie einen Feudel auszuwringen. Diese Bewegung kannte ich, das war Kuba pur. Keine europäische Frau behandelt so ihre eigenen Haare. Ich hatte Loreta gefunden.

Sie sah in den pitschnassen Klamotten und ihren triefenden Haarsträhnen auf dem leergefegten Platz wie ein gottverlassenes Häuflein Elend aus, dass nun auf alle Zeiten an diesen geschichtsträchtigen Standort zwischen der Statue von einem der zahllosen Marschierer auf Rom und dem Eingang zur Unterwelt gebunden war. Allerdings machte auch ich selbst nicht gerade eine stattliche Erscheinung, die eine Lucilla Agosti oder Margherita Missoni ins Stolpern gebracht hätte, falls diese ´Celebrità ` zu der späten Stunde noch über den Domplatz geeilt wären. Eher schon hätten die einen gehörigen Bogen geschlagen und ihren Bodyguards mit arrogant hochgezogenen Augenbrauen einen Wink gegeben, um bloß nicht von diesem nassen Penner belästigt zu werden.

Aber was interessierten mich ´Bella Gente` und ´Dolce Vita`. Ich wollte Loreta, ihretwegen habe ich auf meinem Weg von Bielefeld nach Barcelona einen Umweg über München, Innsbruck und Bozen genommen, um die Muchacha hier im Herzen von Milano zu treffen. Ich hatte den österreichischen Wegezoll bezahlt, den mit LKWs verstopften Brenner überquert und dafür noch einmal extra bezahlt, die Tiroler Alpen und den Gardasee bei dichtem Nebel passiert und war nun seit Stunden in der Stadt herumgekurvt, um endlich einen Parkplatz, unseren Treffpunkt und diese Frau zu finden.

Sechs Jahre, und nun stehen wir uns im Regen gegenüber und geben uns wie Fremde die Hand zur Begrüßung.

»Ich muss noch schnell nach Hause und mich umziehen« begrüßte mich Loreta. »Und meine Haare frisieren.«

»Kommt überhaupt nicht in Frage! Wenn du jetzt wieder losziehst, fahre ich ohne Aufenthalt gleich nach Spanien weiter. Komm mit zu meinem Wagen, da habe ich ein Handtuch in meiner Tasche und auch ein paar trockene T-Shirts. Dann suchen wir eine Taverna und essen eine Kleinigkeit.«

Natürlich verstehe ich den unwiderstehlichen Drang einer schönen Frau nach Badezimmer, Kleiderschrank, Haarbürste und Spiegelkommode, wenn sie auf dem Weg zu einem delikaten Treff mit eingeplanter Revival-Party von solch einem Mistwetter überrascht worden ist. Und es ehebricht sich ja auch leichter, wenn elegante Robe und betörendes Parfüm, Kerzenlicht, ein leichter Schwips und ein galanter Verführer mit im Spiel sind. Von einer unverhofften Verwirrung der Sinne kann jedoch kaum die Rede sein, wenn eine durchnässte Frau mit roter Triefnase, strubbeligen Haaren und im fremden T-Shirt mit einer ebenso nassen und durchgeschüttelten männlichen Figur in einem Hotel absteigt.

Aber wir mussten das jetzt auf die harte Tour durchziehen. Ich hatte nur diese Nacht und konnte nun wirklich nicht hier irgendwo in Mailand stundenlang auf eine Kubanerin warten, bevor ich überhaupt ein Hotel gebucht hatte. Loreta hatte das natürlich wieder einmal verpennt, obwohl es vorher bei der Planung unseres Treffens so abgemacht gewesen ist. Außerdem war ich inzwischen ja selbst so etwas wie 'fest liiert'. Zumindest lebte ich seit einigen Jahren mit einer ebenso schönen wie sanften Frau aus Portugal und unseren gemeinsamen Kindern zusammen. Diese Frau mit europäischen, afrikanischen und indischen Wurzeln ist meine einzige Beziehung gewesen, die mir immer treu geblieben war. Das hatte ich nie verlangt und ganz sicher auch nicht verdient, aber so ist es gewesen. Von daher bedeutete auch für mich der heimliche Zwischenstopp meiner Fahrt gewissermaßen einen vorgeplanten Treuebruch. Da war mir ein gehörnter Spaghetti, den ich niemals gesehen hatte, dann doch reichlich egal.

Loreta hatte mir all die Jahre in schöner Regelmäßigkeit Briefe geschrieben, die ich selten beantwortet hatte. Hochzeitsfoto (ohne Ehemann), Fotos und News von ihrer Tochter, Berichte aus Mailand, Schwiegermutter, Urlaub an der Adria und den häufigen Besuch im Stadion San Siro, dem Heimstadion von AC - und Inter Mailand. Ich war also auf dem Laufenden.

Aber nachdem meine Frau wieder schwanger geworden war und ich somit definitiv den Nachweis erhalten hatte, dass die schmerzhafte Operation zu meiner Sterilisation nichts als ein teurer Pfusch gewesen war, hatte ich reichlich beschämt mit Loreta einen neuerlichen Kontakt aufgenommen. Dies bedeutete nun nicht unbedingt, dass ich der Vater ihrer Tochter bin. Aber jetzt konnte ich es auch nicht mehr so einfach ausschließen und hätte mir gewünscht, in der Vergangenheit etwas feinfühliger gewesen zu sein. Ich weiß, dass man geschehenes Unrecht niemals wirklich wieder gut machen kann. Aber Mann kann es wenigstens erklären und alle Karten auf den Tisch legen: 'Okay, das ist die Situation. Was kann ich jetzt noch für dich tun?' Und die Kubanerin hatte sich dieses Date gewünscht. Eine Autoüberführung aus dem Norden Deutschlands nach Katalonien erbrachte sodann die passende Gelegenheit. Ich hatte die Rückfahr-Route über Mailand gelegt, einen Tag zusätzlich eingeplant und Loreta angerufen.

Zu Beginn stand dieses Treffen wohl nicht gerade unter einem strahlendem Stern. Aber nachdem wir dann tatsächlich direkt neben meinem geparkten PKW eine Taverna gefunden hatten, uns ein wenig mit Brot, Käse und Rotwein gestärkt und die warme Begrüßungsumarmung nachgeholt hatten, kehrte bei Loreta wieder die gewohnte Farbe in ihr Gesicht zurück; das Lachen und dieses Funkeln in ihren Augen, das ich in all den vergangenen Jahren so sehr vermisst hatte. Kann natürlich auch am Chianti gelegen haben ...

Jetzt hieß es improvisieren, aber so etwas konnte Loreta perfekt. Kann jede Kubanerin, denn die Improvisation ist ihnen mit in die Wiege gelegt worden und von dort aus in Fleisch und Blut übergegangen. Oder sagen wir besser, dass einigermaßen erträgliches Überleben auf Kuba in hohem Maße von dem Improvisationstalent seiner Bewohner abhängt. Und im täglichen Überlebenskampf sind meistens die Frauen gefordert, ich sagte es ja schon. Die kubanischen Männer sind in der Regel jederzeit bereit, für eine gerechte Revolution irgendwo auf dem Erdball ihr Leben aufs Spiel zu setzen. Aufopferungsvolle Kämpfe, heldenhafte Schlachten, tragisches Sterben – ja, da sind die Kubaner an vorderster Front zu finden. Aber Zuhause machen die sich lieber dünne, wenn die tagtäglichen Probleme die Oberhand gewinnen, und überlassen das Terrain ihren Frauen.

Loreta telefonierte eine gute Stunde in der Gegend herum und webte an einem Netz aus Ausflüchten, Alibis, Lügen und Absicherungen. Dann stellte sie ihr Handy ab und war bereit für das große Abenteuer dieser Nacht. Ich hatte in der Zwischenzeit von dem Wirt und weiteren anwesenden Gästen eine Reihe von Informationen über ein geeignetes Hotel erhalten und mir lauter Skizzen gemacht, ohne jedoch einen genauen Überblick zu bekommen. War auch egal, wir hatten schließlich ein Auto zur Verfügung. In einer Metropole wie Mailand sollten wir ja wohl auch blind irgendwo auf ein passendes Hotel stoßen.

In der Nähe des Giuseppe-Meazza-Stadions fanden wir unser Hotel. Allerdings schaute der piekfein herausgeputzte Rezeptionist dieses noblen Schuppens ein wenig distinguiert und leicht befremdet aus der Wäsche, als wir beiden zerknitterten Gestalten im Eingang standen. An unser ramponiertes Outfit hatte ich in der Wärme des Wiedersehens überhaupt nicht mehr gedacht. Ich legte dem schnell meinen deutschen Pass und meine Kreditkarte auf den Tresen, bevor der sich mit dem üblichen Ablehnungsspruch: ´Wir sind leider gerade ausgebucht, mein Herr` festlegen konnte. Dann packte ich noch meinen Autoschlüssel daneben und verlangte, dass ein Hotelangestellter doch bitteschön meinen Mercedes in die Garage fahren möge. Damit hatte ich mich wohl selbst in die Kategorie eines begüterten ´Banausen` aus dem barbarischen Norden erhoben. Einer, der schon mal mit Sandalen und T-Shirt in die Oper geht, die Spaghetti mit einer Schere zerschnipselt und an den Scampi mit Messer und Gabel herum säbelt. Mit so einem sollte sich ein Angestellter vielleicht lieber nicht anlegen, wenn er einen lautstarken Vulgär-Skandal vermeiden will. Doch der Rezeptionist richtete nun die ganze Wucht seines Misstrauens auf den weiblichen Part dieses seltsamen Paares, denn bei der Frau erkannte er sogleich mit geübtem Kennerblick eine Nuance von Schuldgefühl in den Augenwinkeln, welche er mit dem untrüglichen Feingefühl des italienischen Machos sofort mit Fremdgehen und Ehebruch in Verbindung brachte. Daraufhin fragte er mit süffisantem Unterton nach dem Ausweis meiner Muchacha.

Loreta hatte jedoch noch gar keine italienischen Papiere und kramte eine kubanische Identitätskarte aus ihrer Tasche. Ich begann sofort eine intensive Konversation auf Spanisch mit ihr, damit dem Typen klar wurde, dass wir uns schon länger kannten. Spanisch verstand der, das war ja mal klar. Können die Rezeptionisten doch immer; Spanisch, Englisch, Deutsch, Französisch und meist auch noch weitere Sprachen. Das ist ihr Handwerkszeug, wenn es oft auch das einzige ist, was die können. Doch als Gast kann man sich das Privileg herausnehmen, vor dem Rezeptionisten eines Hotels in einer fremden Sprache intime Informationen auszutauschen, und der muss sich dann so verhalten, als wenn er kein Wort versteht.

»Te he dicho cariña, que estos Europeos no entienden nada del amor verdadero. Ni siquiera los Italianos. Este tipo es capaz, de negarnos una habitacion. Solamente porque nos amamos y tu eres Cubana!«

(Liebling, ich habe dir doch gesagt, dass diese Europäer nichts von wahrer Liebe verstehen. Nicht einmal die Italiener. Dieser Typ ist doch glatt in der Lage, uns ein Zimmer zu verweigern. Und das nur, weil wir uns lieben und du eine Kubanerin bist!)

Loreta hatte diese Taktik sogleich durchschaut und sofort nachgelegt. Sie produzierte immer noch weiteren schwülstigen Sermon, als wir den Zimmerschlüssel bereits überreicht bekommen hatten. Eine ehebrechende Kubanerin war denen wohl sowieso egal. Ich selbst hätte beinahe noch die Ungeheuerlichkeit beigesteuert, zu behaupten, dass ich ein glühender Fan von Inter Mailand sei. Aber das ist mir zum Glück dann doch erspart geblieben. Außerdem hätten die ja auch Anhänger von AC Milano sein können, und dann wäre es mit dem Zimmer wohl Essig gewesen.

Eine Weile später schickten sie uns sogar noch ein Fläschchen Piccolo auf das Zimmer, mit den besten Empfehlungen der Direktion. Na bitte, geht doch! Diese Italiener können manchmal richtig charmant sein.

Loreta war in den letzten Jahren ein klein wenig fülliger geworden. Das stand ihr ausgezeichnet, mit den etwas größeren und volleren Brüsten und gerundeten Hüften wirkte sie reifer und fraulicher denn je. Zumindest von der reinen Optik her hatten ihr Mutterschaft und Heirat also gut getan. Aber ich wusste natürlich aus ihren Briefen, dass sie emotional und sexuell in ihrer Ehe so langsam verkümmerte.

Ihr kerniger Italiener verwandelte sich schlagartig ab dem Tag ihrer gemeinsamen Ankunft in Milano in einen kleinen Duckmäuser, dessen männliche Potenz schon bald Richtung Null tendierte. Parallel hierzu entwickelte er eine zunehmend paranoide Eifersucht, die seiner kubanischen Frau die Luft zum Atmen nahm. Ob das nun an der Stellung als kleiner Bürokrat in der Stadtverwaltung lag oder an dem bürgerlichen Viertel, in welchem sie lebten und in dem eine attraktive Kubanerin alle naselang versteckte Angebote bekam, war für sie nicht so eindeutig nachvollziehbar. Fest stand allerdings, dass nahezu alle verschmähten Bewerber auf ein heimliches Schäferstündchen diese Kubanerin daraufhin in der Öffentlichkeit eine

Schlampe nannten. Dieser Machoreflex aus Kränkung und verletzter Eitelkeit ist sicher nicht nur bei italienischen Männern anzutreffen. Jedoch wurde ihre schwierige Situation durch den Umstand potenziert, dass sie in dem Haus der Mutter ihres Ehemannes lebten mussten. Von seiner ödipalen Mitgift konnte sich der wohl niemals vollständig emanzipieren.

Die 'Mamma' hatte damals nicht schlecht gestaunt, als ihr Söhnchen überraschend verheiratet aus Kuba zurückgekehrt war. Und dann auch gleich noch mit Anhang. Da hätte der ja wohl erst einmal fragen müssen.

Ich kannte diese ganzen Umstände und Geschichten aus ihren Briefen, jedoch hatte ich die meisten dieser Berichte in die Rubrik 'Übertreibungen' eingeordnet. Im Verlauf dieser Nacht jedoch wurde klar, dass Loreta mir nichts als die traurige Wahrheit geschildert hatte.
Meine frühere Gefährtin ungezählter heißer Nächte hatte sich in ihrer kompletten Sexualität – Empfindungen, Fantasien, Techniken - radikal rückentwickelt. Sie stand sozusagen wieder auf Null.
Natürlich hatte sie sich nicht wundersamerweise wie einst jene bekannte Maria wieder in eine Jungfrau verwandelt, doch die Erinnerung an gelebte Sexualität und erlebte Gefühle war wieder so weit in die zähen Nebel ihrer Vorgeschichte zurückgedrängt, dass sie die eigenen Erlebnisse nicht mehr mit ihrer aktuellen Weiblichkeit in Verbindung bringen konnte. Ich hatte nie geahnt, dass solche extremen Entwicklungen überhaupt möglich sind.

»Sei vorsichtig mit mir, ich habe so etwas schon lange nicht mehr gemacht.«
Sie sagte nicht einmal 'chaca-chaca', 'coger', 'follar' (ficken) oder zumindest 'sexualidad', sie sagte: 'So etwas'. Ich hatte eine Unschuld vom Lande in diesem italienischen Hotelbett.

Dennoch wurde die erneute Vereinigung unserer Körper auch so zu einem starken emotionalen Erlebnis, getragen von Erinnerungen und den Höhen lustvoller Wellen und zärtlicher Empfindungen für die leisen Anzeichen der Reaktionen des

Partners. Hatte ja auch mit der rosigen Tochter des Schuldirektors in dieser zurückgebliebenen Kleinstadt meiner Jugend immer Spaß gemacht. Und nach dem ersten zärtlichen Akt hätten wir bestimmt in sanfter Umarmung gemeinsam einschlafen können.

Doch so einfach konnten wir uns das nicht machen. Nach dieser Nacht würden wir wieder durch zwei unterschiedliche Leben und tausend Kilometer getrennt sein, und Loreta würde erneut ihr sexfreies Eheverhältnis inklusive Eifersucht, Misstrauen und Schwiegermutter ertragen müssen oder sich doch mit dem Postboten oder Milchmann ablenken. So war es nun einmal. Aber zumindest in dieser Nacht sollte sie ihre Sexualität wiederentdecken und ausleben können. Das war ich ihr verdammt noch einmal schuldig.

Ich habe sie wieder und wieder genommen, die ganze Nacht, alle unsere erprobten Stellungen und Techniken, das ganze Programm. Jedoch ohne noch ein weiteres Mal ein harmonisches Ende zu finden, ohne jeden Erguss und nur noch von schwachen Wellen der Lust getragen, bis hin zu den letzten Vereinigungen in der Frühe des aufkommenden Tages, die sich nun bereits als mühsame Energieleistungen entpuppten. Und auch Loreta war in jener Nacht Lichtjahre von einem Orgasmus entfernt und ertrug meine verzweifelten Bemühungen in zunehmender Passivität. Als ich jedoch im Morgengrauen irgendwann einen Filmriss bekam und erschöpft in einen Ohnmacht ähnlichen Schlaf fiel, weckte sie mich wieder und forderte eine letzte Anstrengung.

Geschlafen haben wir nicht in diesem Nobelschuppen und auch kaum miteinander gesprochen. Selbst als wir dann später in einem kleinen Café einen Cappuccino zur Stärkung und zur Wiederbelebung der Sinne getrunken hatten, konnten wir immer noch kaum einen vollständigen Satz miteinander wechseln.

Diese Nacht ließ sich nicht in Worte fassen. Wie kann man über die Leere reden? Doch auf unseren Gesichtern, in unserem Lächeln, den Blicken und flüchtigen Berührungen spiegelte sich das wohlige Gefühl und der tiefe Friede des Nirwana, dem wir in dieser Nacht nahe gekommen waren. Ein tibetanischer Mönch muss vermutlich schon ein gutes Weilchen in seinem zugigen Bergkloster meditieren, um jenseits von Gut und Böse, von Normen und Rechtfertigungen, Peinlichkeiten, Zweifeln oder Schuld anzukommen. Um seinen Körper von menschlichem Begehren zu befreien und ein ´Karma` zu vermeiden.

Uns reichte das Geschehen einer Nacht, um den Weg zu erkennen. Natürlich hatten wir nicht die Weisheit jener heiligen Männer in den Bergen gefunden. Aber wir wussten nun über uns Bescheid. Wir erkannten intuitiv, dass künftige Begegnungen entweder maßlos - oder besser gar nicht sein sollten. Nach all den Jahren hatte sich der innere Kern unserer Beziehung in einer einzigen italienischen Nacht gezeigt.

* * *

Die sportliche Karriere von Thaimi hatte ich sporadisch im Internet verfolgt. Bei Spitzensportlern reicht es ja, den Namen des Betroffenen oder die Sportart bei einem Browser auf die Suche zu schicken, und der zeigt sofort Resultate an. Die Berühmten und Erfolgreichen dieser Welt haben schon lange keine Privatsphäre mehr. Doch die meisten wollen das ja auch gar nicht. Was nützt denn der Ruhm, wenn ihn keiner kennt? Allerdings würde so manche bekannte Nase schon gerne die persönlichen Informationen filtern, die in dem weltweiten Netz für jeden abrufbar sind. Jedoch sind solche Bemühungen selten von Erfolg gekrönt, zumal die 'Famous People' in der Regel weniger Ahnung von einer differenzierten Handhabung ihres PCs oder des Netzes haben, als ein zehnjähriger Inuit aus Cape Dorset in der Region Qikiqtaaluk nördlich der Hudson Bay, wenn ich einen bekannten Schriftsteller richtig interpretiere. Oder auch weniger Fachkompetenz, als sich selbst Fritzchen Maier von nebenan durch seine Beschäftigung mit Videospielen erarbeitet hat. Aber gut, diese beiden müssen ja auch nicht dauernd auf Cocktailpartys und Wohltätigkeitsveranstaltungen ihre freie Zeit vertrödeln. Der eine geht lieber Robben jagen und surft danach. Fritz Maier geht sogar überhaupt nicht mehr nach draußen und kommuniziert nur noch mit seinen Kontakten im Netz.

Nachdem sich die ersten sozialen Netzwerke ausgebreitet hatten, blieb den bedauernswerten Stars aller gesellschaftlichen Bühnen gar nichts anderes übrig, als bei diesem Run mitzumachen, wenn sie auch weiterhin ihren Status als herausragende Bekanntheit behalten wollten.

Spätestens mit Facebook, Instagram und Twitter war das Thema 'Privatsphäre' dann sowieso durch. Jetzt kam es nur noch darauf an, wie viele 'Follower' ein jeder Berühmter an seine Fersen heften konnte, damit er eine möglichst große Anzahl anonymer Erdbewohner mit den neuesten 'Selfies' und seinen selbstgebackenen Weisheiten zu den großen und kleinen Weltproblemen versorgen konnte.

Thaimi hatte wenig Probleme damit, ihren sportlichen und privaten Werdegang ins Netz zu stellen, sofern dort nicht irgendwelche Bilder von ihren jeweiligen Lovern auftauchten, mit denen sie ihrem italienischen Modezar die Hörner aufsetzte. Das war bei einer Kubanerin, die in einem Wohnungsgewirr aufgewachsen ist, in dem es sowieso niemals so etwas wie eine ´Privatsphäre` gegeben hat, ja auch nicht anders zu erwarten.

Allerdings gab es in den Jahren ihrer aktiven Zeit als Leistungssportlerin noch kein Facebook, Skype, Imo oder Twitter, und so begrenzten sich in jener finsteren Epoche der Menschheitsgeschichte unsere sporadischen Kontakte auf das altehrwürdige Mailsystem.

Vermutlich hatte ich eines Tages auf irgendeiner Page ihre Mailadresse gefunden und sie daraufhin angeschrieben. Ich erinnere mich nicht mehr genau an dieses Detail, aber es muss wohl so gewesen sein. Ist ja auch egal. Jedenfalls hatten wir Mailkontakt und tauschten uns in schöner Regelmäßigkeit über die sportlichen Events aus, an denen sie teilnahm. Ihr zweiter Anlauf auf eine Spitzenposition in der Leichtathletikdisziplin des Dreisprungs stand gerade im Zenit, als unsere neuerliche Kommunikation begann.

Bald schon schlich sich in diesen Austausch über sportliche Themen, Leichtathletikmeetings und Trainingsmethoden ein pikanter Unterton von sexueller Anmache mit ein. Mailsex, erotisch-exotische Sticheleien verpackt in Beschreibungen und Deutungen von Training und Wettkampf. So hatte sich Mister ´@` Ray Tomlinson, der Erfinder des ersten Mailprogramms dessen Gebrauch wohl nicht vorgestellt. Aber Johannes Gutenberg konnte ja auch nicht ahnen, dass mit Hilfe seiner Technik eines Tages die Aufzeichnungen von Lady Chatterley`s Lover oder die Haftfantasien eines österreichischen Gefreiten millionenfach unter die Leute kommen würden.

Auf jeden Fall setzte sich in unserer Kommunikation so langsam Stück für Stück – Mail für Mail - die Idee eines realen Treffens fest. Thaimi wohnte zu dieser Zeit bereits seit längerem mit ihrem Modezar in Paris. Und zwar auf der Ile

Saint Louis in der Rue le Regrattier; also genau dort, wo die Mieten dermaßen teuer sind, dass selbst ein Abgeordneter der französischen Nationalversammlung zunächst erst einmal kräftig aus dem Schmiergeldtopf von Sarkozy & Villepin schöpfen müsste, um dort die Mietrechnung seiner Geliebten begleichen zu können.

Die kubanische Leichtathletin hatte sich also dank ihrer Heirat in ein richtig nobles Nest gesetzt. Doch so rundherum zufrieden war sie mit diesem Leben wohl nicht gewesen. Genauer gesagt, sie war nicht befriedigt und musste sich weiterhin Lösungen suchen, die ihrem reichen Mann nicht so wirklich gefallen konnten. Denn eine Frau mit derart ausgeprägten nymphomanischen Tendenzen braucht schon ab und zu einmal eine ordentliche Dröhnung ´Chaca- Chaca` und verlangt von ihrem Partner Anstrengungen, Anregungen und Variationen im Liebesspiel, um zumindest eine Zeitlang im Gleichgewicht zu bleiben. Für einen Fashion-Künstler ist das sicherlich etwas viel verlangt. Immerhin war ihr Gatte nicht vollständig schwul, mehr konnte sie ja nun wirklich nicht verlangen. Also blieben ihr nur riskante Ausflüge in die Welt der stimulierenden Anregungen und der realen Seitensprünge.

Vermutlich hatte Thaimi bei ihren außerehelichen Eskapaden auf das Potential der männlichen Sportkollegen zurückgegriffen. Das lag ja auf der Hand - oder besser auf dem Weg zum Training, oder zu einem sportlichen Event. Lauter gestählte Muskeln, knackige Ärsche, eingeölte Körper und testosteroninduzierte Praecoxnummern. Doch irgendwann wurden ihr diese dauernden Quickys wohl etwas öde oder langweilig, und bei den verschwiegenen Schnellschüssen ganz ohne Fantasie und Esprit fehlte ja wohl auch oftmals die letzte Würze.

Möglicherweise hatte ihr Göttergatte auch inzwischen Lunte gerochen und angefangen, das Treiben seiner kubanischen Frau zu kontrollieren. Männer mit genug Moos können solche Aufgaben ja leicht einer diskreten Agentur übertragen und müssen ihre stadtbekannten Nasen nicht persönlich in die Umkleidekabinen und Duschen von Sportstätten stecken.

Jedenfalls stoppte sie ihre pikanten Andeutungen sofort, als ich ihr zu bedenken gab, dass mit einer simplen Löschung eines Mails noch nicht unbedingt der gesamte Inhalt einer Nachricht von ihrem Computer entfernt sein musste und für einen Experten oftmals schnell wieder zu rekonstruieren sei. Nun änderte sie auch unsere Planung für ein gemeinsames Treffen. Spanien kam nun nicht mehr in Frage, es sollte schon Paris sein. Und Tag und Nacht zusammen ginge auch nicht. Sie würde auch während dieser Zeit Zuhause wohnen und wollte mir ein Hotelzimmer reservieren. Dort könnten wir dann ab und an … aber natürlich nur mit Präservativen der Güteklasse.

Ansonsten sollte ich meinen Aufenthalt in der Stadt mit ´Sightseeing` auf den üblichen Touristenpfaden bereichern. Sie könnte mir auch eine Menge Tipps hierfür zusammenstellen.

Ein paar klammheimliche Nummern mit einem vertrauten Touristen in seinem Hotelzimmer, darauf sollte es also hinauslaufen! Eine Dosis ´da-war-doch-mal-was` zwischen sportlichen Nudeleien und den sporadischen ´Augen-zu-und-durch` Ficks ihrer ehelichen Verpflichtung.

Natürlich wäre eigentlich spätestens nach dieser Erkenntnis für mich der Zeitpunkt gekommen, das geplante Treffen abzusagen. Aber auf der anderen Seite war Paris für mich stets der Inbegriff von ´Weltstadt` gewesen, seit es mich das erste Mal als Abiturient aus der norddeutschen Provinz in diese Stadt verschlagen hatte. Ich hatte bei meinem ersten Auslandsaufenthalt an der spanischen Costa Brava eine Französin kennengelernt, die in Paris studierte und noch bei ihren Eltern in Malakoff lebte, wie es sich für eine junge Frau der französischen Bourgeoisie jener Zeit ja auch so gehörte. Und während ihre Eltern noch darüber grübelten, ob sie ihre verliebte Tochter tatsächlich mit einem Boche verheiraten sollten, sind wir beide in der französischen Hauptstadt tage- und nächtelang durch die Straßen gestreift. Hier hatte ich zum ersten Mal die prickelnde Atmosphäre von individueller Freiheit, künstlerischer Avantgarde und von jener liebenswerten Originalität und Dekadenz in den Straßen und Gassen verspürt, die den größeren Städten in dem aufstrebenden Deutschland jener Jahre fremd gewesen ist. Dieses verlockende Flair einer Stadt kannte ich überhaupt nicht. In späteren Jahren habe ich in Barcelona eine vergleichbare Anziehungskraft verspürt - wenn auch mit anderen Elementen durchsetzt als damals in Paris. Und mit gewissen Einschränkungen ist mir dies auch in Madrid, Amsterdam, Westberlin, Havanna und in der argentinischen Stadt Rosario passiert. Doch meine erste große Liebe war Paris gewesen.

Und Thaimi hatte für mich ein Zimmer in einem kleinen Hotel auf dem Boulevard de Strasbourg reservieren lassen, ganz in der Nähe der Gare de l'Est. Dort hatte ich früher schon einmal gewohnt, in einem dieser altertümlichen und schlichten Billighotels, die einen ruckelnden Fahrstuhl mit Rundumgitter, eine misstrauische 'Concierge' im Erdgeschoss, durchgelegene Betten und eine Stehtoilette hatten, auf der man nur in ungewohnter Hocke sein morgendliches Geschäft erledigen konnte. Doch der erste Schritt auf die Straße entschädigte mich damals sogleich für den fehlenden Komfort. Hier trat man schon bei dem ersten Kaffee in dem nächsten Bistro mitten hinein in das pulsierende Leben dieser Stadt, wenn an einem langen Tresen die Kleinhändler und Taxifahrer ihren ersten 'Rouge' oder 'Pastis' zum Frühstück tranken und auf de Gaulle und die korrupten Flics schimpften. Und wenn sie zur Einstimmung auf den Arbeitstag brüderlich untergehakt die Internationale sangen und mit dem spröden Charme eines Jean Gabin alle anwesenden Fremden aufforderten, mit ihnen einzustimmen. Weil wir doch alle Brüder sind.

Wenn in den Gewölben der Metro ein ausgebildeter Sänger ohne jede Begleitung Lieder von Prevert sang, während seine attraktive Begleiterin zufällig anwesende Passanten umarmte, sofern sie ihr sympathisch genug waren. Oder wenn in den riesigen Markthallen auf der rechten Flussseite des 1.Arrondissement Studenten im Anzug mit hochgekrempelten Ärmeln Obst-und Gemüsekisten hin und her karrten, um schnell einmal ihre Finanzen aufzubessern. Und dabei Geschenke in Form eines Apfels oder einer Ananas verteilten, die sie heimlich abgezweigt hatten, um sie eingewickelt in die Pamphlete ihrer obskuren anarchistischen oder trotzkistischen Miniparteien zu verteilten. Wenn wir in den sündhaft teuren Künstlerlokalen des Quartin Latin mal wieder kein Geld für die Getränke hatten und unsere Schulden dann eben einfach mit einer kurzen Aushilfe am Tresen oder als Bedienung abarbeiten konnten, dann fühlte ich mich zu dieser Stadt zugehörig. Mehr, als ich dies jemals in einer deutschen Stadt gefühlt hatte.

Damals glaubte ich, dies läge an dem Umstand, dass alle großen deutschen Städte in dem zweiten der beiden Weltkriege in Schutt und Asche gelegt worden sind und kein neugebauter (und schnell hochgezogener) Stadtkern jemals den alten Charme und die gewachsene Geschichte einer Metropole ausdrücken konnte.

Doch ich hätte es besser wissen müssen. Freiheit ist nicht in Stein gemeißelt, und das Flair einer Stadt steigt nicht aus U-Bahn Schächten oder Gullydeckeln in die Straßen, Parks oder Gassen. Nur ihre Einwohner selbst schaffen die Anziehungskraft und das Lebensgefühl einer Stadt. Und nur Menschen mit Hoffnung im Herzen können eine lebendige Atmosphäre des Neuen, des Suchens, einen Touch von Freiheit und Verbrüderung erschaffen. Es liegt nicht an den Parisern, den Barcelonesern, den Berlinern an sich, wenn ihre Stadt auflebt. Es ist die Folge von bedeutenden Ereignissen, die diese Metropolen betroffen haben. Rebellionen, Umbrüche und das Zerbrechen alter Strukturen, die für eine gewisse Zeit neue Horizonte erkennen lassen und den Menschen wieder Hoffnung geben.

In Paris war dieses Ereignis der Mai 68 gewesen, in Barcelona der Fall der Franco-Diktatur, in Berlin die Studentenbewegung, in Amsterdam der Aufbruch einer neuen Jugendkultur und in La Habana die Öffnung des Landes den Menschen des Westens gegenüber.

Ich hätte zumindest erahnen müssen, dass der Pariser im Grunde genau so ein verkniffener Muffelkopf ist wie sein Pendant auf der anderen Seite des Rheins, mit einer ebenso kleinlichen Krämerseele wie der holländische Gemüsehändler aus Groningen, wenn die Hoffnungen auf große Änderungen wieder begraben sind.

Ich habe doch persönlich in meinem geliebten Barcelona miterlebt, wie das wieder erwachte Gefühl grenzenloser Freiheit in dieser einstigen Hochburg der sozialen Experimente und der praktizierten Anarchie durch ein kleinkrämerisches Gerangel mit der Zentralmacht in Madrid um Zugeständnisse an kulturellen Autonomiehäppchen und um die Verteilung der Steuereinnahmen weggespült wurde. Und wie erschreckend schnell sich das lebendige Gefühl von Aufbruch und Neubeginn verflüchtigt hatte, nachdem die katalanische Bourgeoisie Verwaltung und Business in die eigene Hand genommen hatte und den politischen Kampf gegen Madrid irgendwelchen umtriebigen Regionalpolitikern und den Fußballfans des FC Barcelona überließ.

Ja, ich hätte wissen müssen, dass ich selbst im Grunde schon vor langer Zeit aufgehört hatte, ein Kenner der französischen Hauptstadt zu sein, weil das Paris meiner Jugend nicht mehr existierte.

Dieser Abstecher sollte mich in eine Stadt und zu einer Frau führen, die beide längst ihre frühere Identität wie ein unpassendes und peinliches Kleidungsstück abgelegt hatten, das nicht mehr der gängigen Mode entsprach.

*

Dummerweise hatte ich mich auch noch für eine Anreise mit Ryanair entschieden. Das war natürlich ein weiterer grober Fehler, denn nun war ich auf den Termin für den gebuchten Rückflug angewiesen. Dabei fliegt diese Gesellschaft überhaupt nicht nach Paris. Die tut nur so. Deren ′Pariser` Flughafen liegt in Wahrheit in Beauvais. Dies ist so ein typisches nordfranzösisches Nest mit 50.000 Einwohnern, das sich als wichtige Stadt aufspielt, weil das Département Oise nichts Besseres aufzuweisen hat. Und weil zudem in diesem Kaff eine improvisierte Kathedrale steht, die auch in 700 Jahren nicht zu Ende gebaut wurde. Ebenso wie es aller Wahrscheinlichkeit nach auch dem Berliner Flughafen BER ergehen wird. Es liegt nahezu in der gleichen Entfernung von der Hauptstadt wie Orléans oder Reims, jedoch mit einer bescheideneren Anbindung an öffentliche Transportmittel. Von daher ist der Parisbesucher mit Ryanair in der Regel auf den Zubringer-shuttle dieser Gesellschaft in die Hauptstadt angewiesen. Ich hätte wahrlich besser mit dem PKW reisen sollen.

Mein Hotel hatte eine asiatische Leitung, Vietnamesen oder Kambodschaner, ich kann die bis heute nicht so einfach unterscheiden. Konnten ja selbst die Amis nicht, wenn sie bei ihren 'Search and Destroy' Rambo-Zambo Aktionen im Dschungel von Indochina mal wieder ein komplettes Dorf weg gepustet hatten. Aber das war denen wohl auch meistens Wumpe, denn beim 'Body-Count' ging dann ja doch jeder erledigte Reisbauer als Charly durch, egal ob nun von diesseits oder von jenseits der Grenze.

Jedenfalls weigerte sich der ziemlich unfreundliche, beinahe feindselige Directeur de l'Hotel (Hoteldirektor), überhaupt in seinem Buch nachzuschauen, ob unter meinem Namen ein Zimmer reserviert sei. 'Hierzu muss die Person nachfragen, die das Zimmer reserviert hat', erklärte mir der Manager in seinem piepsigen Asien französisch, das ich kaum verstehen konnte, 'weil von dieser Person die Daten des Ausweises vorliegen.' Verflixt, wie kann man ein Hotel so führen? Ich musste also zunächst einmal Thaimi erreichen.
Damals existierten noch keine 'Smartphones', aber natürlich gab es bereits seit einigen Jahren Handys. Ich selbst besaß auch so ein Teil. Jedoch hatte ich mein Gerät in Spanien gelassen, denn mit meiner Sim konnte ich sowieso nicht in Frankreich telefonieren. Und auf die Idee, mir in Paris eine französische Simkarte zu besorgen, bin ich ehrlich gesagt überhaupt nicht

gekommen. Ich musste also von einem öffentlichen Telefon aus anrufen.

Die Bistros und kleinen Läden existierten immer noch, aber die Franzosen waren verschwunden. Jedenfalls die hellhäutigen. Nahezu der gesamte Boulevard war von Afrikanern in Beschlag genommen, die sich überall in Gruppen zusammenfanden, um irgendwelche Geschäfte abzuwickeln, oder endlos in ihre Handys sprachen. Jeder hier hatte so ein Gerät. Die helleren unter den Straßenpassanten waren wohl aus dem Norden des afrikanischen Kontinents, aus Algerien, Marokko oder Tunesien, die dunkleren aus Kamerun, Gabun, Madagaskar, dem Kongo und den übrigen frankophonen Zonen Afrikas. Und die Bistros und Cafés wirkten nahezu ausgestorben. Selbst die früher allgegenwärtigen Clochards hatten sich rar gemacht. Wo sind nur die ehemaligen Anwohner der Gare de l'Est geblieben? Hier wird wohl so schnell nicht wieder die Marseillaise gesungen werden.

Nun kann ein buntgemischtes Multi-Kulti Straßenbild ja eine spannende Sache sein, auch wenn es sich fast ausschließlich um afrikanische Regionen handelt. Aber das hier sah eher nach total überfüllten Wohnungen aus, in denen sich tagsüber keiner aufhalten kann, ohne dass ihm endgültig die Decke auf den Kopf fällt. Und es roch nach Drogendeal, Hehlerei und irgendwie Überleben. Andererseits konnte dies auch niemanden wirklich verwundern, bei den Wucherpreisen in dieser Stadt.

Thaimi brauchte noch ein Weilchen, bevor sie dort auftauchen konnte. Sie wollte zurückrufen. 'Ja, und warum ich denn kein Handy hätte? So etwas besitzt doch jeder heutzutage!' So langsam dämmerte es mir, dass mich diese Kubanerin inzwischen wohl als kauzigen Sonderling ansah. Schließlich hatte ich ja auch die Gare de l'Est angegeben, als sie mich in der Planungsphase unseres Treffens gefragt hatte, in welchem Bezirk sie ein Hotel für mich reservieren solle, weil ich mich aus früheren Tagen an diese Zone erinnern konnte. Und dann nicht einmal ein Handy oder eigenes Auto. Der kennt zwar Havanna und versteht vielleicht sogar ein wenig mit den Orishas zu kokettieren, aber im Louvre, in der Opéra Bastille, im Chartier oder auf dem Eiffelturm ist er doch bestimmt noch nie gewesen!

Als sie schließlich in meinem Bistro auftauchte, hatte ich inzwischen leicht einen in der Krone von all den Durchhaltedrinks, die ich nach der schlaflosen Anreisenacht und der stundenlangen Wartezeit in diesem Bistro gebraucht hatte, um wach zu bleiben. Ich konnte mich ja nicht vom Telefon entfernen, und zu essen gab in diesem Laden auch nichts mehr. Für wen auch?

Schon ein Wunder, dass mich die Frau nach so langer Zeit gleich auf Anhieb erkannt hatte, mit meinen verknitterten Reiseklamotten, Stoppelbart und rot geränderten Augen. Aber da gab es ja auch nicht viele Möglichkeiten von Verwechslungen in diesem nahezu leeren Minilokal. Sie selbst war natürlich fein herausgeputzt, mit langen glatten Haaren, die ihr bis auf die Hüfte reichten, einer eleganten Bluse und hautengen Stretch-Jeans, unter denen sich ihre schwellenden Springer-Muskeln abzeichneten. Top trainiert und astrein frisiert.

Die Cochin-Chinesen des Hotels überreichten mir jetzt den Zimmerschlüssel, machten dafür aber Stress, als Thaimi mit hinauf wollte. Verstanden habe ich das nicht bei so einem 2 Sterne Etablissement, aber ich war ja sowieso schon die ganze Zeit nicht aus dem Staunen herausgekommen, seit mich das Shuttle an der Porte Maillot abgesetzt hatte. Wenigstens hatte ich nun meinen Schlüssel und bin vorweg auf das Zimmer gestürmt, um mich erst einmal im Badezimmer ein wenig aufzupeppen, bevor die da unten mit dem Rumgezicke fertig waren und meiner Begleitung den Weg freigaben. Zumindest gab es hier jetzt eine warme Dusche und ein Sitzklo. Der Fortschritt ist eben nicht aufzuhalten.

Unser Revival war im Grunde bereits beendet, als Thaimi nervös und genervt in mein Hotelzimmer platzte. Sie hatte an der Rezeption ihren Ausweis abgeben müssen. Das war so ungefähr das Letzte, was noch gefehlt hatte, denn in diesem

Ausweis stand ihre Adresse und der Name ihres Ehemannes, welcher nun an ihren kubanischen Familiennamen angehängt war. Und wozu dies ganze Risiko? Nur wegen eines schnellen Abenteuers mit einem deutschen Hinterwäldler, der ihr kaum noch bekannt vorkam? Wo war denn bloß dessen überlegene Dominanz aus kubanischen Tagen geblieben?

Sie hatte natürlich vollkommen recht. Aus der Sicht der ´Oberen Zehntausend`, denen sie nun irgendwie angehörte, war ich unterste Schublade. Bestenfalls ein naiver Tourist aus der Provinz. Und aus der Sicht der hoch-gepuschten Sportler-Elite ein unbekannter Normalbürger, der zudem in diesem Moment wohl gerade keinen besonders fitten Eindruck machte.
Dennoch haben wir einen müden Versuch unternommen, noch einmal ineinander zu finden, gewissermaßen der alten Zeiten wegen. Und eventuell hätte es für eine Hauruck-Nummer auch tatsächlich noch einmal gereicht. Aber nachdem ich Thaimi die Bluse abgestreift hatte und sie in ihren sexy Jeans und den enormen Stiefeln an ihren Springerfüßen auf dem Bett lag, hatte ich damit begonnen, wie ehedem kokette Spielchen mit ihrem Körper zu spielen. Sozusagen als Vorspiel. Daraufhin sprang sie auf, griff sich ihre Klamotten und meinte: »komm, lass uns essen gehen. Ich habe Hunger.« Für Spielchen und Zwischentöne hatte sie keinen Nerv mehr.

Immerhin bewahrte sie sich auch jetzt noch ihre Kraft für die kompromisslosen Erkenntnisse von harten Wahrheiten. Sie erzählte mir etliche Interna aus der Welt der Reichen und Schönen im Allgemeinen und der Welt der Mode im Besonderen. Sie hatte sich auf Wunsch ihres Mann auch auf den Laufsteg begeben und nach Ansicht von ´Experten` der Branche dort eine gute Figur abgegeben. Das glaubte ich ihr aufs Wort, denn sie hatte ja auch für die Plakate und Flyer unserer Ledermode die attraktivsten Fotomotive geliefert. Doch das war nicht ihre Welt - eingeheiratet oder nicht - mit all den hirnlosen Schönheiten, schwulen Modeexperten, hektischen Moderatoren, mit dem ewigen Getratsche und den Intrigen hinter dem glitzernden Vorhang. Dann lieber hartes Training, Schweiß und sich mit einer eleganten Arschbombe möglichst weit in eine Sandgrube katapultieren.

Von ihr bekam ich die Information, dass sie ihren Ehemann am besten mit regloser Duldung und geschlossenen Augen ertrug, wenn es dem mal wieder in seiner eleganten Hose juckte. Und auch die Vermutung von der unstillbaren Geilheit ihrer gedopten Sportkollegen habe ich von ihr persönlich bestätigt bekommen, wobei sie allerdings jegliche Form von Doping stets abgestritten hat. Aber diese Haltung kennt man ja bei Sportlern, die noch nie erwischt worden sind. (Thaimi selbst hat nach ihrer Kuba-Zeit wohl nicht mehr gedopt. Einfach schon deshalb, weil ihre Niere derartige Belastungen nicht mehr vertragen hätte. Doch vollständig clean ist heutzutage leider auch kein Weltrekord mehr zu knacken.)

Sie war hart zu sich selbst und kompromisslos zu ihrem Umfeld. Doch ohne alle die kleinen sympathischen Laster und inkonsequenten Menschlichkeiten wird das Leben schnell farblos und öde, auch wenn noch so viel Geld und Luxus mit im Spiel ist. Sie wiederholte mehrmals, dass sie nun den ´Castrismus` endgültig hinter sich gelassen hätte. Damit konnte nur das kubanische Wertesystem und besonders die Santeria gemeint sein. Doch sie konnte mir nie beantworten, was bei ihr nun an dessen Stelle stand. Welcher Ersatz die Leere ausfüllt. Was soll nur aus dir werden Thaimi, wenn deine aktive Zeit in der Leichtathletik vorüber ist und das fragile Konstrukt deines Lebenszusammenhanges zerbricht?

Wir beide sind nie wieder zusammen ins Bett gestiegen. In den folgenden Tagen meines Aufenthaltes in Paris hat die Frau mich unregelmäßig angerufen oder bei meinem Hotel eine Nachricht hinterlegt, wo wir an diesem Tag zusammen essen gehen sollten. Dort hat sie mir sodann ihr ungeschminktes Herz ausgeschüttet. Ich wurde bei diesem Treffen in Paris sozusagen ihr Psychiater am Esstisch, doch ihr unbeschränktes Vertrauen war alles, was von unserer Lovestory übrig geblieben war. Nach meiner eigenen Geschichte hat sie nie gefragt.

Irgendwann jedoch hatte ich dies Jammern auf höchstem Niveau satt, gebettet in Luxus und abgesichert von durchorganisierten Heimlichkeiten und bin in eine anderes Hotel gezogen. Ich wollte die letzten Tage alleine um die Häuser ziehen, um wenigstens einen letzten Rest des Charmes und der Anziehung dieser viel besungenen Hauptstadt der Herzen und der Liebe für mich wieder zu entdecken.

* * *

Rückblende

Nach Kuba bin ich nicht mehr geflogen. Bislang jedenfalls. In den beiden folgenden Jahren verflüchtigten sich meine persönlichen Anlaufstellen und Kontakte auf dieser Insel.

Thaimi hatte also kurz nach meinem letzten Aufenthalt auf der Karibikinsel ihren italienischen 'Creatore di Moda` geheiratet und ist mit dem erst nach Italien und später dann nach Paris gezogen. Inzwischen wohnt sie in Dubai, jedoch nicht mit ihrem Modezar. Offensichtlich hat sie sich erneut verheiratet, denn in diesem arabischen Land ist ein außereheliches Zusammenleben selbst für Ausländer illegal und kann knüppelhart bestraft werden.

*

Loreta hatte im Jahr darauf ja gleichfalls einen Italiener geheiratet und ist mit ihrer Tochter in Mailand gelandet. Ebenso wie unzählige kubanische Muchachas. Ich muss schon sagen, diese Südeuropäer sind schnell entschlossen, wenn es um die schönen Frauen aus der Karibik geht.
  Aber immerhin hatte mir deren Entscheidungsfreude nun bereits zum zweiten Mal ein Treffen beschert, welches mir persönlich eine Dosis Klarheit verschaffte.

*

Unser firmeneigener 'Vizeminister` verstarb zwei Jahre nach den geschilderten Ereignissen, und in dem gleichen Sommer trennten sich Angel und Cecilia endgültig. Das war ohne Zweifel schon seit langer Zeit ein überfälliger Schritt gewesen, denn deren Ehe und Zusammengehörigkeit bestand *ja wohl schon längst nur noch aus Leim, Kitt und Knete. Hatte ich ja niemals anders erlebt. Ich denke, es war ihre große Wohnung in perfekter Stadtlage, und die für kubanische Verhältnisse relativ komfortable Einnahmequelle, die solch eine Wohnung in La Habana bedeuten kann, was diese Familie so lange zusammengehalten hatte. Aber irgend-wann war es dann wohl doch eine Witwe zu viel gewesen. Damit war jedoch auch mein geliebter Unterschlupf in Vedado Geschichte.*

Wenn ich mir heutzutage Havanna aus der Weltraumperspektive betrachte, erkenne ich genau in diesem Gebäude gegenüber dem Hotel Capri einen Paladar, das Restaurant 21. Google Map macht's möglich. Das kann eigentlich nur meine alte Nudelbude im Erdgeschoss sein. Auf jeden Fall sollte nun auch das Internet des Capri bis auf den Balkon dort hinüberreichen, denn dieses Hotel hat aktuell das stärkste Wlan von ganz Havanna, wie ich erfahren habe.

*

Carolina, die gar nicht Carolina heißt, ist ja bereits in früheren Jahren durch Nord-, Süd- und Mittelamerika getigert, um an ihrer Karriere als Schauspielerin und Autorin zu feilen. Letztendlich ist sie im Süden des Doppelkontinents hängengeblieben, um dort zu heiraten und eine Familie zu gründen. Ihre Mutter hat nach einem mehrjährigen Spanienaufenthalt nach La Habana zurückgefunden, um wieder ihr altes Haus im Stadtteil Miramar zu beziehen. Bei den Castros um die Ecke.

*

Elba ist unbeirrt die Erfolgsleiter weiter nach oben gestiegen. In dem Ranking der kubanischen Machtelite hat sie nun die oberste Plattform erreicht. Noch ein paar Intrigen mehr und sie könnte eventuell ganz alleine an der Spitze stehen. Oder in irgendeinem Exil versauern.

*

Zoraida bohrt immer noch Löcher in die Zähne ihrer Mitbürger und hat einen attraktiven Sohn von nunmehr 17 Jahren großgezogen. Dessen Vater hat natürlich die Biege gemacht, wie es so kubanischer Brauch ist. Dies war ja kaum anders zu erwarten gewesen.

Aber sie wohnt noch heute in der gleichen Familienunterkunft im Stadtteil Cojima, vor der ich sie schon anno Periodo Especial so manches Mal abgesetzt hatte. Bestimmt hat sie auch noch jenes elegante Kleid mit den aufgeplusterten Schulterteilen und dem Rüschenausschnitt aufbewahrt, denn möglicherweise wird das Teil in Kuba noch einmal gesellschaftsfähig.

Quinceañeras, Renacimientos, Santeria, Trova, Plaçage - von all den kubanischen Traditionen, Ritualen, Lebenskünsten und Weisheiten haben ja zumindest Reste die revolutionäre Epoche dieser Insel überlebt. Da sollte die Frau ein traditionelles Kleid wohl wirklich nicht so einfach wegwerfen.

* * *